세 번째 뇌

세 번째 뇌

장 미셸 우구를리앙 지음

임명주 옮김

모방 욕망에 숨겨진 관계 심리학

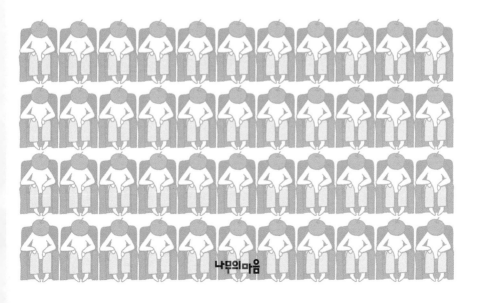

나무의마음

일러두기

• 원서에서 이탤릭체로 강조한 부분은 고딕체로 처리했습니다.
• 도서는 『 』, 단편소설이나 소책자는 「 」, 영화와 잡지는 〈 〉로 표시했습니다.

스트라스부르 대학교에서 의학을 공부한 후 파리 생트안 병원에서 정신의학을 전공하면서 나는 인간, 정신기제의 구조, 주위 사람들과 환경, 개인사, 문화적 배경에 대한 생각에 따라 스승과 선배들의 치료 행위와 치료 방법, 치료에 대한 접근 방식이 달라진다는 것을 알게 되었다. 다시 말하자면, 정신과 의사들이 병을 진단하고 치료할 때 그들의 사회인류학적 관점이 결정적인 역할을 한다는 것이다.

그 후 50년 동안 다양한 이론과 치료 방법을 접하면서 나는 인류학적 관점이 바뀌었고, 다양한 사람을 만나고 책을 읽고 연구하고 환자를 치료하면서 인간의 정신 구조와 행동결정론에 대한 생각도 더욱 발전하고 풍성해졌다. 지난 50년 동안 정신의학 분야에서 일어난 놀라운 학문적 발견들도 생각이 변하는 데 한몫했다.

20세기 중반까지 심리학과 정신병리학을 지배한 주제는 의식의 문제였다. 피에르 자네Pierre Janet는 정신병리 현상, 정신병, 신경증, 정신 질환은 '의식 영역의 협소화'에 기인한다고 주장했다. 우리가 어떤 생각, 공포 혹은 존재에 집착하게 되면 의식의 영역이 좁아져 다른 것은 보지 못하고 그것에만 집중하게 되고, 그러면 자유롭게 생각할 수 없게 된다는 것이다. 자네는 살페트리에르 정신병원에서 최면과 최면 후 암시 치료 경험을 바탕으로 잠재의식의 존재를 주장했으며, 그것이 임상적으로 어떻게 나타나는지 밝히기도 했다.

하지만 피에르 자네의 이론은 프로이트의 이론과 그가 '발견한' 무의식으로 인해 빛을 잃게 되었고, 내가 생트안 병원에서 공부할 즈음에는 정신분석이 대학의 인문과학 분야를 주도하게 되었다. 프로이트의 '주장'(도식적으로 볼 때 프로이트의 첫 번째 주장은 의식과 무의식을 구분한 것이고, 두 번째 주장은 이드, 자아, 초자아의 존재를 제시한 것이다)은 정신기제의 해석으로 여겨졌다. 하지만 정신분석학자들은 각자 자신의 방식대로 프로이트의 이론을 읽었고 접근 방식도 서로 달랐다. 가장 기발했던 사람은 자크 라캉으로, 나는 그의 세미나에 여러 번 참가했지만 그의 접근 방식을 이해하기가 쉽지 않았다. 어쨌든 내게는 정신분석 이론이 '신화'처럼 느껴졌다. 나는 그리스·라틴 문화에서 자랐으므로, 고대인들이 인간에게 일어나는 모든 일은 올림포스산에 살고 있는 신들의 갈등과 경쟁 때문에 생겨나고 신의 자비나 분노가 인간의 운명을 결정한다고 생각했다는 것을 알고 있었다. 접근이 불가능한 일종의 올림포스산이라 할 수 있는 무의식, 다시 말해 이드, 초자아, 에로스, 타나토스, 리비도, 다양한 본능과 충동이 자리하고 있는 신화적 공간에서 우리도 모르게 경쟁과 투쟁이 일어나고, 그 결과로 행동, 운명, 기쁨, 고통이 생겨나는 것처럼 보였다. 나는 이러한 문화인류학적 설명이 당혹스러웠다. 몇몇 정신과 의사들이 이 이론을 치료의 기초로 삼으며 균형과 확신을 얻고 환자들에게 도움을 주고 있다는 것은 더욱 받아들이기 힘들었다.

의식-무의식의 논리는 이렇게 인문과학 분야, 특히 심리학과 정신병리학 전반을 주도했다.

의식의 문제는 당시 '프랑스 정신병리학의 교황'으로 불렸던 내 스승 앙리 에Henri Ey의 주요 연구 과제이기도 했다. 그는 매주 한두 번 앙리루셀 병원이나 생트안 병원 도서관에서 이 문제와 관련해 세미나를 열었고, 정신병을 '의식 파괴'의 결과라고 주장했다. 병이 깊을수록 파괴의 정도도 더 심각하다. 그는 자신의 인류학적 이론을 '유기-역동organo-dynamism' 이론이라 불렀다.

나는 앙리 에로부터 징후학(드러난 증상을 분류한 것)과 질병분류학(증후군이나 질병을 분류한 것), 정신의학 진단법을 배웠다. 신경증 환자와 정신병 환자에게 어떻게 접근하는지도 배웠다. 그 덕분에 나는 정신병에 대한 두려움을 학문적 관심과 환자에 대한 인간적인 관심으로 바꿀수 있었다.

피레네 지방에서 태어난 앙리 에는 남부 사람 특유의 단단한 몸을 가진, 쾌활하고 지혜로운 사람이었다. 언제나 자신감에 차 있어 많은 사람들이 그를 따랐다. 그가 내게 호의를 보인 덕분에 나는 사석에서, 편집증 같은 정신 질환에는 의식의 파괴가 일어나지 않고 반대로 '신경증의 여왕'인 히스테리에서는 의식의 파괴가 현저한 것 같다는 내 의견을 그에게 피력하기도 했다. 그때 그는 내 말을 듣고 크게 웃고는 직접 답을 찾아보라며 격려해주었다.

나는 생트안 병원에서 또다른 스승인 장 들레Jean Delay와 피에르 드니케르Pierre Deniker 교수 아래서 수련의 생활을 했다. 이들은 20세기 후

반 정신약리학 분야를 놀라우리만큼 발전시켰다. 라각틸Largactil의 치료 효과를 발견했고, 정신병 약을 정신억제제(진정제와 신경이완제처럼 정신 활동을 저하시키는 약품)와 정신활동제(암페타민과 항우울제처럼 정신 활동을 상승시키는 약품), 정신이상약(정신 활동을 일탈시키는 약으로, 기본적으로 환각제가 여기에 해당한다)으로 구분하자고 주장했다. 그뿐 아니라 '기분장애' 치료제로 리튬을 처음 소개하기도 했다. 두 사람의 뒤를 이어 나와 친분이 깊은 루이 베르타냐Louis bertagna는 리튬 처방을 일반화시켰다.

나는 장 들레 교수와 피에르 드니케르 교수 아래서 조르주 베르도 Georges Verdeaux 교수의 지도로 정신병 약을 다루는 법을 배웠다. 약에 대해 공부하면서 나 자신이 약간 '선무당' 같다는 생각이 들었다. 우울증, 정신착란, 환각 등 증상에 따라 어떤 약을 얼마나 처방해야 하는지 배웠음에도 이 약들이 몸속에서 어떻게 작용하는지는 잘 몰랐기 때문이다! 약학은 과학이기는 하지만 경험이 중요하고, 이런 측면에서 경험에 기초한 학문이라고 할 수 있다. 오늘날 신경전달물질의 화학반응에 대해 많은 것이 알려졌지만, 그래도 여전히 선무당 단계를 벗어나지 못하고 있다.

나는 매일 환자를 보면서 의식–무의식 이론과는 점점 멀어졌다. 그러던 어느 날 수세기 동안 논의되어온 데카르트의 이원론에 대해 생각하기 시작했다. 예를 들어 발륨 같은 화학물질이 몸속에 들어가 '마음의 움직임'에 직접적인 효과를 발휘한다면, 그리하여 불안, 공포, 형이상학적 의문이 거짓말처럼 사라진다면, 정신과 육체가 서로 독립적이라는 이원론을 어떻게 설명할 것인가? 정신과 육체가 서로 다른 성격을 지닌 독립체라면 육체가 어떻게 정신에 영향을 미치겠는가?

몇 년 후 나는 에메 뷔르제Aimé Burger 아래서 일하면서 심신의학psych-osomatic medicine을 알게 되었다. 당시 심신의학이 크게 유행하면서 관련 서적도 많이 출간되었는데, 거기서도 방향만 다를 뿐 똑같은 질문이 내 머릿속을 맴돌았다. 정신의 혼란, 마음의 동요, 정신 활동이 신체, 즉 **소마**soma에 영향을 미쳐 통증, 두통, 구토, 고혈압 같은 기능적 병리 현상이 생기고, 나아가 위궤양, 크론병 같은 상해적 병리 현상이 생긴다면, 그것을 데카르트적 사고로 어떻게 설명할 것인가? 깊은 성찰과 연구가 필요한 이론적 문제였다. 나의 스승 장 들레 교수가 결론을 내린 멋진 표현이 생각난다. "마음이 아프면 몸도 아프다."

심리와 정신병리 문제는 인류학과 철학의 문제이기도 했다. 그래서 나는 소르본 대학의 인문과학자들을 찾아갔고, 그곳에서 앙리 포르 Henri Faure, 클로드 트레몽탕Claude Tresmontant 같은 저명한 학자들을 만나 시야를 크게 넓힐 수 있었다. 또한 폴 리쾨르Paul Ricoeur, 에마뉘엘 레비나스Emmanuel Levinas, 미르체아 엘리아데Mircea Eliade 같은 흥미로운 선대 학자들을 발견했고, 하이데거, 토마스 아퀴나스, 아리스토텔레스, 플라톤의 사상에도 입문할 수 있었다. 프로이트의 이론과 해석에 대해서도 심도 있게 공부했다.

하지만 1972년 르네 지라르와의 만남으로 나의 연구 방향은 물론이고 내 인생마저 완전히 바뀌었다. 당시 나는 약물중독에 관한 박사 논문을 마치고 임상 연구 주제였던 폭력 문제에 대해 영감을 얻을 만한 책을 찾고 있었다. 그러던 어느 날 39도나 되는 고열로 침대에 누워 있었는데, 친분 있는 서점 주인이 나에게 책 한 권을 주고 갔다. 며칠이 지나 열이 내리자 책이 눈에 들어왔다. 그 책은 르네 지라르의 『폭력과 성스러움』[1]이었다. 나는 그해 10월부터 석 달 동안 그 책을 연거푸 네 번 읽었다. 당장 르네 지라르를 만나 내가 그를 얼마나 존경하는지, 그의 이론이 심리학과 정신의학에 얼마나 유용하게 활용될 수 있는지 이야기하고 싶었다. 그래서 이듬해인 1973년 봄, 미국 뉴욕주 버팔로에서 강의하고 있는 르네 지라르를 만나러 갔다.

내가 르네 지라르를 만나 처음 주목한 것은 그의 높은 지적 품격도 다른 무엇도 아닌 유머 감각이었다. 나중에 그와 함께 『세상이 생겨날 때부터 숨겨져온 것들』[2]을 쓰면서 나는 위대한 사상가들을 비판적인 눈으로 철저히 다시 보는 작업을 했다. 우리는 힘든 작업을 했지만 함께 웃음을 나누며 고단함을 덜어냈다. 르네 지라르가 그때까지 주저하며 쓰지 못했던 것을 용기 내어 쓸 수 있었던 것도 웃음 덕분이었다고 생각한다. 또 나는 열정적인 대화 상대로서 스승에게 온 신경을 집중했고, 그런 나의 존재가 그에게 큰 힘을 주었을 뿐 아니라 생각을 명확하고 분명하게 다듬는 데 도움을 주었다고 믿고 싶다. 그뿐 아니라 나는 그에게 그의 이론이 심리학과 정신의학 분야에 충격을 줄 거라는 확신을 심어주었다. 그렇게 우리는 『세상이 생겨날 때부터 숨겨져온 것들』의 3부를 같이 쓰기로 하고, 우리가 제안하는 새로운 심리학을 '자아 간間 심리학interdividual psychology'이라고 명명했다. '자아 간 심리학'이라는 용어를 사용한 것은 개인individual, 단자monade 혹은 주체subject의 개념을 버리고 기존 심리학을 모방 관계와 자아 사이의 관계를 중심에 둔 새로운 심리학으로 대체해야 한다는 신념의 발로이기도 했다. **상호 모방**은 새로운 심리학의 중심이며, 이 책에서 중점적으로 다룰 주제이기도 하다.

나는 르네 지라르와 함께 작업하면서 많은 것을 배웠다. 그도 이 사실을 알았는지는 모르겠지만 말이다. 나는 읽는 방법을 다시 배웠다. 관심과 거리를 유지하면서 저자의 생각에 몰입하면 자유로운 대화가 가능하고, 위대한 사상가의 글을 자신의 사고로 발전시킬 수 있다. 또한 르네 지라르는 내가 나중에 '모방 안경'이라고 부르게 될 이론의 틀을 제공하여, 일상에서 일어나는 사건과 문학 작품 속에서 이전까지는 보지 못했던 새로운 현실을 보게 해주었다.

그는 또 나에게 두 가지 소중한 선물을 주었다. 첫 번째 선물은 그의 친구 미셸 세르Michel Serres였다. 미셸 세르는 40년 동안 나와 깊은 우정을 나누었고, 내가 박사 논문을 준비할 때 논문 심사단의 책임자로서 많은 조언을 해주었다. 내가 쓰고 있던 책의 제목을 지어준 사람도 그였다. 르네 지라르, 미셸 세르, 나, 이렇게 세 사람이 샌프란시스코에서 차를 타고 이동하는데, "우리가 〈욕망이라는 이름의 전차〉의 도시에 있으니 자네의 다음 책 제목을 『욕망이라는 이름의 모방』[3]이라고 붙이면 어떨까?" 하고 그가 제안한 것이다. 또한 르네 지라르는 나에게 모방연구협회 회장이자 미국에 있는 이미타티오Imitatio 재단의 연구원인 브누아 샹트르Benoît Chantre도 소개해주었다. 그가 바로 두 번째 선물이다. 깐깐한 브누아는 나에게 많은 영감을 주고 내가 다시 책을 쓸 수 있도록 격려를 아끼지 않았으며, 2007년에 출간된 『욕망의 기원』[4]을 쓸 때 코칭을 해주기도 했다.

모방 욕망과 희생 메커니즘은 르네 지라르의 전작全作을 떠받치고 있는 주요 가설이다. 희생 메커니즘은 인간이 신화, 제의, 금기로 구성된 고유의 시스템을 만들어 자신들의 폭력으로부터 스스로 살아남을 수 있었다는 사회학적 가설이다. 종교를 구성하는 세 가지 요소인 신화,

제의, 금기는 문화의 창시자라 할 수 있는 원시적 희생양을 살해하는 과정에서 나타났다. 나는 르네 지라르의 사상이, 부인 페넬로페가 걸어 놓은 고리들을 모두 통과한 오디세우스의 화살처럼 인문과학 전체를 밝혀주며 관통한다고 생각했다. 나는 그의 사상에서 엄청난 장점을 발견했고, 그 순수함과 정교함에 완전히 매료되었다.

르네 지라르를 만나고 모방 이론을 발견함으로써 나의 철학적, 인류학적 시각이 완전히 바뀌었다. 그 새로운 사상에 비추어 심리학과 정신의학을 다시 읽기 시작했고, 그때부터 심리학과 신경과학 분야에서 진행되고 있는 모방과 관련된 모든 연구에 관심을 두었다. 이 책은 그동안 내가 밟아온 학문적 여정, 내가 만났던 스승들, 그리고 50년 동안 연구와 임상 경험을 통해 얻은 결과를 글로 옮기고자 하는 시도이다.

새로운 환자를 만날 때마다 나는 새로운 카드 게임이 시작되는 듯한 기분이 든다. 다른 색깔의 에이스 네 장이 있는 동일한 카드이지만 게임은 항상 다르다. 셀 수 없이 많은 브리지 게임과 포커 게임이 예외 없이 쉰두 장의 똑같은 카드로 진행되지만 같은 게임은 하나도 없다. 모방 욕망도 마찬가지다. 나는 이 책에서 각 게임의 특수성에 갇히기보다는 동일한 쉰두 장의 카드가 무엇인지 알아내는 데 집중하며 과학적 접근을 시도했다. 무엇보다도 이 책이 젊은 정신의학자들에게 도움이 되기를 희망한다.

인간은 각기 다르고 각자 사정도 다르다. 그러므로 일반화와 체계화는 도식적일 수밖에 없고 당연히 비현실적이다. 하지만 자신이 관찰하는 현상에 의미를 부여하고 확신 속에서 치료 행위를 하게 해주는 참조 틀이 없을 경우, 젊은 정신의학자는 정신병 환자, 신경증 환자 혹은 성도착 환자를 대할 때 두려움을 느끼게 된다. 의사에게 사회인류학적 지식이 없으면 환자의 행동이 터무니없고 위협적이고 이해하기 힘든, 그리하여 불안을 야기하는 행동으로 비친다. 환자의 이상 행동에 의사가 불안해하면 치료 행위는 무의미하다.

실제로 젊은 정신의학자에게 중요한 것은, 자신이 관찰하는 현상을 이해하는 데 도움이 되는 참조 틀을 갖는 것이다. 참조 틀이 있으면 불안해하지 않고 자신감을 지닌 채 환자에게 접근할 수 있으며, 보다 효과적으로 환자를 치료할 수 있다. 어느 시대에나 정신현상의 참조 틀을 만들기 위한 시도는 젊은 정신의학자들에게 많은 도움을 주었다. 프로이트, 자네, 샤르코, 베른하임, 메스머, 융, 라캉, 앙리 에 등……. 그들은 모두 옳았다. 나는 이 스승들 중 한 명에게서 새로운 이론과 사상을 배웠다. 스승 조르주 베르도에게 그렇게 말했더니 그는 "그렇게 생각할 수도 있지"라고 다정하게 대답했다. 아마 그는 이 책에 대해서도 똑같은 말을 할 것이다. 달리 말하면, 게임만 매번 달라지는 것이 아니라 눈앞에 있는 것을 보는 우리의 시선 역시 불완전하지만 어느 면으로는 진실이라고 할 수 있다. 그러므로 나는 이 책을 통해 새롭게 보는 방식을 제안하고자 한다. 그것은 다른 시각들과 마찬가지로 불완전하겠지만 진실을 충분히 포함하고 있다고 생각한다. 젊은 정신의학자들이 임상에서 진료할 때 이 책이 이론적 토대가 되기를 희망해본다.

CONTENTS

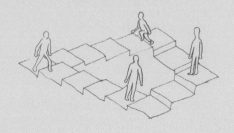

서론

인간의 뇌는
하나일까?

     물론 인간은 뇌가 하나뿐이다. 하지만 인간에게 뇌가 있는 것이 아니라 뇌가 인간을 소유하고 있다고 하는 것이 옳을 것이다. 뇌는 영역별로 고유한 기능이 있고, 각각의 기능이 뇌의 전체 활동, 즉 인간의 활동을 책임지고 있다는 것은 해부학적으로, 역사적으로 밝혀졌다.

    옛날 사람들은 대뇌피질의 1차적 임무가 판단하고 선택하는 것, 즉 사고思考하는 것이라고 생각했다. 반면 감정은 억제해야 하는 것, 이성적으로 행동하기 위해 삼가야 하는 것이었다. 그리고 존재와 사고는 밀접하게 연결되어 있다고 보았다. "나는 생각한다. 고로 존재한다"라는 데카르트적 접근법이 그것이다. 기억을 관장하는 곳도 대뇌피질이라고 생각했다. 시간이 좀더 흐른 뒤에는 프로이트라는 걸출한 학자가 등장해 기억은 의식과 무의식으로 분리되어 있다고 주장했다. 기억은 영국의 정치 시스템에서 정부를 감시하고 비판하는 '섀도 캐비닛shadow cabinet'과 비슷한 역할을 할 뿐 아니라, 앞에서 이야기했듯이 인간의 운명을 결정하는 올림포스산의 신들과 같은 것이기도 하다. 도식화하여 설명해보면 다음과 같다. 이성을 관장하는 대뇌피질을 '첫 번째 뇌'라고 부르자. 해부학적으로도 그렇고 역사적으로도 그렇다. 신경학자들이 대뇌피질을 가장 먼저 발견했고, 대뇌피질의 운동영역, 감성영역, 언어영역, 감각영역의 위치가 가장 먼저 밝혀졌기 때문이다.

그 후 안토니오 다마지오Antonio Damasio에 의해 지금까지 관심을 끌지 못했던 또다른 뇌의 중요성이 대두되었다. 신경학과 정신의학 분야의 첫 번째 혁명이었다. 안토니오 다마지오는 그때까지 몇몇 학자들이 '파충류 뇌'라고 불렀던 원시적 뇌인 대뇌변연계limbic system의 기능을 밝혀내고 '감정의 뇌'라고 명명했다. 이는 '대뇌변연계'라고 이름 붙여진 모든 영역의 활동을 밝혀낸 중요한 발견이었다. 지금부터 이 뇌를 '두 번째 뇌'라고 부르겠다.

안토니오 다마지오의 혁명적인 연구가 발표된 이후 감성 지능에 대한 저작이 홍수처럼 쏟아졌다. 대뇌피질(첫 번째 뇌)과 두 번째 뇌 사이의 지속적인 공생 관계 없이는 정상적인 활동이 불가능하다는 것, 다시 말해 인간이 정상적인 활동을 하기 위해서는 대뇌변연계의 도움이 필요하다는 것이 그러한 저작의 주된 주제였다.

이후 첫 번째 뇌와 두 번째 뇌, 다시 말해 대뇌피질과 대뇌변연계는 인간의 모든 심리 작용의 유일한 주체가 되었고, 정상적이거나 병리적인 모든 심리 현상은 이성과 감정의 일치 혹은 대립, 조화 혹은 부조화를 통해서만 설명되었다. 하지만 나는 제3의 뭔가가 인간의 정신현상에서 중요한 기능을 한다고 확신했고, 아직 충분히 논의되지는 않았지만 중요한 역할을 하는 **관계**, **상호성**, **모방** 같은 또다른 변수를 도입해, 정신현상에 대한 시각을 확장할 시점이 되었다고 생각했다.

실제로 1990년대부터 생각이나 감정이 작동하기 전 기본적인 수준에서 타인과의 관계에 영향을 미치는 신경 장치가 인간에게 존재한다는 사실이 속속 밝혀졌다. 이 신경 장치가 바로 거울신경체계이다. 거울신경세포는 이성적으로 사고하기 전에 인간과 인간을 서로 비추며 이를 통해 타인의 몸짓을 인식하고, 행동과 의도를 해석하고, 이해하고 모방한다. 행위에 대한 공감과 인과관계도 거울신경을 통해 설명할 수 있다. 거울신경세포는 해부학적으로는 첫 번째 뇌와 두 번째 뇌 모두에 위치해 있지만 나는 그것을 '세 번째 뇌'라고 부르고자 한다. 거울신경세포는 타인의 뇌와 관계를 구축해주는 매우 중요한 역할을 하므로, 모방에 바탕을 둔 이러한 자아 간 관계(이 용어에 대해서는 뒤에서 자세히 설명하겠다)를 '모방의 뇌' 혹은 '세 번째 뇌'라고 이름 붙여 따로 연구할 필요가 있기 때문이다.

모방을 기본으로 하는 관계 기능은 감정 기능과 인지 기능을 촉발하는 동력이다. 인간은 이성을 작동하기 전에 거울신경을 통해 즉각적으로 모방하고 정보를 획득한다. 비토리오 갈레제Vittorio Gallese는 '공유망shared manifold 가설'을 통해 거울신경의 공유망을 강조하고, 거울신경체계와 감정체계, 그리고 인간의 가장 의식적인 부분인 생각과 사고체계 사이에 복잡하게 얽혀 있는 상호 관계에 대해 질문을 던졌다. 나는 이렇게 사물을 새롭게 봄으로써 모방과 모방 경쟁 개념에 근거하여 질병 분류학의 혁명을 일으킬 수 있다고 생각한다.

나는 이 책에서 신경과학과 발달심리학 분야에서 이루어진 최근의 발견을 기존 이론에 통합하는 새로운 패러다임을 제안하려 한다. 대뇌피질은 경제적·정치적·도덕적·종교적 합리성과 정당성을 제공하고, 대뇌변연계는 감정(스트레스, 불안, 분노, 기쁨, 공포 등), 정서(사랑, 애정, 증오,

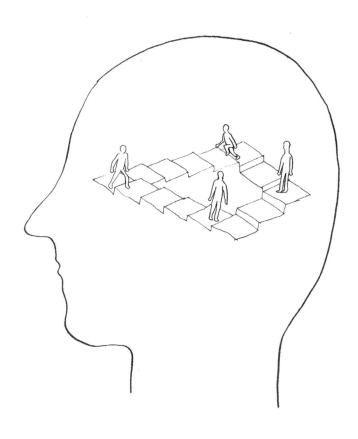

비토리오 갈레제는 '공유망 가설'을 통해
거울신경의 공유망을 강조하고, 거울신경체계와 감정체계,
그리고 인간의 가장 의식적인 부분인 생각과 사고체계 사이에
복잡하게 얽혀 있는 상호 관계에 대해 질문을 던졌다.

질투, 시기심, 원한 등), 기분(환희, 흥분, 우울, 마비 등)을 관장한다. 지금까지 정신의학과 심리학은 사고와 도덕, 종교적·경제적 정당화나 기분, 감성, 정서 분석에 집중했다. 거울신경체계의 존재를 아는 사람은 최근까지 거의 없었고, 모방에 대해 관심을 두는 사람도 없었다. 20세기에 여러 저작을 통해 이 문제를 처음으로 연구한 철학자 르네 지라르를 제외하고는, 타인에 대한 모방에 관심을 두거나 모방이 감정과 사고의 내용을 결정한다는 사실에 주목한 사람은 아무도 없었다.

서로 모방하는 두 자아

그동안 심리학과 정신의학에서는 세 번째 뇌에 대해 언급한 적이 거의 없었지만, 모방은 진작부터 정신분석 분야 선구자들의 사상에서 중심을 차지하고 있었다. 그들이 '모방' 혹은 '미메티즘mimétisme'이라고 직접 언급하지는 않았지만 '최면', '암시', 나아가 '유동체fluid'나 '동물자기動物磁氣' 같은 말들은 모두 모방을 의미하는 용어다. 다시 말해 세 번째 뇌의 존재, 즉 관계와 상호성의 중요성을 어느 정도 인정했다고 볼 수 있다. 세 번째 뇌라는 개념 자체가 상상하기 힘들고 분명하게 규정짓기 어렵다는 이유로 들여다보려 하지 않았을 뿐이다. 르네 지라르가 『폭력과 성스러움』에서 지적한 것처럼, 프로이트도 오이디푸스 콤플렉스의 기초를 놓을 때 모방의 곁을 살짝 지나쳤다. 프로이트는 남자아이가 아버지를 모방하고 존경하는 방식을 묘사할 때 '동일화identification'라는 용어를 사용했다. 하지만 더 발전시키지는 않았고, 성적 충동의 중요성을 강조할 때는 동일화라는 개념을 아예 버렸다. 그 결과 모방은 숨겨지고 수수께끼가 되었으며, 연구 대상으로서 금기시되기까지 했다.

프로이트 이전에는 샤르코와 베른하임이 자아 간 관계의 수수께끼를 해결하려고 시도했다. 물론 성공하지 못했다. 샤르코는 최면이 비정상적인 현상이며 히스테리 같은 병리 현상에만 제한적으로 효과가 있다고 생각했다. 반면 베른하임은 최면과 암시가 정상적이고 보편적인 현상이라고 주장했다. 이 두 스승의 강의를 들은 프로이트는 최면의 병리적 성격과 관련해서는 샤르코의 의견에 동의했지만, 최면이 보편적 현상이라는 측면에서는 베른하임의 의견을 따랐다(다시 말해 프로이트에게 최면은 병리적인 동시에 보편적인 것이다. 하지만 프로이트는 최면, 즉 신경증의 관계적 특징, 자아 간 관계라는 근본적인 특징을 간과했다).

파리아 신부(1756~1819, 소설 『몬테크리스토 백작』에 나오는 파리아 신부의 실제 인물로, 동물자기와 최면술의 선구자이다—옮긴이) 이래 모든 학자가 동의하듯 실제로 최면은 암시가 최고조에 이른 상태일 뿐이다. 그러므로 암시가 문제의 중심이 된다. 샤르코와 베른하임 모두 옳았다. 암시는 어디에나 존재하며 정상적이고 보편적이다. 하지만 종종 병리적이 되거나 비정상적이 되기도 한다.

이것이 어떻게 가능한지 설명하기 위해서는 다음의 정의부터 숙지할 필요가 있다. 암시와 모방은 자아 간 관계의 왕복운동이고, '상호성'이라 불리는 동전의 앞뒷면이다.

인간의 상호 반응은 상호 모방 원칙에 기초하며, 우리가 숨쉬는 공기처럼 도처에 존재한다. 두 사람이 만났다. 그중 한 사람이 손을 내민다. 그러면 다른 사람이 그 사람을 모방해 손을 내민다. 긍정적 모방, 좋은 상호성으로 두 사람은 친구가 된다. 하지만 후자가 손 내밀기를 거부하면 전자는 화를 내고 소리를 지를 것이다. "꺼져, 이 망할 자식아!"(프랑스 전 대통령 사르코지가 자신과의 악수를 거부한 시민에게 한 말이다—옮긴이) 나쁜 상호성으로 인해 두 사람은 적이 된다. 후자가 전자의 행동을 모방하기를 거부하면 전자도 후자의 적의를 모방하게 된다.

실제로 전자가 내민 손은 암시이고, 암시는 후자의 모방을 끌어내는 역할을 한다. 관계적 상호성은 이렇듯 기본적으로 모방하는 성격이 있으며 보편적으로 나타난다. 자아 간 관계를 다음과 같은 그림으로 표현할 수 있다.

이 두 매개체는 같다. 둘은 서로 반응하고, 그렇게 안정되어 좋은 상호성을 형성한다. 두 매개체는 다양해져서 A와 B 사이를 '영화 속 장면처럼' 계속 왕복한다.

나쁜 상호성의 경우, A의 암시를 B가 거부하면 A는 즉시 B의 거부를 모방한다. A가 B의 적대적 암시를 모방하는 것이다.

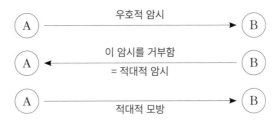

여기서 이루어지는 지속적인 왕복운동—르네 지라르와 나는 이것을 '자아 간 관계'라고 부른다—은 자아 간의 관계interdividual이지 개인과 개인 간의 관계interindividual나 주체와 주체 간의 관계intersubjectif가 아

니다. 모방과 암시의 지속적인 왕복운동을 통해 우리가 '자아'라고 부르는 것이 양쪽에 만들어지기 때문이다. 훗날 유진 웹Eugene Webb(비교문학 박사로, 현재 국제 워싱턴 헨리 M. 잭슨 대학교 명예교수로 재직 중이다)은 자아 간 관계에서 만들어진 자아를 '두 자아 간의 자아self-between'라고 부르자고 제안했다. "'심리학적' 자아는 (…) 항상 '두 자아 간의 자아'를 말한다. 이 자아는 일상에서 실제로 만나는 사람들, 혹은 문화에 의해 제공되거나 이상화된 모델과 자아 사이에 관계의 왕복운동이 일어나면서 형성되고 재형성된다."[1]

A에게 A 고유의 자아 하나만 있는 것이 아니고 B에게 B 고유의 자아 하나만 있는 것이 아니라는 주장은 유진 웹이 르네 지라르나 나와 같은 생각을 하고 있다는 것을 보여준다. 누구를 만나거나 관계를 맺을 때마다 우리에게는 새로운 자아가 만들어진다. 우리가 흔히 '성격'이라고 부르는 것은 많은 부분 유년기와 청년기에 부모와 가족, 친구와 스승의 암시 덕분에 형성된 '두 자아 간의 자아들'의 총합이다. 깊이 뿌리 내려 어느 정도 안정된 '두 자아 간의 자아'조차 우리 안의 모델들에 의해 끊임없이 재형성된다. '나'란 이 모든 모델들로 이루어진 패치워크이며 순간의 상황에 따라 각각의 자아가 나타나거나 눈앞의 상황을 맡는다. 종종 아버지 혹은 어머니, 친구 혹은 선생님의 모습이 '나'에게서 나타나기도 한다. 개인적 경험을 돌이켜보면 이런 현상이 정말로 일어나고 있음을 알 수 있을 것이다. 자신이 예전 학교 선생님과 똑같이 행동하거나, 어머니처럼 말하거나, 친구처럼 행동하거나, '어제 텔레비전에서 본 사람'처럼 말하고 있는 것을 깨닫고 놀라거나 불쾌했던 적이 누구나 한 번쯤은 있지 않은가.

인간의 모방 욕망을 발견하다

앞에서 언급했듯이, 최근 실험과학 분야의 눈부신 발전 덕분에 뇌와 신경에서 일어나는 기초적 수준의 모방 현상을 더 잘 이해할 수 있게 되었다. 1990년대에 신경생리학자들은 '거울신경세포'라는 것을 발견했다. 이는 원숭이에게서 먼저 발견되었고, 최근에는 사람에게서도 발견되었다. 거울신경세포는 다른 사람이 어떤 행동을 하는 것을 볼 때 활성화되고, 자신이 그와 똑같은 행동을 할 때에도 활성화된다. 예컨대 피에르라는 남자가 있다고 하자. 그가 와인 잔을 들고 있는 친구 필리프를 보고 있다. 이 모습을 양전자 단층촬영(PET, 방사성 의약품을 이용해 인체에 대한 영상을 3차원으로 얻는 의학 촬영 기술)으로 찍어보면 두 사람의 뇌에서 동일한 운동영역에 반응이 일어나는 것을 볼 수 있다.

오늘날 많은 학자들이 거울신경이 공감 또는 더 나아가 텔레파시 같은 인간의 능력에 대한 신경생물학적 실마리를 제공한다고 생각한다. 더욱 놀라운 것은, 거울신경이 실험자의 단순한 행동이나 움직임이 아니라 움직임에 숨겨진 '의도'를 통해 활성화된다는 것이다. 거울신경이 존재하는 뇌 영역은 특정한 목적을 가지고 물건을 붙잡는 것처럼 실험자의 목적을 쉽게 이해할 때 활발하게 활성화된다. 실험자가 목적 없이 손을 움직일 때나 물건을 붙잡지 않을 때에는 활성화되지 않는다.

신경과학이 모방 메커니즘을 연구하는 유일한 학문 분야는 아니다. 발달심리학자인 앤드루 멜조프Andrew Meltzoff는 30여 년 전부터 워싱턴 대학교에서 유아 모방에 대한 연구를 했으며, 그의 연구 결과는 신경과학이 제시한 가설을 놀라울 정도로 잘 뒷받침한다. 앤드루 멜조프는 모방이란 행위를 재현하는 데 그치지 않고 행위의 목적이 무엇인지 찾는 것이라고 강조한다. 그가 실시한 실험 가운데 이를 잘 보여주는 실험이 있다. 실험자가 아이 앞에서 장난감을 해체하려 하지만 성공하지 못한다. 실험자는 자신의 행동을 보고 있던 아이에게 직접 해보라며 장난감을 준다. 아이는 실험자의 행동을 모방하는 데 만족하지 않고, 행동의 암묵적 목표를 달성하기 위해 여러 가지 전략을 쓴다. 다음으로 성인 실험자 대신 로봇을 이용해 똑같은 실험을 한다. 그러자 아이는 로봇의 행동에 의도가 없다는 것을 알고 반응하지 않는다. 우리는 이 실험을 통해 모방 에너지가 사람에 의해서만 활성화된다는 것을 알 수 있다. 거울신경세포는 자신의 분신에게만 비추고 반사한다.[2]

과학자들은 뇌에서 인지 작용이 일어나기 전에 거울신경체계가 먼저 작동한다는 것을 알게 되었다. 피에르의 뇌가 필리프의 의도를 재현하겠다고 결정하는 것이 아니라, 반대로 와인 잔을 붙잡으려는 필리프의 행위에 대한 피에르의 반응이 신경계에서 '자동적으로' 활성화되는 것이다. 이때 피에르는 자신의 모든 관심을 필리프가 욕망하는 대상에 집중한다.

르네 지라르는 행위, 목적, 의도, 욕망을 모방하는 현상을 '모방 욕망'이라고 불렀다. 거울신경 메커니즘의 발견과 르네 지라르가 약 50년 전에 출간한 첫 저작 『낭만적 거짓과 소설적 진실』[3]에서 발전시킨 직관 intuitions이 반향을 일으키고 있는 것은 매우 시사적이다. 이 책에서 르네 지라르는 위대한 소설가들이 심리학자들보다 먼저 모방 욕망 메커니즘을 이해하고 글로 썼다고 설명했다. 이에 대해서는 뒤에서 더 자세히 설명하겠다.

모방은 때로 경쟁을 일으킨다

지금부터 살펴볼 『낭만적 거짓과 소설적 진실』에서 르네 지라르는 과학자들보다 한발 앞서갔다. 즉각적이고 자동적으로 이루어지는 모방이 어떻게 경쟁으로 이어지는지 보여주면서 모방과 갈등을 연계시켰고, 더 나아가 모방 욕망이 모든 형태의 경쟁과 폭력의 뿌리라고 주장했다. 모방이 공감과 학습뿐 아니라 경쟁도 만들어낸다는 사실은 암시, 모방, 정신병리 현상 사이의 관계를 이해하는 데 중요한 지점이 된다.

사실 위험한 결과를 초래할 수 있는 모방을 어렵지 않게 상상할 수 있다. 거울신경세포를 최초로 발견한 연구팀을 이끈 자코모 리촐라티 Giacomo Rizzolatti는 프랑스 일간지 〈르 피가로〉와의 인터뷰에서 "모방은 원숭이에게 제한된 능력이고 종종 위험을 초래한다"[4]고 지적했다. 모방과 관련해 원숭이에게 위험한 것은 인간에게도 위험하다. 아리스토텔레스는 인간을 다음과 같이 정의했다. "인간의 모방 본능은 어릴 때부터 발현된다. 인간과 다른 동물의 차이는 인간이 살아 있는 피조물 가운데 가장 뛰어난 모방 능력을 지녔다는 점이다."[5]

나의 의도가 당신의 의도에 의해 형성되고 당신의 의도가 내 의도에 의해 형성된다면, 그것은 우리의 욕망이 동일한 대상을 향한다는 것이다. 모델은 내가 욕망하는 것을 동일하게 욕망함으로써 내 욕망이 그로 인해 더 강화됨을 확인하고 인정한다. 욕망하는 대상이 쉽게 공유할 수 있는 것이라면 나와 모델 사이에는 우정이 꽃필 것이다. 피에르와 필리프가 모두 아름다운 경치를 좋아하고 브람스의 교향곡을 사랑한다면 이들의 우정은 더욱 깊어질 것이다. 이때 모방 욕망은 두 사람을 서로 가까워지게 하고 잘 맞는 친구라고 여기게 한다. 하지만 이 두 사람이 공유할 수 없는 대상을 욕망하게 되면 그 순간부터 경쟁 관계가 될 것이다. 피에르와 필리프가 같은 여자를 좋아하게 되었다고 하자. 그러면 두 사람을 가깝게 해준 모방 관계는 경쟁 관계로 변하고, 우정에도 금이 갈 것이다. 연애 문제에서만 경쟁이 일어나는 것은 아니다. 모방 욕망이 서로 부딪치며 상승기류를 타는 곳이라면 경쟁은 어디에서든 나타난다. 피에르와 필리프는 직장, 장학금, 사람들의 관심, 주차장의 빈 자리, 동창회장 자리를 두고 경쟁할 수 있다. 말 그대로 경쟁은 어디에나 존재한다.

여기서 우리는 심리학과 정신의학이 두 사람 사이에서 일어나는 현상과 관련 있다는 것을 알 수 있다. 사람 사이의 상호 관계, 상호 반응이 병리 현상과 심리 현상을 결정한다. 심리 현상은 오래전에 내가 말한 것처럼[6] 각자의 육체가 가진 고요한 불투명함이 아닌, 자아와 자아

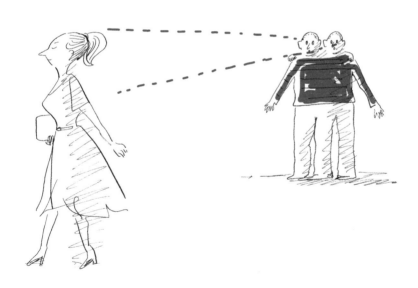

의 관계 안에 존재하는 신비로운 투명함에서 생겨난다. 나는 오랜 성찰과 정신 치료 경험을 통해, 정신병이 발생하고 진전하는 과정에서 모방 관계가 중요한 역할을 한다는 것을 조금씩 이해하게 되었다. 다시 말하건대 자아 간 관계는 중요한 개념이기 때문에 '세 번째 뇌'라는 명칭으로 따로 떼어 살펴봐야 한다.

병리 현상은 관계의 일탈, 타인과의 좋지 않은 관계에서 출발한다. 하지만 질병과 정상 상태를 확실하게 구분 짓는 선은 없다. '정상적'인 관계도 우리가 앞으로 '병리적'이라고 규정할 관계로 변할 수 있다. 정도의 차이일 뿐 본질은 다르지 않다. 나는 이 책에서 건강한 정신에서 시작하여 신경증과 그다지 심각하지 않은 정신질환을 거쳐 조현병에 이르는 하향 곡선에 대해 설명할 것이다. 병의 원인을 밝히려는 목적이 아니다. 인간관계가 병을 유발한다거나 반대로 병이 인간관계를 규정한다고 주장하려는 것도 아니다. 정신병은 칼로도 잘라낼 수 없는 고르디아스의 매듭처럼 너무나도 복잡하기 때문이다. 내 목표는 좀더 소박하다. 정신병을 현상학적으로 구축하는 것이다. 아니, 밑그림을 그리는 것이라고 해두자.

이 책에서 몇 가지 내용이 반복된다는 것을 미리 밝혀둔다. 같은 내용을 반복한 것은 현실이 그렇기 때문이기도 하고, 현실이 마치 프리즘과 같으므로 프리즘의 수많은 굴절면을 들여다보는 것도 꽤 흥미로울 거라 생각하기 때문이기도 하다. 각각의 면들이 조금씩 다른 시각을 제공하며 전체에 대한 정보를 줄 것이다.

모방하는 뇌

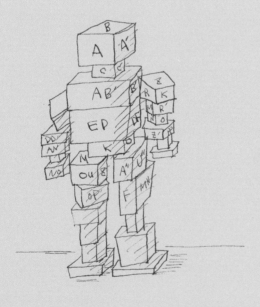

세 개의 뇌

1

첫 번째 뇌, 인지와 이성

고대인들은 뇌에 그다지 큰 중요성을 부여하지 않았다. 고대 이집트인들은 뇌가 아니라 심장이 인식, 인지, 정신을 관장한다고 생각했다. 그래서 파라오를 미라로 만들 때 다음 생에서 필요 없는 뇌는 코를 통해 빼내버리고 심장은 소중하게 보관했다.

아리스토텔레스도 심장이 인지와 인식의 주인이고 뇌는 심장의 열을 식히는 기능을 한다고 생각했다. 하지만 그는 이성의 기관이 열정을 만들어내는 감정 기관을 진정시키고, 완화하고, '차갑게' 한다는 개념에 접근했다.

레오나르도 다빈치는 인지와 인식 기능은 대뇌피질이 아니라 뇌실의 빈 공간에서 담당한다고 생각했다. 어쨌든 이쯤 되어 인지와 인식 기능이 심장에서 머리로 올라왔다.

데카르트는 정신과 육체는 본질적으로 다르다고 보았다. 그는 정신과 육체가 상호작용하는 곳은 뇌에서 유일하게 짝이 없는 기관인 솔방울샘pineal gland이라고 생각했다. 그는 사고란 뇌에서 만들어질 수 없는 것으로 합리적 정신의 산물이고, 존재론적·정신적·형이상학적 성격을 지녔다고 여겼다.

17세기부터 의학자들과 과학자들은 그때까지는 정신이 담당한다고 생각했던 기능의 본산지가 뇌라고 생각하기 시작했다. '옥스퍼드 그룹'은 로버트 보일Robert Boyle, 로버트 후크Robert Hooke, 존 벅John Bock, 크리스토퍼 렌Christopher Wren과 같은 의학자와 철학자들이 회원으로 있는 단체였는데, 이 단체를 주도했던 토머스 윌리스Thomas Willis는 1687년에 뇌의 질병을 연구하는 학문을 '신경학'이라 부르자고 제안했다. 윌리스는 1664년에 출간된 『뇌와 신경 해부학The Anatomy of the Brain and Nerves』에서 지각, 운동, 인지, 기억은 뇌의 기능이라는 주장을 지지했다. 이때부터 뇌는 신경학자들과 정신의학자들의 연구 대상이 되었고, 이들은 주로 이성, 판단력, 오감, 기억, 운동, 감성과 같은 인지 기능에 대해 연구했다.

이후 정신의학자와 심리학자들은 오로지 첫 번째 뇌에 대해서만 이야기했다. 첫 번째 뇌는 그들에게 유일하게 답을 주었고, 언제나 그들이 유일하게 상대하는 대상이었다. 행동을 결정하는 데 '정서'가 가장 중요한 역할을 한다고 주장했던 스피노자를 제외하고 전통적인 철학자들 또한 언제나 비밀스러운 방에서 혼자 고독하게 물리적 세계와 형이상학적 세계를 넘나들며 사고하고 성찰하는 뇌를 중요시했다. 데카르트는 "나는 생각한다. 고로 존재한다"라고 말하며 존재를 뇌에, 어쨌든 우리가 '첫 번째 뇌'라고 부르는 부분에 위치시켰다.

우리가 움직이고, 걷고, 느끼고, 보고, 들을 수 있는 것은 첫 번째 뇌 덕분이다. 내가 이 책을 쓰고 여러분이 읽을 수 있는 것도 첫 번째 뇌

덕분이다. 이렇듯 첫 번째 뇌는 매우 중요하지만, 그렇다고 유일한 뇌는 아니다. 독자적으로 기능하지도 못한다.

　오랫동안 우리는 인간이 단 하나의 뇌를 가지고 있다고 믿었다. 대뇌 피질은 운동영역과 감정영역, 오감이 모인 감각영역으로 나뉘어 있고, 언어 기능은 왼쪽 측두엽(브로카 영역과 베르니케 영역)에 위치해 있다.

　첫 번째 뇌 혹은 인식의 뇌는 근본적으로 심리학자들이 IQ(지능지수)로 측정하는 지능을 관장하는 중추 기관이다. 다시 말해 인지와 이성, 사물과 세상에 대한 이해, 이성적인 사람들 사이의 이성적인 교류와 관계가 이루어지는 곳이다. 그리고 기억을 관장하는 유일한 기관이기도 하다. 성능 좋은 첫 번째 뇌의 '고장'은 망각을 의미한다. 프로이트는 기억을 의식적 기억과 무의식적 기억으로 구별했다. 무의식적 기억은 단순한 망각이 아니라 적극적으로 억압된, 외상을 유발하는 기억으로, 의식적으로 불러내고 싶다고 불러낼 수 있는 것이 아니라 인생이나 운명의 개입자가 불러내야만 수면으로 떠오른다.

　플라톤도 사람이 배나 다리가 아니라 뇌로 생각한다는 것을 알고 있었다. 고대 그리스의 의사들은 이미 일종의 다른 뇌가 존재할 가능성에 대해 언급했다. 이 뇌는 이성적 사고의 힘과 독립성을 상대화하는 고유의 삶을 가진 또다른 자아를 의미하며, 이 '견제 세력'의 존재를 확인하고 어디에 위치하는지 찾아내는 것이 문제였다. 히포크라테스와 갈레노스는 히스테리의 원인을 성기, 특히 여성의 자궁에서 찾았고, 그 후 수세기 동안 악마가 사람의 영혼을 혼란스럽게 하거나 빼앗는다고 생각하다 마침내 프로이트에 와서 무의식이 등장하게 된다. 프로이트의 무의식이 세운 가장 큰 공은 첫 번째 뇌의 견제 세력을 뇌의 중앙에 위치시켰다는 것이다. 이에 대해서는 뒤에서 다시 자세히 설명하겠다.

하지만 그에 앞서 20세기 말에 신경학, 신경과학, 심리사회학이 발견한 감성 지능에 대해 살펴보려 한다. 그리고 특히 두 번째 뇌의 존재와 중요성을 대두시킨 안토니오 다마지오의 연구에서부터 출발하려 한다.

두 번째 뇌, 감정과 감성

거울신경세포는 안토니오 다마지오가 대뇌변연계를 발견한 지 10년도 안 되어 그 존재가 밝혀졌다. 특히 거울신경체계는 인간의 공감 능력에 대한 이해를 높여주었다. 캉 대학교의 피에르 뷔스타니 교수는 강의 때마다 이를 매번 강조했다. 그후 미국의 철학자 제러미 리프킨Jeremy Rifkin이 2009년 저서 『공감의 시대』[1]에서 '호모 엠파티쿠스Homo empathicus'를 이야기할 정도로 공감의 중요성이 커졌다. "최근 인지과학 분야의 새로운 발견으로, 어린아이도 타인의 고통에 민감하게 공감한다는 것을 알게 되었습니다. 공감은 인간 고유의 능력인데, 이상하게도 사상가들은 공감이라는 개념에 전혀 관심을 두지 않았죠. 홉스는 '인간의 삶은 고독하고 빈궁하며' 인간은 근본적으로 공격적이고 나쁘다고 했습니다. 로크는 홉스보다는 덜 비관적이었지만 인간의 최종 임무는 생산적이 되는 것이라고 했고요. 애덤 스미스는 인간을 탐욕과 최대 이윤만을 추구하는 존재로 묘사했고, 제러미 벤담은 삶의 조건을 고통은 피하고 쾌락을 추구하는 것으로 제한했습니다. 프로이트는 이 시각을 성적 충동과 죽음 충동으로 재해석하면서, 이 두 충동이 인간이 가진 유일한 충동이라고 했습니다. 하지만 신경과학 분야의 최근 발견들이 시사하듯, 인간은 그 무엇보다 사회적 존재가 아닐까요?"[2]

제러미 리프킨은 위대한 사상가들의 생각을 풍자적으로 표현했지만, 그의 글에서 주목해야 할 점은 첫째로 1982년에 내가 주장한 바와 같이 심리학과 사회학을 분리하지 말고 하나의 학문으로 봐야 한다는 것이고, 둘째로 거울신경이 발견됨에 따라 그가 공감 능력에 중요성을 부여했다는 것이다. 그는 첫 번째 뇌와 두 번째 뇌에 존재하는 거울신경세포와 거울신경체계 덕분에 대뇌변연계의 존재와 역할이 밝혀져 감성 지능과 사회 지능을 설명할 수 있게 되었다고 여러 번 강조했다.

두 번째 뇌는 신경학과 신경과학 분야의 세계적인 학자인 조제프 르두Joseph Le Doux와 안토니오 다마지오에 의해 발견되었고, 그 후 감성 지능과 사회 지능은 대니얼 골먼Daniel Goleman의 책으로 대중에게 널리 알려졌다. 대니얼 골먼은 저서 『EQ 감성지능 Emotional Intelligence』에서 "우리에게는 생각하는 정신과 느끼는 정신, 두 가지가 있다. 이 이성적 정신과 감정적 정신은 준準 독립적으로 기능하고 (…) 다른 신경체계를 가지고 있지만 서로 연결되어 있다. (…) 이 두 개의 뇌는 훌륭하게 조화를 이루며 작동한다. 사고를 하는 데에는 감정이 필요하고, 감정을 느끼는 데에는 사고가 필요하다. 하지만 열정에 사로잡히면 균형이 한쪽으로 기울게 되고, 감성의 뇌가 이성의 뇌를 힘으로 제압한다"[3]고 말했다.

안토니오 다마지오는 1848년 철도 공사를 하다 머리를 다친 피니어스 게이지Phineas Gage라는 환자의 사례를 연구하던 중 감성의 뇌를 발견했다. "쇠막대가 게이지의 왼쪽 볼을 뚫고 들어가 뇌의 기저 부분을 거쳐 전두엽을 뚫고 나갔다."[4] 놀랍게도 게이지는 두 달 만에 회복했지만 "성격, 취향, 싫어하는 것, 꿈, 야심 등 모든 것이 바뀌었다. 몸은 그대로이지만 정신은 완전히 다른 사람이 된 것이다."[5] 게이지는 어떤 결정도 내리지 못했고, 정상적으로 행동하지도 못했다. 그래서 다마지오는 "정상적인 사회 활동을 하는 데에는 뇌의 특정 부분이 필요하다"[6]고 추론했다.

두 번째 뇌를 구성하는 변연계는 기본적으로 전전두엽 피질과 전두엽의 복내측 부분인 시상하부, 이랑, 편도체, 종뇌 기저부로 구성되어 있다. 특히 골먼에 따르면, 감정 기억을 담당하는 편도체에 문제가 생기면 감정을 느끼지 못하고, 주위에서 일어난 일에 감정적 의미를 부여할 수 없다고 한다. 편도체의 역할을 밝힌 조제프 르 두는 편도체와 신피질neocortex 간의 상호 반응이 감성 지능의 기초라고 강조했다. 골먼은 "뇌는 두 가지 기억 체계를 가지고 있다"고 했다. "하나는 일반적인 사건에 대한 기억이고, 다른 하나는 감정과 연관된 사건에 대한 기억이다."[7]

결론적으로, 첫 번째 뇌에는 인지 기능과 지능 기억 기능이 있고, 두 번째 뇌에는 감정 기능과 정서 기억 기능이 있다. 프루스트가 관심을 가진 것은 감정 기능과 정서 기억 기능이었다. 대니얼 골먼은 "감성 지능은 의욕을 고취시키고, 좌절하지 않고 버티게 해주고, 충동을 조절하고, 욕망을 누그러뜨리고, 기분을 조절하고, 스트레스로 이성을 잃지 않게 해주고, 공감을 느끼게 하고, 희망을 갖게 한다"[8]고 말했다.

그러므로 지각, 감각, 운동, 인지 기억 영역이 위치해 있고 앞서 살펴봤듯 인간의 최초 움직임을 관장하는 거울신경체계를 가진 이성적인 신피질만으로는 정신 기관이 조화롭게 작동할 수 없다. 감정(기쁨, 놀람, 두려움, 분노, 혐오 등), 정서(사랑, 증오, 부러움, 질투 등), 기분(행복, 흥분, 우울, 항진 혹은 저하 등)을 관장하는 두 번째 뇌와 지속적으로 상호 반응해야 하는 것이다. 이미 언급했듯이 두 번째 뇌에도 거울신경세포가 있어 공감, 이해, 감정, 정서, 기분을 전파하고 전염시키고 공유하는 데 한몫하고 있다.

1장 ___ 모방하는 뇌

세 번째 뇌, 모방과의 관계

이미 말한 바와 같이, 르네 지라르와 기 르포르Guy Lefort, 그리고 나는 1978년부터 심리학에는 자아 간 심리학만이 존재한다고 생각했다. 방금 세상에 나온 신생아는 오로지 모방을 통해서만 타인과 관계를 구축하고, 운동(첫 번째 뇌)과 감정(두 번째 뇌) 또한 모두 모방을 통해 배운다. 1982년에 나는 모방 욕망에 대한 추론을 제시하면서 외형, 소유, 존재, 마지막으로 욕망으로 이어지는 모방 메커니즘이 개인의 '자아' 성립과 존재의 근원이라고 주장했다.

안토니오 다마지오는 다른 길을 통해 자아에 대해 나와 동일한 시각에 이르렀다. 그는 "자아가 구축되는 데에는 기본적인 신경세포가 필요하지만, 자아는 지속적으로 재구성되는 유기체라는 것을 분명히 해야 했다"[9]고 썼다. 그리고 좀더 나아가 "개체의 연속적 상태가 순간순간 신경 구조를 지속적으로 갱신하고 서로 연결된 여러 장의 카드로 만들어 자아의 물질적 기초가 되게 하면 된다"[10]고 했으며, 마지막으로 "자아의 기본 상태는 매 순간 만들어가는 과정의 상태다. 사라지면서 지속적으로 일정하게 재구축된다"[11]고 덧붙였다.

다마지오의 이런 시각은 앞서 말한 욕망의 자아moi-du-désir라는 나의 초심리학 이론과 일맥상통하며, 『욕망이라는 이름의 모방』 5장에서 설명한 최면 현상에 대한 나의 해석과도 유사하다. 나는 자아는 **자아 간 관계 속에서 모방 메커니즘을 통해** 지속적이고 정기적으로 재구축된다는 것을 다마지오의 주장에 덧붙이고 싶다.

이 욕망의 자아에 대해 정신분석학자인 한 친구는 내게 이렇게 말한 적이 있다. "물론 만남과 상호작용으로 자아가 **부분적으로** 수정될 수는 있지만, 자아는 매우 굳건하게 **이미 존재하고 있다.**" 이 말이 무슨 뜻인

지 이해하기 위해 프로이트의 두 번째 주장을 다시 살펴보자. 프로이트
는 자아의 형성에서 어머니와의 관계가 근본적으로 중요하다고 강조했
다. 이를 우리 용어로 설명하면, 어머니와의 자아 간 관계가 욕망의 자
아를 형성하고 발달시킨다고 할 수 있다. 욕망의 자아는 처음에는 어머
니의 욕망의 자아로 시작한다. 그렇다면 이 욕망은 아이에게 강력해야
하고, 긍정적이어야 하고, 야심 차야 한다. 하지만 어머니의 사랑이 동
반되지 않으면 무의미하다. 어머니의 사랑은 우리 용어로 말하면 두 번
째 뇌의 감정적 창고이기 때문이다. 어머니의 사랑은 두 번째 뇌에 '저
장'되어 평생 아이의 자산으로 사용된다. 사랑하는 능력 같은 긍정적인
감정과 정서를 제공해 어떤 일에도 두려워하지 않는 용기를 주고, 불안
을 덜어주며, 힘들 때 어깨를 토닥여준다.

　'프로이트의' 아버지들, 즉 19세기 말의 아버지들은 금지의 표상이고,
아버지와 동일화하는 것은 그 금지를 모방적으로 통합하는 것이자 '초
자아'의 세례를 받는 것이다. 이 금지는 다정하고 너그러우며 가혹하지
않다. 아버지는 법을 정한다. "밥 먼저 먹고 놀아야지." "더 크면 자전거
사줄게." "말 잘 들으면 내일 시골에 놀러갈 수 있어." 한마디로 초자아
는 금지함으로써 아이의 욕망을 강화하고, 아이에게 만족감을 뒤로 미
루고 끝날 때까지 참는 법을 알려준다. 아버지의 금지 또는 초자아는
욕망에게 데리다의 '디페랑스différance'(차이différence와 미루다différer라는
두 가지 의미를 내포한, 데리다가 만든 용어—옮긴이)를 가르친다. 다시 말
해 순간과 충동에서 살아남고, 힘을 기르고, 유지하고, 자발적으로 변
모하도록 가르친다.

　프로이트의 '이드id'는 욕망을 실현하는 데 필요한 에너지를 제공한
다.[12] 우리는 이미 위에서 모방적 성격을 지닌 욕망이 타인과의 관계에

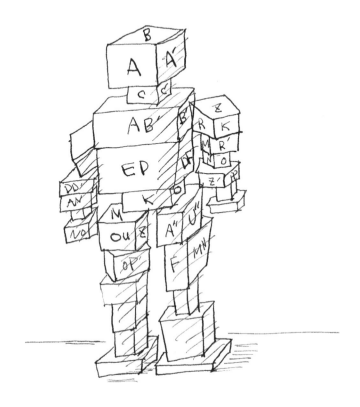

프로이트가 말하는 자아는 처음부터 타자성으로 빚어진 것이다.
첫 자아는 시간이 지나면서 모방한 욕망과 새로 만들어진 자아로 채워진다.
그렇게 지속적으로 수정되어,
시간이 흐르면서 형성된 자아들의 모자이크가 된다.

서 에너지를 취한다는 것을 확인했다. 이에 대한 예는 뒤에서 살펴볼 것이다.

그러므로 프로이트가 말하는 자아는 처음부터 타자성으로 빚어진 것이다. '첫 자아'를 형성하는 데 어머니와 아버지의 역할은 근본적이다. 하지만 첫 자아는 시간이 지나면서 모방한 욕망과 새로 만들어진 자아로 채워진다. 그렇게 지속적으로 수정되어, 시간이 흐르면서 형성된 자아들의 모자이크가 된다.

첫 자아, 그러니까 부모에 의해 형성된 자아는 아마도 정신분석가인 내 친구가 말한 자아일 것이다. 만약 그런 자아가 아직까지 남아 있다면 나는 그 친구의 의견에 동의할 수 있지만, 프로이트가 묘사한 것처럼 아이에게 절대적인 사랑을 주는 어머니가 21세기에 얼마나 될까? 아이들에게 금지 명령을 내릴 수 있는 권위를 가진 아버지가 몇이나 될까? 그렇게 해서 형성된 자아를 지금도 찾을 수 있다면, 나는 첫 자아가 다른 자아보다 더 '굳건'하다는 데 기꺼이 동의하고, 그런 종류의 자아가 충격에 잘 견디는 '탄성 회복력'[13]이 크다는 것 역시 인정할 것이다.

거울신경으로 다시 돌아오면, 우리는 모방 메커니즘이 두 뇌를 작동시켜 사람들이 관계를 맺을 수 있는 시스템을 구축한다는 것을 알았다. A의 거울신경체계가 B의 거울신경체계와 처음으로 관계를 갖고, 여기서 '자아 간 관계'가 만들어진다.

나는 이제 거울신경체계의 중요성을 인정하고 세 번째 뇌를 따로 구분해서 연구할 때가 되었다고 생각한다. 이를 통해 새로운 사회인류학을 구축하고, 세 뇌의 상호작용과 균형을 이룬 결과로 생겨난 정신적·정신병리적 현상을 이해하게 될 것이다.

이 대목에서 자크 라캉을 인용하는 것이 재미있을 것 같다. 라캉은 자신의 의학박사 논문인 『인격과 관련한 편집증적 정신병에 대하여』 서문에 이렇게 적었다. "학설에 따르면 '감정', '판단력', '행동'에 영향을 미치는 정신장애는 모두 정신의 총합에 일어나는 특수한 장애다. (…) 이 정신의 총합을 우리는 인격이라 부른다."[14]

첫 번째 뇌와 두 번째 뇌가 서로 긴밀히 협조하며 작동한다는 것이 확실한 것과 마찬가지로, 지금 이 시점에서 거울신경체계가 첫 번째 뇌, 두 번째 뇌와 관련되어 있다는 것 역시 분명해 보인다. 나는 라캉이 '감정'을 말할 때 두 번째 뇌를, '판단력'을 말할 때 첫 번째 뇌를, 그리고 '행동'을 말할 때 세 번째 뇌를 의미한 것이라고 생각한다. 그런데 라캉은 정신장애는 이 세 요소의 '총합'에 생긴 결함에 기인한다고 했다. 1932년 라캉이 논문을 쓴 후 이 주장은 신경과학, 신경학, 실험 심리학 분야의 새로운 발견으로 더욱 굳건해졌다.

정신이라는 기계의 작동을 이해하기 위해서는 인지의 뇌(첫 번째 뇌)와 감정의 뇌(두 번째 뇌)의 관계를 연구하는 것으로 충분하다고 생각하지만, 모방의 뇌(세 번째 뇌)가 아이에게 사회성을 가르쳐주고 타인과 관계 맺게 하고 자아 간 관계를 형성하는 등, 한마디로 사람을 만드는 뇌라는 사실은 인정하지 않을 수 없을 듯하다. 거울신경의 활동이 부족한 자폐아가 자신을 둘러싸고 있는 사람과 사물 주변에만 머물러 있는 것을 숱하게 보지 않았는가.

2   같아지고 싶은
　　　　욕망

욕망은 질투를 부른다

　　　　　　　　　　1961년에 출간된 『낭만적 거짓과 소설적 진실』에서 르네 지라르는 욕망은 모방적이라고 밝혔다. 욕망은 타인의 욕망을 흉내 내고, 타인의 욕망으로부터 영감을 받고, 타인의 욕망을 통해 생성되고 암시되고 생산된다. 욕망의 대상을 가리키는 타인은 가까이 있는 사람일 수도 있고, 역사적 인물이나 멀리 있는 사람, 나아가 문화나 전통일 수도 있다. 르네 지라르는 전자를 '내적 중개자', 후자를 '외적 중개자'라고 불렀다. 내적 중개자(나중에 지라르는 이것을 '모델'이라고 불렀다)는 경쟁자로 변모하는 반면, 멀리 있거나 문화적 차원의 외적 모델은 경쟁자가 되지 않는다는 것이 둘의 차이점이다.

　　르네 지라르는 위대한 소설들을 분석하면서 다음과 같은 사실을 발견했다. 그가 첫 번째로 불러낸 위대한 소설가는 세르반테스이다. 세르반테스의 소설 속 주인공 돈키호테는 가장 완벽한 방랑 기사 아마디스 데 가울라를 자신의 모델로 삼았다. 그때부터 "돈키호테는 욕망의 대상

　　　　　　　　　　　　　　　　　1장 ＿＿ 모방하는 뇌

을 스스로 선택하는 인간의 기본적 특권을 포기하고 아마디스가 정해준 대상을 욕망했다. 돈키호테는 그의 충실한 제자가 되어 완벽한 기사가 정해준, 혹은 정해주었다고 생각되는 대상을 향해 돌진했다. 우리는 이 모델을 욕망의 중개자라고 부른다".[1]

르네 지라르는 쥘 드 고티에Jules de Gautier가 설명한 '보바리즘'을 인용해 플로베르의 소설도 분석했다. 플로베르의 주인공들은 '모델'을 정해 "모델의 외형, 외모, 행동, 말투, 옷차림 등 가능한 모든 것을 모방한다".[2]

스탕달의 소설에서도 욕망이 같은 방식으로 작동한다. 스탕달은 "모든 형태의 '흉내 내기'와 모방을 허영이라고 불렀다. 허영심이 강한 사람은 욕망을 스스로에게서 끌어내지 못하고 타인에게서 빌린다".[3] 여기서 주목해야 할 것은 스탕달이 욕망 삼각형 또는 모방 삼각형을 비판하고 더 나아가 비난한 방식이다. 스탕달은 타인의 욕망에 따라 움직이는 사람들을 "허영에 가득 찬 사람들"이라고 불렀다. 르네 지라르가 모방 메커니즘의 보편성을 설명하지 않았다면 스탕달의 그런 시각이 오만하게 느껴질 것이다.

르네 지라르는 모방 메커니즘과 욕망하는 사람의 감정 사이에서 일어나는 원인과 결과도 강조했다. 이에 대해서는 이 책 후반부에서 자세히 설명할 테니 일단은 이것만 알아두자. 모델이 주체를 거부하거나 주체의 욕망에 반대하면 "주체는 모델에게 순종적인 존경심과 강한 원망이 결합된 상반된 감정을 갖게 된다. 이 상반된 감정이 바로 '증오'이다. (…) 욕망을 암시해준 존재가 증오의 대상이 되는 것이다. 그가 우리의 욕망 충족을 방해할 수 있는 유일한 존재이기 때문이다".[4]

르네 지라르는 질투와 부러움이 지니고 있는 모방적 성격도 강조했다. "질투와 부러움도 증오와 마찬가지로 내면적 간접화의 또다른 이름에 불과하다(간접화는 주체가 중개자를 통해 대상을 간접적으로 욕망하는 것을 말한다. 주체와 중개자가 경쟁 관계이면 내적 간접화이고, 경쟁 관계가 아니면 외적 간접화이다―옮긴이). (⋯) 질투와 부러움은 대상, 주체, 주체가 질투하거나 부러워하는 사람, 이 세 가지가 전제되어야 한다. 그래서 질투와 부러움이라는 '결점'은 삼각형 모양을 하고 있다."⁵

영국의 찰스 왕세자와 다이애나 왕세자빈의 관계에서 볼 수 있는 비극적 양상을 모방 이론에 비추어 살펴보자. 찰스 왕세자는 아름답고 어리고 순진한, 그리고 완전히 무명이었던 레이디 다이애나 스펜서와 결혼했다. 다이애나는 찰스 왕세자의 아내가 되었다는 이유로 세계에서 가장 유명한 인물이 되었다. 하지만 찰스가 다이애나에게 준 선물은 곧 화살이 되어 그녀에게로 돌아왔다. 예를 들어 왕세자 부처의 롤스로이스가 극장 앞에 도착하면 사진가와 기자들은 다이애나 왕세자빈이 내리는 차 문으로 몰려들었다. 찰스 왕세자는 아무런 관심도 받지 못한 채 혼자서 반대편 문으로 내렸다. 찰스는 자신이 아내에게 선물한 것, 즉 인기에 질투를 느껴 아내에게서 멀어졌고, 그 대신 자신을 우러러보고 자기 앞을 가로막지 않는 여자를 찾게 되었다. 모델이 가까운 사람일 때, 즉 내적 중개자일 때는 모델이 주체에게 욕망의 대상을 금지하고, 부러워하는 것에 반대하고, 질투하는 대상에 접근하지 못하게 하는 일이 자주 벌어진다. 결과적으로 모델이 모방자의 욕망에 장애물이 되고, 모방자는 니체와 막스 셸러Max Scheler가 '원한'이라 부르는 감정을 갖게 된다.

여기서 주목해야 할 또다른 교훈은, 욕망은 모방적 성격을 지니며 타인의 욕망을 흉내 낸 것이기 때문에 실재가 아닌 '환영'이라는 것이다! "중개자의 매력이 욕망하는 대상으로 옮겨가 헛된 가치를 부여한 결과

1장 ___ 모방하는 뇌

모델이 가까운 사람일 때, 즉 내적 중개자일 때는
모델이 주체에게 욕망의 대상을 금지하고, 부러워하는 것에 반대하고,
질투하는 대상에 접근하지 못하게 하는 일이 자주 벌어진다.

이다."⁶ 르네 지라르는 또 이렇게 적고 있다. "외적 간접화와 내적 간접화의 결합이 욕망의 대상을 변신시킨다. 주인공의 상상력은 환영의 어머니이지만, 아이가 태어나기 위해서는 아버지가 필요하다. 중개자가 바로 아버지이다."⁷

프루스트도 르네 지라르를 피해 가지 못했다. "**타인**, 오직 **타인**만이 우리에게 욕망을 불러일으킬 수 있을 뿐 아니라, 타인의 증언과 우리의 경험이 부딪칠 경우 타인의 증언이 우리의 경험을 손쉽게 이긴다. (…) 프루스트의 욕망은 언제나 인상에 대한 암시의 승리이다."⁸ 타인이 보여준 것이 우리가 직접 본 것을 이긴다는 뜻이다. 결과적으로 인식의 객관성은 존재하지 않는다. 인식은 타인의 직접적 암시나 문화적 암시 혹은 일반적 암시에서 나온 욕망의 그림자이다. 그러므로 열 번째 계명에 등장하는 이웃의 아내, 망아지(오늘날에는 자동차가 될 것이다), 정원은 항상 자신의 것보다 더 좋아 보일 수밖에 없다.

내 개인적 경험을 하나 소개하려 한다. 내게는 장과 쥘리앵이라는 손자가 있다. 장은 열 살이고 쥘리앵은 네 살이다. 둘 다 공을 가지고 노는 것을 좋아해서, 일전에 내가 시장에서 색깔이 다른 공 네 개를 사서 먼저 하나를 쥘리앵에게 주었다. 그런 다음 큰아이 장에게 물었다.

"너는 세 개의 공 중 어느 것을 갖고 싶니?"

장이 대답했다.

"쥘리앵이 가진 거요."

그러고는 쥘리앵의 손에서 공을 빼앗아 마당 안쪽으로 달려갔다. 물론 쥘리앵은 울음을 터뜨렸다.

"형이 내 공을 빼앗아갔어요!"

나는 쥘리앵을 달래기 위해 나머지 공 세 개를 다 주겠다고 했다. 하지만 쥘리앵은 이렇게 대답했다.

"싫어요. 내 공 주세요. 형이 내 공을 빼앗아갔어요!"

르네 지라르에 따르면, 모델이 자신이 만든 욕망의 경쟁자가 되고 장애물이 되는 것은 '임상 진단의 관점에서'는 갈등의 감정으로 표출된다고 한다. 갈등의 감정에서 출발한 폭력성은 스탕달에서 프루스트를 거쳐 도스토옙스키로 갈수록 더욱 강화된다. "도스토옙스키에게 질투 없는 사랑, 시샘 없는 우정, 혐오 없는 매혹은 존재하지 않는다. (…) 도스토옙스키의 증오 어린 매혹은 프루스트의 속물근성, 스탕달의 허영심과 다를 것이 없다. (…) 중개자에 더 가까워질수록, 스탕달에서 프루스트를 거쳐 도스토옙스키로 갈수록 욕망 삼각형의 열매는 더욱 씁쓸하다."[9]

르네 지라르는 작가들을 서로 비교하면서 조명한다. 그는 도스토옙스키의 『영원한 남편』을 설명하기 위해 프루스트의 『갇힌 여인』을 불러들인다. "우리가 했던 사랑을 잘 분석해보면, 우리는 여자를 얻기 위해 싸울 다른 남자라는 평형추가 있을 때만 그 여자를 좋아한다는 것을 알 수 있다. 평형추가 없어지면 여성의 매력은 사라진다."[10] 여기서 프루스트, 도스토옙스키, 르네 지라르가 우리에게 가르쳐주는 것은 모델이 욕망하는 것을 모방자가 욕망하는 모방 욕망은 경쟁을 낳고, 경쟁은 다시 욕망을 낳고, 욕망은 열정의 형태로 과열된다는 것이다. 『욕망의 기원』에서 내가 분석했듯이 욕망은 금지에서 생기고 금지로 인해 강화되는 것처럼 보이지만, 사실 욕망은 모방적인 것으로 경쟁과 한 몸이다. 금지는 대상을 금지하는 경쟁자가 가지고 있는 힘의 발현일 뿐이다. 그러므로 욕망이 존재하기 위해서는 경쟁이 필요하고, 강화되기 위해서는 금지가 필요하다. 욕망과 경쟁은 서로 같은 크기로 확장되며, 동전의 앞뒷면처럼 분리될 수 없다. 앞으로 이것을 계속 확인하게 될 것이다.

그런데 대상에 대한 욕망과 대상을 **소유**하고자 하는 욕망만 모방되고 전염될까? 르네 지라르는 그렇지 않다고 말한다. 모방 욕망은 더 급진적이고 격렬한 방식으로 모델의 **존재** 자체에 작동한다. "소설 주인공들은 모두 자기 자신이 열정을 통해 급진적으로 변화하기를 기대한다. (…) 대상은 중개자에게 도달하기 위한 수단에 불과하다. 욕망이 겨냥하는 것은 중개자의 **존재**이다." 르네 지라르는 또 이렇게 덧붙였다. "프루스트에게는 중개자의 존재에 흡수되고자 하는 욕망이 종종 새로운 인생에 **입문**하고자 하는 욕망의 형태로 나타난다."[11] 이 책에서 앞으로 입문initiation과 변신metamorphose의 연관성을 자주 확인하게 될 것이다. 입문은 지금과는 달리 우월하고 좀더 완전한 존재로 이행하는 메커니즘이다. 그러므로 르네 지라르가 프루스트에 대해 한 말을 기억할 필요가 있다. "알지 못했던 존재 방식이 지닌 뜻밖의 매력은 (…) 항상 욕망을 일깨워주는 존재와 만난다는 것이다."[12] 모든 훌륭한 입문자는 자신을 따르는 추종자에게 훌륭한 스승이자 모델이 되는 반면, 스탕달의 허영에 찬 인물들과 프루스트의 속물들은 지루하고 쓸모없는 사람을 모델로 삼는다.

그리하여 모방 욕망은 대상을 뛰어넘어 중개자, 즉 모델의 존재 자체로 향한다. 여기서 환상은 대상에 대한 이러한 열정이 모델에게 매혹적이고 선망받는 존재라는 부가적 가치를 부여한다고 믿는 것이다. 르네 지라르는 이에 대해 명확하게 적고 있다. "**타인**에 의한 욕망은 언제나 타인이 되고자 하는 욕망이다."[13] 모델을 소유하는 것을 넘어 모델이 되고자 하는 욕망을 르네 지라르는 '형이상학적 욕망'이라고 불렀다. 그리고 "욕망에서는 '구체적인 것physical'과 '형이상학적인 것metaphysical'이 항상 서로를 희생시키며 변모한다"[14]고 덧붙였다. 그것은 "심각한 존재론적 질병에서 **성적 쾌락**이 점차적으로 사라지는 이유이기도 하다. (…) 엠마 보바리는 여전히 성적 쾌락을 추구하는데, 그 이유는 그녀의 욕망이 형이상학적인 것이 아니기 때문이다. 하지만 스탕달의 허영에 찬 사람들에게 쾌락은 이미 그리 중요하지 않고 (…) 프루스트에 이르러서는 쾌락을 거의 찾아볼 수 없다. 도스토옙스키의 경우 쾌락은 아예 문제조차 되지 않는다."[15]

이렇듯 욕망과 쾌락은 근본적으로 분리된 것이다. 쾌락을 추구한다고 해서 욕망이 줄어들지는 않는다. 『세상이 생겨날 때부터 숨겨져 온 것들』 3부에서 르네 지라르와 나는 프로이트도 『쾌락 원칙을 넘어서』를 통해 똑같은 것을 찾고 있었다고 언급했다. 프로이트는 환자를 치료하면서, 욕망은 죽음을 향하는 것이고 '죽음의 본능'인 타나토스Thanatos를 생성시킨다는 것을 깨달았다.

여기서 주목해야 할 것은, 욕망은 성공할 때 실패한다는 것이다. 탐내던 대상을 소유하는 순간 곧바로 욕망은 사라진다. 르네 지라르는 다음과 같이 설명한다. "실망은 본질적으로 형이상학적이다. 주체는 대상을 소유해도 자신의 존재가 변하지 않는 것을 알게 된다. (…) 기대했던 변신이 이루어지지 않은 것이다. (…) 주인공은 자신이 착각했다는 것을 깨닫는다. 대상은 처음부터 그가 부여했던 가치를 가진 적이 한 번도 없었다."[16] 대상을 소유해도 존재의 변신이 실현되지 않는다면 어떻게 해야 할 것인가? "두 가지 가능성을 살펴볼 수 있다. 실망한 주인공이 중개자에게 새로운 대상을 지정해달라고 하거나 아니면 중개자를 아예 바꾸는 것이다."[17] 르네 지라르는 이 결정이 **오로지** 주인공과 중개자, 제자와 모델, 모방자와 모방 대상 사이의 거리에 달려 있다고 말한다. 모델이 멀리 있으면, 다시 말해 모델이 외적 중개자이고 손 닿지 않는 곳에 있고 비물질적이고 신적인 것이거나 문화적인 것이면, 대상을 소유하지 못해도 크게 영향을 받지 않는다. 반면 모델이 가까이 있을수록, 중개자가 더 내적일수록 중개자에 대해 의문을 제기하게 된다. "결과적으로 욕망의 실패는 대상에만 영향을 끼치는 것이 아니라 중개자 자체에 대해서도 의문을 갖게 한다. 황금 좌대에 앉아 있던 우상은 조금씩 흔들리다 실망이 강해지면 굴러떨어진다."[18]

마지막으로 '이중 간접화' 개념의 중요성을 강조하고 싶다. 르네 지라르는 "이중 간접화에서 사람들은 타인이 소유할까 봐 염려하지 않아도 되는 대상은 그다지 욕망하지 않는다"[19]고 말한다. 실제로 타인이 가진 것을 빼앗아 자신이 소유하고 싶어하면, 이미 살펴본 것처럼 경쟁과 갈등이 생긴다. 내게 이익이 없는데도 타인이 가진 것을 빼앗고 싶어하면 갈등과 폭력이 더욱 심화된다. 현대사회는 내가 '긍정적' 욕망과 '부정적' 욕망이라고 부르는 두 종류의 욕망이 격렬해지는 무대이다. 그러므로 욕망은 대립적이고 폭력적이다. 우리가 사는 세계는 경쟁자인 모델로, 모델인 경쟁자로 가득 차 있다. 여기서 폭력과 불안정이 시작된다.

이중 간접화의 특별한 방식은 지라르가 '애교'라고 부르는 것이다. 사실 여기서는 이중보다는 양분화라는 말이 더 적절하다. "양분화는 사랑하는 사람, 사랑받는 사람, 그리고 사랑하는 사람의 육체가 세 꼭짓점을 형성하고 있는 삼각형이다. 모든 욕망의 삼각형이 그렇듯 성적 욕망도 전염된다. 전염이라고 말하는 이유는 원래 욕망하던 대상에 두 번째 욕망이 더해지기 때문이다. 연인의 욕망을 모방하는 것은 연인의 욕망을 통해 자기 자신을 욕망하는 것이다."[20] 하지만 자신에 대한 연인의 모방 욕망을 끌어내기 위해 자기 자신을 욕망하거나 그런 인상을 주기도 한다. 자신을 욕망한다고 하면 연인의 욕망에는 무관심한 것처럼 보이지만, 이 무관심은 연인에게 자신이 신적으로 보이게 할 정도로 환상적인 독립성을 제공한다.

일종의 역할 놀이라고 할 수 있다. 자기 자신을 욕망하는 것처럼 꾸미고 무관심한 척하다 유혹하는 것은 '정치적' 행위이다. 모든 정치가 그렇듯 욕망의 정치도 숨김에 바탕을 두고 있다. 르네 지라르는 이렇게 말했다. "남녀 관계에서도 성공의 열쇠는 비즈니스와 마찬가지로 잘 숨기는 것이다. 갖고 있는 욕망을 숨겨야 하고, 갖고 있지 않은 욕망을 갖고 있는 것처럼 위장해야 한다. 다시 말해 거짓말을 해야 한다."[21] 마키아벨리도 인정할 만한 전략이 아닌가! 르네 지라르의 결론은 다음과 같다. "이중 간접화는 애정 관계를 거짓말 더 잘하는 사람이 이긴다는 만고불변의 법칙이 지배하는 투쟁의 장으로 변화시킨다."[22]

마지막으로, 모방 이론을 통해 행복의 문제도 새로이 조명할 수 있다. 스탕달은 "우리는 허영에 가득 차 있으므로 행복하지 않다"[23]고 말했다. 우리는 욕망의 노리개라는 뜻이다. 프루스트의 속물들은 스탕달의 허영에 찬 사람들보다 더 불행하다. 그리고 도스토옙스키의 지하 생활자들은 불행의 저 밑바닥에 있다.

거부할 수 없는 욕망

중요한 사실 한 가지를 더 지적하고 싶다. 금지는 욕망을 강화한다. 금지는 경쟁자이자 장애물이라는 모습으로 모델을 대변한다. 모델은 금지를 통해 모방자가 대상을 소유하는 것을 반대하고, 결과적으로 대상에 엄청난 가치를 부여한다. 나는 『욕망의 기원』에서 에덴동산에서 이러한 일이 벌어졌다고 설명한 바 있다. 에덴동산에 있는 나무들은 다 똑같지만 단 한 그루만 다르다. 금지되었기 때문이다. 그래서 이브는 금지된 나무를 욕망하게 되고, 뱀은 이브의 '단순한' 욕망을 '형이상학적' 욕망으로 전환시킨다. 뱀은 이브에게 하느님이 그 나무를 욕망하고 있고 하느님만 그 나무를 가질 수 있다고 말한다. 하느님이 나무에 자신의 신성을 부여했기 때문이라고 했다. "열매를 먹어. 그러면 너도 신이 될 수 있고 선과 악을 구분할 수 있게 돼." 강력한 형이상학적 욕망은 모방의 독을 통해 이브의 망설임, 두려움, 신에 대한 숭배를 소멸시키고 신을 경쟁자이자 장애물로 변환시킨다. 지금까지 다른 열매들과 다를 바 없었던 그 나무의 열매가 욕망을 불러일으키는 매혹적인 대상으로 변모한 것이다. 결과적으로 뱀이 금지를 대상의 소유에서 모델의 존재 자체로 이동시켰고, 신은 경쟁자에서 더 나아가 존재론적 장애물이 되었다. 모방 욕망(여기서는 뱀)은 모델이 학생에게 장애물이 되고 자신이 가진 것을 갖지 못하게 할 뿐만 아니라 '자신처럼' 되는 것을 막아 경쟁 관계를 만들어낸 원인이라고 비난한다. 여기서 욕망은 모델에 대한 욕망과 모델과의 경쟁이 결합하여 작동한다는 것이 확인된다. 비율은 다르다 해도 욕망은 언제나 친밀감, 끌림, 애정, 사랑과 경쟁, 반감, 공격성이 섞인 칵테일이다. 공격성은 증오와 폭력으로까지 발전할 수 있다.

그래서 고대 그리스인들은 사랑을 세 가지 유형으로 구분했다. 세 가지 사랑을 다음 그림처럼 도식화할 수 있다. 같은 크기의 터빈turbine이 두 개 있고, 안에 든 내용물의 비율만 변한다. 에로스(남녀 간의 사랑)에서는 각각 사선과 점으로 된 양쪽 터빈의 에너지가 연인들이 사랑하는 동안 계속 변한다.

끌림, 친밀감, 통합   경쟁, 반감, 공격성

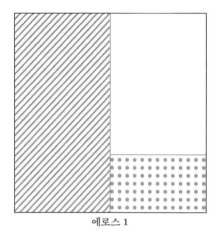 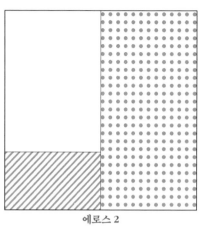

에로스 1   에로스 2

이 두 영역은 한쪽이 증가하면 다른 쪽은 감소한다. 즉 늘 반대되는 방향으로, 같은 비율로 움직인다. 그렇기 때문에 죽도록 사랑해서 결혼하고 아이를 낳는다 해도 서로 죽일 것처럼 미워하며 이혼하기도 하는 것이다.

모든 남녀 관계는 그들의 욕망과 자아 간 관계를 구성하는 두 터빈에 담긴 내용물의 비율에 따라 쉽게 변한다.

필리아philia(가족애, 자식이나 부모에 대한 사랑)에서는 상승과 하강에 따라 항상 모방이나 긴장이 존재한다.

아가페agape(자비, 신의 사랑)에 적은 비율로 남은 공격성과 경쟁은 인간에 대한 신의 사랑을 통해서만 사라질 수 있다. 그래서 임상에서는 확인할 수 없다.

다시 말하건대, 욕망은 금지를 통해 강화된다. 힘이 저항으로 강화되는 것처럼 욕망도 금지를 만나면 강해진다.

2 ___ 같아지고 싶은 욕망

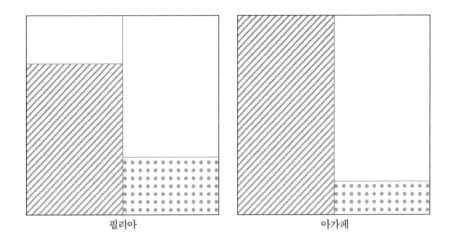

필리아　　　　　　　　　　　　　아가페

욕망은 인간을 구성하는 기본 요소이고 자아의 근본이다(이는 뒤에서 다시 살펴보겠다). 게다가 모방 욕망은 아담과 이브를 인간으로 만들어 지상낙원에서 쫓아내고 세상과 역사 속으로 들어가게 했다.

'금지하는 것을 금지한interdit d'interdire'(프랑스 68혁명의 슬로건―옮긴이) 뒤부터 우리는 **용이성**의 세계로 들어갔다. 용이성은 광고, 미디어, 인터넷이 반영하는 일반화된 모방 욕망이 특징이다. 오늘날 인간은 욕망의 암시들로 포화 상태이고, 그로 인해 욕망은 무력하고 덧없는 것이 되었다. 광고는 충족되기 쉬운 욕망을 제안하지만 모든 사람을 만족시키지는 못한다. 금지된 욕망도, 욕망을 금지하는 권력도 더이상 존재하지 않는다. 그렇게 시간이나 돈이 없다는 이유로 충족되지 못하는 욕망은 좌절을 불러일으킬 뿐이고, 욕망을 충족한 사람은 그것을 너무 쉽게 충족했다는 이유로, 또 너무 많은 사람들이 한꺼번에 그 욕망을 충족했다는 이유로 역시 좌절하고 불만족스러워한다. 광고에서 제안하는 용이한 욕망에서는 **자유**가 축소되고, 나아가 소멸하는 부작용이 있다. 모델이나 경쟁자를 선택할 때 타인을 따라 할수록 욕망은 더욱 '일반화'되고 우리는 더욱 환상 속에 살게 된다.

르네 지라르는 나에게 모방 욕망을 가장 잘 이해하는 방법은 셰익스피어의 희곡을 읽는 것이라고 늘 이야기했다. 그는 상호 모방으로 인해 생기는 경쟁의 보편적이고 위험한 형태를 셰익스피어의 작품이 가장 잘 보여준다고 생각했다. 셰익스피어의 초기 작품인 『베로나의 두 신사』를 예로 들어보자. 친한 친구 사이인 발렌타인과 프로티어스는 취향이 같아서 둘의 욕망은 이상할 정도로 같은 대상을 향할 때가 많다. 그들의 문제는 발렌타인이 사랑하는 여인 실비아를 친구 프로티어스에게 소개하면서 시작된다. 발렌타인과 취향이 같은 프로티어스도 실비아를 사랑하게 되고, 그전까지는 두 사람을 친한 친구로 만들어준 유사한 욕망이 이번에는 두 사람을 적으로 만든다. 욕망의 대상이 공유할 수 있는 성격의 것이 아니어서 모델이 욕망의 장애물로 변했기 때문이다. 두 사람은 경쟁자가 되고, 프로티어스는 실비아의 아버지에게 친구 발렌타인을 모략해 그를 밀라노에서 추방시킨다.

우리는 또다른 위대한 작품 두 편에서도 모방 욕망의 메커니즘을 확인할 수 있다.

단테의 『신곡』 지옥편 제5곡은 르네 지라르도 자주 인용하는 부분이다. 파올로와 프란체스카가 단둘이 나란히 앉아 책을 읽고 있다. 두 사람이 함께 읽고 있는 부분은 랜슬롯과 기네비어(아서 왕의 아내)가 사랑하는 부분으로, 먼저 랜슬롯이 사랑의 열정에 휩싸인다. 책을 읽던 파올로와 프란체스카는 눈이 마주치지만 아무 일도 일어나지 않는다. 랜슬롯이 '미소가 떠도는 기네비어의 입술에 입을 맞춘다. 기네비어의 미소는 허락과 욕망이 상호적이라는 것을 말해준다. 합의가 이루어진 자아 간 관계는 파올로와 프란체스카에게 모델이 되어, 두 사람도 랜슬롯과 기네비어가 한 행동을 따라 하게 된다. 책 속에서 랜슬롯이 기네비어에게 입을 맞추면서 '행동'에 들어가자 현실에서도 파올로가 프란체스카에게 똑같은 행동을 한다. 아마 책은 두 사람의 손에서 떨어졌을 것이다. 두 사람이 자리를 옮겼을 가능성도 높다.

프란체스카는 시인 단테에게 자신이 희생자가 되었던 모방 메커니즘을 설명한다. 그녀는 파올로에 대한 자신의 욕망과 자신에 대한 파올로의 욕망의 중개자로 책과 작가를 지목한다. 책에서는 게일오트가 랜슬롯과 기네비어의 중개자이다. 오늘날 성인영화가 권태기 부부의 열정을 되살려주는 것처럼 책이 두 주인공에게 모델 역할을 한 것이다. 돈키호테나 보바리 부인처럼 파올로와 프란체스카에게 소설은 실제보다 더 실제적인 현실이었다. 하지만 그들의 모방은 돈키호테의 모방처럼 의식적인 것이 아니고, 책을 읽음으로써 '빠져들게 된' 거부할 수 없는 충동이었다.

여기서 우리는 세 번째 뇌가 심리 활동, 즉 욕망을 작동시켰다는 것을 확인할 수 있다. 이 말인즉 두 번째 뇌가 곧바로 욕망에 사랑은 물론 다정함, 흥분, 친근함 같은 여러 감정을 제공했음을 뜻한다. 물론 얼굴이 창백해지고 몸이 떨리는 신체적 변화도 일어났을 것이다.

두 번째로 살펴볼 작품은 볼테르의 『캉디드』이다. 이제 독자들의 눈에도 욕망 메커니즘이 어떻게 작동하는지가 분명해졌을 것이다. 다음 『캉디드』의 한 문단을 읽고 나름대로 결론을 내려보기 바란다.

어느 날 퀴네공드 양이 성 근처를 산책하다가, 정원이라고 불리는

1장 ___ 모방하는 뇌

숲속에서 팡글로스 박사가 곱상하고 말 잘 듣는 어머니의 하녀에게 실험물리학을 가르치는 장면을 보게 되었다. 퀴네공드 양도 과학에 소질이 있었기 때문에, 조용히 반복되는 실험 장면을 관찰하면서 팡글로스 박사의 지론인 '충족 이유'와 '원인과 결과'를 확실하게 이해할 수 있었다. 발걸음을 돌리면서 퀴네공드 양은 박식해지고 싶은 욕망에 휩싸여, 자신도 젊은 캉디드에게 충족 이유를 제공할 수 있을 거라고 생각했다. 성으로 돌아온 퀴네공드 양은 캉디드를 만나자 얼굴을 붉혔다. 캉디드도 얼굴을 붉혔다. 그녀가 작은 소리로 인사를 했다. 당황한 캉디드도 알 수 없는 말을 중얼거렸다. 다음 날 저녁 식사가 끝나고 사람들이 자리를 떴을 때, 퀴네공드 양과 캉디드는 병풍 뒤에서 마주쳤다. 그녀가 손수건을 떨어뜨리자 캉디드가 주워주었다. 퀴네공드 양은 순수한 마음으로 캉디드의 손을 잡았고, 캉디드도 순수하게 그녀의 손등에 재빨리, 하지만 부드럽고 우아하게 입을 맞췄다. 두 사람의 입이 포개지고, 눈에서 불꽃이 일고, 무릎이 떨리고, 손은 마구 허둥댔다.

그들은 누군가를 모방하고 있다

이제 일상에서 경험하게 되는 모방 욕망과 경쟁에 대해 살펴보려 한다. 내가 집으로 직접 방문해 진료하던 여성 환자가 있었다. 환자의 집에 도착했을 때 그녀는 아침 식사 중이었다. 접시에 작은 건포도 빵이 하나 남아 있었는데, 나는 집사가 가져다준 커피를 받아들고는 무의식적으로 문제의 건포도 빵을 집어 맛있게 먹었다. 그러자 환자가 갑자기 소리를 지르며 가정부를 불렀다.

"의사 선생이 내 빵을 먹었어! 어떻게 그럴 수가 있지!"

"의사 선생이 내 빵을 먹었어! 어떻게 그럴 수가 있지!"

"주방에 빵이 많이 있어요. 바로 가져다드릴게요!" 가정부가 말했다.

"됐어!" 환자가 소리를 질렀다. "의사 선생이 **내** 빵을 먹어서 기분이 나쁘단 말이야."

이 일화는 모방 욕망의 힘과 그 힘의 터무니없는 결과가 무엇인지를 잘 보여준다. 나는 환자 앞에 놓여 있던 빵을 내 것으로 만들어 그녀가 소유하지 못하게 했다. 그리하여 빵은 환산할 수 없을 만큼 엄청난 가치를 갖게 되고, 환자가 극도로 열망하는 대상이 되었다. 더 깊이 분석해 들어가자면, 환자의 건강을 보살펴야 할 의사가 한낱 빵을 욕망했다고 볼 수 있다. 왜냐하면 그 빵은 매우 부유하고 중요한 인물인 그 부인의 소유물이었기 때문이다. 의사인 자신도 다른 사람들과 마찬가지로 모방의 노리개였던 것이다.

징후와 질병의 분류는 문화와 경제 수준에 따라 크게 달라진다. 가난한 사람들은 욕구가 있지만 부자들은 욕망밖에 없다. 이 차이 때문에 사람에 따라 증상이 발현되는 방식과 치료법이 달라진다. 나는 자동차를 열두 대나 소유한 억만장자를 알고 있다. 열두 대 모두 고급 자동차다. 그 차들 가운데 오래된 푸조 한 대가 있었다. 물론 그 억만장자는 그 푸조를 절대 타지 않는다. 그런데 어느 날 푸조가 없어졌다. 그는 차를 찾기 위해 경찰에 도난 신고를 하고 사방으로 뛰어다녔다. 그날 밤에 잠도 제대로 자지 못했다. 억만장자의 머릿속에서 도난당한 오래된 푸조는 그에게 롤스로이스나 메르세데스보다 더 큰 가치가 있었다. 바로 도난당했다는 그 사실 하나 때문이었다. 그때부터 오래된 그 푸조가 자신에게 금지되었고, 자신이 아닌 다른 사람이 그것을 욕망했기 때문이다.

물론 정신의학 임상에서 양상은 더욱 복잡하고, 모방 욕망의 메커니즘을 금방 이해하기란 쉽지 않다. 우리는 다른 사람에게 모방 욕망이 어떻게 작동하는지 볼 수 있지만, 반대로 자신이 모방 욕망의 노리개가 되는 것은 잘 보지 못한다. 자주 말하는 사실이 있다. 모방 욕망은 경쟁이라는 형태를 통해 임상적으로 발현한다는 것이다. 정신과 의사나 심리분석가에게 누군가 자신을 모방하고 있다고 하소연하는 환자는 없다. 자신이 가까이 있거나 멀리 있는 누군가를 모방하고 있다고도 절대 말하지 않는다. 반대로 그들은 동료가 자신의 자리를 노린다거나, 남편이나 아내가 자기 마음대로 행동한다거나, 이웃이 자신의 성공을 질투한다고 한탄한다. 이 말을 해독하면, 이 환자들은 제 것이라 생각한 욕망이 실은 다른 사람의 욕망을 모방한 것이라는 사실을 알지 못하고 자신과 같은 목표, 같은 야심, 같은 욕망, 같은 소망을 갖고 있는 사람을 경쟁자로 여긴다는 것을 알 수 있다.

B는 남편과의 문제로 불안증과 우울증을 앓고 있다. 몇 년 전 B는 다른 남자를 만나 남편과 두 아이 곁을 떠난 적이 있었다. 그 일을 겪으며 B의 남편은 자신이 아내를 얼마나 사랑하는지 깨달았고, 아내가 가정으로 돌아오도록 최선을 다해 설득했다. 결국 B는 아이들 때문에 집으로 돌아왔다. 그런데 얼마 지나지 않아 B는 남편이 베트남 여자를 정부情婦로 두고 있다는 사실을 알게 되었다. B는 충격을 받았고 이 사실로 남편을 괴롭혔다. 남편은 자신의 잘못을 인정했지만, B가 집을 떠나 있을 때 그녀가 자신을 많이 도와주었기 때문에 이제 와서 그녀를 버릴 수는 없다고, 그녀는 자신에게 집착하고 있고 자신 없이는 살 수 없는 여자라고 했다. 하지만 일주일에 두 번 정도 만나는 정부와는 비

교할 수 없을 정도로 B를 훨씬 더 사랑한다고 말했다.

B는 그런 사연 때문에 나를 찾아왔다. B는 내가 자신의 불안증과 우울증을 낫게 해주고, 남편이 정부와 헤어질 수 있도록 조언해주길 바랐다. 그녀는 자신이 남편을 얼마나 사랑하는지 깨달았고, 남편에게 집착하는 정부를 남편에게서 떼어내고 싶어했다.

그런데 사실 자신의 그런 행동에 놀란 사람은 누구보다도 B 자신이었다. B는 금발에 키가 크고 우아하고 매력이 넘치는, 그야말로 아름다운 여자였다. 파리 사교계에서도 인기가 많았다. 반면 남편은 키가 작고 외모도 보잘것없는 남자였다. B는 남편이 자신을 죽도록 사랑한다는 이유로 결혼했다. 물론 그는 유능하고 돈이 많기도 했다. 하지만 B가 사랑한 것은 남편이 아니라 자신에 대한 남편의 사랑이었다. 그리고 이제는 질투심에 불타 남편의 주머니를 뒤지고, 호텔과 항공사에 전화해 남편을 감시하고, 남편이 퇴근하고 돌아와 자신을 사랑해주기만을 온종일 기다리게 되었다. 전에는 남편과의 성관계를 그다지 좋아하지 않았는데도 말이다.

나는 모방 심리 치료를 통해 B에게 다음과 같은 사실을 이해시키려 했다. 욕망은 인간이 가지고 있는 가장 귀중한 자산이며 심리학에서는 자연스러운 현상이다. 그러므로 욕망이 없으면 죽은 것이나 마찬가지다. 그런 상태는 심리적으로 말하면 무기력이고, 임상적으로 말하면 우울증이다. 그렇다면 다른 여자의 존재는 은총이라 할 수 있다. 특히 B의 경우에는 질투를 함으로써 생활에 활력이 생기고, 남편을 더 사랑하게 되고, 남편과 함께 있을 때 기쁨을 느끼게 되므로 질투는 긍정적인 감정이다. B는 곧 자신의 고통이 즐거운 것임을 깨달았다.

하지만 몇 달 후 B가 다시 나를 찾아왔다. 남편이 예전만큼 자신을 사랑하지 않고, 자신보다 회사에 더 신경 쓰고 있다고 호소했다. 그리고 남편이 변한 것은 정부인 베트남 여자 쪽으로 마음이 점점 더 기울기 때문이라고 생각했다. 나는 모방 심리 치료를 통해 남편이 정부를 예전보다 더 사랑하게 되었다기보다는 남편이 B에게서 멀어진 것이고, 그렇게 된 것은 이제 B가 남편을 더 많이 사랑해서 남편이 더이상 B의 가치를 높이 평가하지 않기 때문이라고 알려주었다. 나는 B에게 '다른 남자'를 만들어 남편의 욕망을 불러일으키라고 제안했다. B는 남편이 방에 들어오면 전화를 황급히 끊거나 남편에게 알리지 않고 외출을 하기 시작했다. 그러자 남편은 저녁 식사를 하며 B에게 무슨 일인지, 혹시 다른 사람이 생긴 것은 아닌지 물었다. 내 조언에 따라 B는 남편에게 정부가 있으니 자신에게 정부가 생겨도 정당하고, 그러니 무쟁 씨(무쟁은 B가 어린 시절을 보낸 마을의 이름으로, B와 내가 가상의 정부에게 붙인 이름이다)의 존재를 그도 받아들여야 한다고 대답했다. 그러자 B와 남편 사이에는 달콤한 질투가 가미된 열정적인 관계가 다시 형성되었다.

때로 모방적 경쟁은 빙의 현상으로 변하기도 한다. 나는 빙의 현상의 모방적 성격을 이미 강조한 바 있다. 귀신이 들리는 빙의 현상은 아프리카에서뿐만 아니라 진료실에서도 경험할 수 있다.[24] 어느 날 비행기 승무원인 미슐랭이 친구 상드라의 소개로 나를 찾아왔다. 상드라는 유부녀이고 세 아이의 엄마인데, 미슐랭을 열정적으로 사랑하고 있었다. 그녀는 미슐랭을 통해 진정한 사랑을 발견했고, 자신이 레즈비언이라는 사실을 확인할 수 있었다. 하지만 상드라는 미슐랭의 가학적 태도로 인해 고통받았다. 미슐랭은 상드라와 관계 갖기를 거부하고, 돈을 요구하고, 함부로 대하고, 술을 마시고 폭력을 행사하기도 했다. 그녀는 우울증도 않고 있었다.

미슐랭의 사연은 이러했다. 그녀는 서인도제도 출신의 아름답고 매력적인 여성 마르그리트를 미치도록 사랑했다. 자유로운 영혼의 소유자인 마르그리트는 여자들뿐 아니라 남자들과도 관계를 했고, 미슐랭이 인생과 사랑, 욕망에 눈뜨도록 도와주었다. 하지만 그녀는 미슐랭의 돈을 탕진한 뒤 집까지 빼앗고 미슐랭이 빈털터리가 되자 차버렸다. 하지만 미슐랭은 지금도 상드라에게서 돈을 얻어내 가끔 마르그리트를 만나고 있다.

나는 모방 심리 치료를 통해 미슐랭이 절망적으로 마르그리트를 모방하고, 마르그리트를 소유하려 애쓰고, 마르그리트가 되고 싶어하고, 나아가 마르그리트로 변신하려고 노력하고 있다는 것을 이해시켰다. 임상적으로 미슐랭은 마르그리트라는 귀신에 씌어 마르그리트가 자신에게 했던 행동을 상드라에게 똑같이 되풀이하고 있었다. 결과적으로 상드라에게 가학적 행동을 한 사람은 미슐랭이 아니라 미슐랭의 몸을 빌린 마르그리트였다.

결국 미슐랭은 자신의 경쟁자는 상드라가 아니라는 것을 깨달았다. 그녀는 상드라라는 엉뚱한 적을 괴롭혔고, 술로 스스로를 파괴하면서 자신도 적으로 삼았다. 그녀의 적은 마르그리트였다. 마르그리트라는 귀신을 몰아내야 했다. 미슐랭은 지금까지 모방 심리 치료를 통해 많은 도움을 받고 있다. 술을 줄였고 상드라를 덜 공격적으로 대하고 있다.

나에게 깊은 인상을 남긴 모방 욕망의 예를 한 가지 더 소개하겠다. 어느 훌륭한 여성이 세상을 떠났다. 지중해 지방의 전통에 따라 고인을 침대에 모셔놓고 문을 활짝 열어 이웃과 지인, 지나가는 사람들도 들어와 조의를 표하게 했다. 고인은 평생 가난한 사람들을 위해 많은 일을 했으며, 5년 동안 암 투병을 하다 58세 나이로 세상을 떠났다. 정부 각료들을 비롯해 국회의원, 각국 대사들이 줄지어 조문을 왔고, 방은 꽃으로 가득 찼다. 집 밖에도 많은 사람들이 고인이 가는 마지막 길을 함께하기 위해 모여 있었다. 고인의 아들은 어머니를 잃은 슬픔에 잠겨 사람들과 떨어져 방문 근처에 혼자 앉아 있었다. 그러다 잘 모르는 이웃 여자 둘이 하는 말을 우연히 듣게 되었다. 조문 온 유명 인사들, 수많은 꽃과 화환에 감명받았는지, 한 여자가 다른 여자에게 이렇게 말했다. "정말 복도 많은 분이네요. 부족한 것 하나 없이 사셨어요."

아들은 나에게 이 이야기를 하면서 울음을 터뜨렸다.

"그 여자들은 어머니를 질투해서 그런 말을 한 거예요. 부족한 것이 없다니요. 이제 살아 계시지 않잖아요!"

두 여자는 모방 욕망에 사로잡혀 망자에게까지 질투를 한 것이다.

1장 ___ 모방하는 뇌

3

모방 이론의
선구자들

모방 이론이 만들어지기까지 많은 선구자들의 공헌이 있었다. 그 가운데 가장 대표적인 두 인물에 주목할 필요가 있다.

뜻밖의 선구자 스피노자

스피노자의 철학 전체를 여기에 요약하는 것은 불가능하다. 하지만 그의 역작 『에티카』의 3부 '감정의 기원과 본성에 관하여' 중 특히 정리 27~39에서 최초의 모방 이론을 발견할 수 있다.[1]

정리 31을 보면, 내가 좋아하거나 원하거나 싫어하는 것을 다른 사람이 좋아하거나 원하거나 싫어하면 계속 더 좋아하거나 원하거나 싫어하게 된다고 쓰여 있다. 이 정리의 증명에는 "타인이 좋아한다는 이유 하나만으로 동일한 대상을 좋아하게 된다"고 설명되어 있다. 스피노자는 정리 32의 주석에 "아이들은 (…) 타인이 웃거나 우는 것을 보기만 해도 웃거나 운다. 타인이 뭔가를 하면 즉시 모방하고, 타인이 재미있어한다고 생각되는 모든 것을 원한다", 그리고 정리 35에는 "이 경향은 타인이 똑같은 대상을 원하고 있다고 생각될 때 더욱 강화된다"고 썼다.

정리 39의 주석을 보면 "우리는 어떤 것을 선으로 판단해서 원하는 것이 아니라, 반대로 원하기 때문에 선이라고 말한다"라고 되어 있다.

정리 49의 주석에서 스피노자는 내가 '자아 간 관계'라고 부르는, 사람들 사이 관계의 중요성을 이미 강조해두었다. "인간은 사물보다 사람에게 더 큰 사랑이나 증오를 느낀다. 그리고 여기에는 감정의 모방이 덧붙여진다." 그렇다면 우리가 모방하는 감정은 무엇인가? 3부의 정리 3에서 이 질문에 대한 답을 찾을 수 있다. "내가 의미하는 감정은 행동을 의미한다. 어떤 경우에는 열정이기도 하다." 타인의 행동과 감정……. 바로 이것이 거울신경이 비추는 것이다.

스피노자는 모방 욕망의 위험과 모방 경쟁의 결과에 대해서도 잘 알고 있었다. 그는 4부 13장에 이렇게 썼다. "인간은 (…) 대부분 질투심이 강하고 관용보다는 복수를 선호하는 성향이 있다. 이러한 인간 고유의 성질을 받아들여 **감정을 모방하지 않기 위해서는 강인한 정신력이 필요하다.**"[2]

3부의 정리 32에는 "한 사람만 가질 수 있는 대상을 누군가 가지고 있고 그것을 좋아할 경우, 우리는 그 사람에게서 그 대상을 빼앗으려고 애쓴다"고 되어 있다. 스피노자는 이미 모방 현실을 꿰뚫어보고, 모방 경쟁이 두 가지 형태로 발전한다는 것도 간파했던 것이다. 자신이 욕망하는 것을 타인에게서 빼앗아 자신의 것으로 만들거나, 그것이 불가능

1장 ___ 모방하는 뇌

한 사람만 가질 수 있는 대상을 누군가 가지고 있고 그것을 좋아할 경우,
우리는 그 사람에게서 그 대상을 빼앗으려고 애쓴다.

할 경우 타인이 갖지 못하게 하거나.

지금까지 우리가 살펴본 것을 잘 표현한 정리 두 개가 있다. 3부 정리 32의 주석에는 다음과 같이 적혀 있다. "우리 인간들은 태생적으로 불행한 사람에게 연민을 느끼고 행복한 사람을 부러워한다. 그리고 (…) 누군가가 소유하고 있는 대상을 많이 좋아한다는 생각이 들면 그만큼 그것을 가진 사람을 더 증오한다. 그런 본성 때문에 너그러운 사람이 되기도 하고, 질투하는 야심 찬 사람이 되기도 한다. 우리의 경험을 떠올려보면 그 말이 맞다는 것을 알 수 있다." 스피노자는 4부의 정리 34의 주석에 다음과 같이 적었다. "폴이 자신이 좋아하는 것을 소유하고 있다는 생각이 들면 피에르는 폴을 미워할 수 있다고 나는 말했다. 두 사람이 같은 대상을 좋아하면, 그 결과 서로에게 상처를 주게 된다."

그뿐 아니라 스피노자는 한 사람의 욕망이 다른 사람의 욕망을 강화한다는 것을 간파했다. "우리는 자신이 좋아하는 대상이 가능한 한 자신과 가장 강력하게 연결되어 있다고 상상하려고 애쓴다. 이런 감정, 이런 경향(우리는 이것을 '욕망'이라고 부른다!)은 타인이 동일한 대상을 욕망하고 있다는 생각이 들 때 더욱 자극된다."(3부 정리 35의 증명)

스피노자가 모방 이론의 진정한 선구자라는 사실은 의심할 여지가 없다.

『에티카』 2부 '정신의 본성 및 기원에 대하여'(정리 13~14)에서 스피노자는 '개체'에 대한 이론을 세웠다. 먼저 스피노자가 '정신mens'이라고 부르는 것은 첫 번째 뇌와 두 번째 뇌를 말한다. '개체' 혹은 '특정 사물' 혹은 '개별적인 것'은 단순한 여러 신체들로 이루어진 하나의 신체로, 상황에 따라 **상이한** 구성물들이 결합해 조합된 것이다. 모든 구성물이 같은 비율로 활동하고 정지하는 한 개체는 그대로 유지된다. 즉 자신의 코나투스conatus(스피노자는 인간을 비롯한 모든 사물은 자기 존재를 유지하려는 경향이 있다고 주장했으며, 이 힘을 코나투스라고 불렀다—옮긴이)를 유지하게 된다. 그러나 인간은 생물학적으로 단순하지 않듯 정신적으로도 단순하지 않다.

스피노자는 기본적인 감정으로 기쁨과 슬픔을 제안한다. 기쁨은 작은 힘의 상태에서 더 큰 힘의 상태로 이행하는 것이고, 슬픔은 그 반대이다. 그리고 스피노자는 세 번째 기본적인 감정으로 욕망을 든다. 즉, 기쁨이나 슬픔의 감정을 느끼는 개체는 그 감정에 대한 반응으로 욕망을 느끼고, 개체의 코나투스가 욕망을 충동질해 기쁨을 상승시키거나 슬픔을 감소시키는 것이다. 이때 욕망은 감정에 의해 결정론적이고 기계적으로 움직인다. 한마디로 욕망은 감정에 의해 좌우된다. 순수한 감정에 욕망이 따르지 않는 것은 불가능하다. 감정 없는 욕망은 없고, 욕망 없는 감정도 없다.

우리가 살고 있는 세계의 코나투스는 개인의 코나투스보다 더 강력하다. 기본적인 감정은 주위의 영향, 즉 타인의 영향을 받는다. 우리는 슬픈 사람을 보면 모방에 의해 슬픔을 느끼고, 타인의 슬픔이 나의 슬픔인 양 사라지기를 원한다. 이는 '연민'이라 불리는 것으로, 모방을 통해 한 사람에게서 다른 사람에게로 옮겨간 슬픔에 바탕을 둔 모방 욕망이다.

즉 스피노자에게 행동은 두 번째 뇌(감정)에서 출발해 모방 욕망을 통해 세 번째 뇌를 작동시켜 생기는 것이다. 대개 이런 식으로 진행된다고 볼 수 있다. 하지만 이 책에서는, 심리적 움직임이 '세 번째 뇌'라고 하는 것에서 시작되어 두 번째와 첫 번째 뇌를 차례로 작동시키면 어떤 일이 일어나는지를 살펴보고자 한다.

무의식적 선구자 프로이트

　　　　　　　　　프로이트는 자신이 치료하는 환자에게 모방 욕망이 없다고 보았기 때문에, 환자가 특정한 성적 대상에 어떻게 욕망을 갖게 되는지 이유를 찾으려 했다. 그리하여 『성애론』에서 환자가 성적 대상을 선택하는 데서 나타나는 네 가지 특징을 제시했다. 2010년 이 책의 프랑스판 서문을 쓴 로베르 뇌뷔르제Robert Neuburger는 그 특징들을 다음과 같이 정리했다. 첫째로 "환자는 자유로운 여자가 아니라 항상 유부녀나 애인이 있는 여성을 선택하고", 둘째로 "절대 정숙한 여성은 만나지 않고", 셋째로 "이런 패턴이 환자의 삶에서 계속 반복되고", 마지막으로 "환자는 그 여성을 구원하겠다는 한 가지 욕망밖에 없다."[3] 이제 프로이트가 말한 이 네 가지 특징이 현실에서 얼마나 모방적인 성격을 지니고 있는지 살펴보자.

　　먼저 유부녀나 애인이 있는 여성에게 관심을 갖는 것은 욕망―경쟁의 도식을 잘 보여준다. 남자는 경쟁자에게서, 즉 이미 여자가 있는 남자에게서 끊임없이 여자를 빼앗고 싶어한다. 셰익스피어, 세르반테스 등 수많은 작가들의 작품에서 경쟁자에 의해 욕망이 촉발되고 고조되는 것을 볼 수 있다. 뱀이 이브에게 모방의 독을 투여해 금지된 열매가 이브의 눈에 갑자기 탐스럽고 맛있어 보이게 된 것처럼, 경쟁자로 인해 대상에 대한 인식이 바뀌기까지 한다. 프로이트 역시 이에 동의한다. 물론 그는 모방이나 경쟁이라는 용어를 사용하지는 않았지만 다음과 같이 적고 있다. "여성은 혼자 있을 때나 누구에게도 속해 있지 않을 때에는 관심받지 못하고 심지어 무시당하기도 하지만, 다른 남자와 관계를 맺게 되면 바로 사랑의 대상이 된다."[4] 다시 설명하면, 남자의 욕망을 불러일으키고 그 대상으로 선택되는 데 결정적인 역할을 하는 것은 그 여자를 욕망하는 경쟁자가 있느냐 없느냐이다. 말 그대로 경쟁자의 욕망이 지금까지 관심받지 못하고 무시당했던 여자를 사랑스럽고 욕망을 불러일으키는 여인으로 변모시키는 것이다.

프로이트가 강조한 두 번째 특징은, 사랑받는 여자는 절대로 정숙한 여자가 아니라는 것이다. '쉬운 여자'라는 명성을 가진 여자는 창녀일지라도 수많은 연인을 거느리며, 그 연인들은 서로 경쟁자가 되어 여자를 더욱 매력적인 대상으로 만든다. 이 지점에서 프로이트는 모방 이론과 가장 가까운 지점을 지나간다. 그는 이렇게 썼다. "여자에게 결부된 창녀적 특징은 이 타입의 연인들에게 꼭 필요한 **질투**의 촉발과 관련이 있다. 남자는 질투할 때 열정이 최고조에 이르고, 그 대상이 되는 여자도 최상의 가치를 지니게 된다."[5] 놀랍게도 프로이트는 오로지 경쟁자와 경쟁 관계만이 열정을 상승시킨다고 분석하면서 모방 이론에 접근한다. 프로이트는 도스토옙스키의 『영원한 남편』을 분석하면서 '사랑의 경쟁자에 대한 과도한 애정'을 이야기할 때에도 모방 이론에 접근하지만, 잠재적 동성애 메커니즘에 의해 욕망이 여자에게서 경쟁자로 우회한다고 말하면서 모방 이론과는 거리를 두었다.

뒤에서 '욕망의 병'에 대해 설명하겠지만, 돈 후안과 메살리나가 수없이 많은 연인을 갖는 것은 사실은 '성적 대상'으로부터 잠재적 경쟁자들을 제거하기 위한 것이다. 프로이트도 이에 동의했다. "이상하게도 사랑하는 여자를 합법적으로 소유하고 있는 남자에게 질투심을 느끼는 것이 아니라 자신이 모르는 남자, 그래서 그의 여자에 대해 의혹을 갖게 만드는 남자에게 질투를 느낀다"[6]고 프로이트는 쓰고 있다. 우리가 의심하고 환상을 지닌 채 상상하는 경쟁자, 나아가 추억 속에 살고 있는 옛 경쟁자가 욕망에 에너지를 제공하는 것이다. 이들은 오직이 진('자기 아내가 다른 남자와 간통하다'를 뜻하는 우리말—편집자) 남편처럼 누구인지 알 만한 의례적 경쟁자보다 더 강렬한 욕망을 불러일으킨다. 오쟁이 진 남편은 물론 경쟁자가 아예 없을 때보다는 강렬한 욕망을 불러일으키겠지만, 실질적으로는 경쟁자라고 할 수도 없다. 이미 패배한 경쟁자인 것이다. 프로이트도 같은 말을 했다. "확실히 남자는 여자를 자기만의 사람으로 두고 싶어하지 않고 삼각관계에 더 강하게 끌리는 것 같다."[7]

프로이트가 말하는 세 번째 특징은 앞에서 말한 두 특징을 재확인하는 것으로, "정상적인 애정 관계에서 여성의 가치는 성적 순결로 결정되고 창녀의 성격에 가까워질수록 그 가치는 떨어진다"[8]는 것이다. 하지만 프로이트가 관심을 둔 신경증에 걸린 남자는 창녀를 "가장 높은 가치를 지닌 대상으로 여겼다.[9] 달리 말해 많은 사람의 욕망이 한 여자에게 집중될수록 그 여자에 대한 욕망은 더욱 고조된다. 이러한 현상은 신경증에 걸린 남자에게만 해당하는 것이 아니다. 현대사회에는 다양한 남녀 스타와 유명인이 있다. 사람들은 그들을 욕망하고, 그래서 더욱 많은 사람들이 그들을 욕망하게 된다.

프로이트가 강조한 네 번째 특징은 '사랑하는 사람을 구제하려는 경향'이다. 그런데 사실은 프로이트가 생각한 것과는 반대로, 행위의 동력이 사랑하는 여자를 정숙의 길로 인도하고자 하는 욕망이 아니라 열망하는 육체를 자기만의 것으로 간직하기 위해 모든 경쟁자를 제거하려는 욕망임이 자명하다. 이것이 바로 에밀 졸라의 작품 『나나』의 주제이기도 하다.

모방 해석은 "어머니에 대한 애정의 유아적 고착"[10]이거나 "우리로 하여금 사랑하는 사람을 과대평가하고 대체할 수 없는 유일한 존재

1장 ___ 모방하는 뇌

로 여기게 하는 것은 어머니 한 명뿐이라는 유아기적 생각에 기반한다"[11]는 프로이트의 정신분석적 해석보다 훨씬 더 간단하고 과학적이고 명확하다. 어쨌든 우리는 프로이트가 모방 이론에 얼마나 가까이 접근했는지 확인할 수 있다. 하지만 프로이트는 모방 이론과 거울신경체계를 몰랐기 때문에, 그에게 모방 현실은 무의식의 현실이었다(인용한 텍스트에서 프로이트는 여성에 대한 남성의 욕망과 남성이 '성적 대상'을 선택하는 메커니즘에 대해서만 말했다. 그러나 여성도 같은 메커니즘으로 '성적 대상'을 선택한다는 것은 강조할 필요도 없을 것이다).

4

모방과
거울신경

20세기 후반 르네 지라르의 동시대 인들은 각자의 분야에서 모방 이론을 과학적으로 증명하는 다양한 실험과 연구를 했다. 서문에서 간단하게 언급하긴 했지만, 이 학자들과 이들의 연구가 세 번째 뇌를 이해하는 데 얼마나 큰 공헌을 했는지 다시 살펴보려 한다.

발달 과정에서 나타나는 모방

르네 지라르와 내가 『세상이 생겨날 때부터 숨겨져온 것들』(1978년)과 『욕망이라는 이름의 모방』(1982년)을 출간하면서 모방에 대해 지속적으로 연구하는 동안, 시애틀의 심리학 자들도 우리의 작업과 궤를 같이하는 연구에 힘을 쏟고 있었다.

1977년 앤드루 멜조프와 키스 무어Keith Moore는 신생아들이 실험자 의 얼굴 움직임, 특히 혀의 움직임을 모방한다는 독창적인 연구 결과를 발표했다. 생후 12일에서 21일 된 신생아들이 실험자의 행동과 신체 부분을 혼동하지 않고 입술과 혀를 같이 움직이거나, 혹은 혀만 움직여 다르게 반응한다는 사실이 실험을 통해 증명되었다.

1997년에는 전 세계 열두 개의 독립 연구소에서 동시에 진행된 실험 결과를 담은 보고서를 발표했다. 신생아들에게 나타나는 조기 모방 능력을 확인하는 실험으로, 이 실험을 통해 행동의 관찰과 실행은 동일한 신경 구조에 '암호화'되어 있다는 가설이 성립되었다. 이 두 학자는 이미 1977년에 타인에 대한 인식과 자신에 대한 인식에 동일한 암호가 사용되고 그것들이 선천적으로 서로 연결되어 있으므로 후천적 학습과는 상관없다는 결론에 도달한 바 있었다.

2008년 파리에서 개최된 세미나(스콧 개럴스Scott Garrels와 탬플턴 재단 주최로 2007년 스탠퍼드, 2008년 파리에서 개최되었다. 이 세미나의 내용은 『미메시스와 과학』으로 출간되었다)에서 멜조프는 "인간은 태어나면서부터 자신과 타인을 연결하는 능력이 있고 모방을 통해 배운다. 그러므로 모방하는 방법을 배울 필요가 없다"고 선언했다. 그는 실험을 통해 아리스토텔레스의 직관을 증명했고, 모방 이론을 뒷받침하는 결정적 논거를 제공했다. 멜조프의 실험 결과에 비추어봤을 때, 젖먹이는 타인과 자신을 한 쌍 혹은 자신으로 여기다 모방 능력이 점차 발달하면서 반복을 통해 '또다른 나'라는 개념을 갖게 되고, 마침내 타인을 '내가 아닌 다른 사람'으로 인식하는 듯하다.

파리 세미나에서 멜조프는 다른 쪽을 향해 있는 엄마의 시선을 따라가려고 노력하는 신생아의 시선이 중요하다고 강조했다. 엄마가 사물을 보고 이름을 말하면 언어 습득도 용이해진다. 2002년 브룩스와 멜조프는 생후 12개월, 14개월, 18개월 영유아들을 대상으로 또다른 실험을 실시했다. 어른 실험자가 한 번은 눈을 감고 한 번은 눈을 뜬 채 특정 사물 쪽으로 고개를 돌렸다. 모든 아기들은 실험자가 눈을 뜨고 고개를 돌릴 때 더 자주, 그리고 정확하게 실험자의 움직임을 따라 했다. 2008년 멜조프는 "마치 어른이 사물에 사회적 조명을 비추어 눈에 보이지 않는 흔적을 남기고 사물을 욕망의 대상으로 변모시키는 것과 같았다"고 결론 내렸다.

다른 실험에서는 아기들의 눈을 가려 앞을 보지 못하게 했다. 그리고 다음번에는 실험자의 눈을 가렸다. 그러자 아기들은 실험자가 아무것도 보지 못한다는 것을 알고 실험자의 머리 움직임을 따라 하지 않았다. 멜조프는 이러한 일련의 실험을 바탕으로 '나처럼like me' 이론을 수립했다.

멜조프의 연구팀은 아이들이 행동만 모방하는 것이 아니라 행동의 의도와 목적도 모방한다는 것을 밝히는 실험도 했다. 여기서 행동의 의도는 실험자의 '욕망'을 뜻한다. 특히 모방 욕망 이론을 설명하는 데 매우 중요한 실험이었다. 실험자가 만년필의 뚜껑을 열기 위해 손으로 뚜껑을 잡고 빼려는 행동을 반복했다. 하지만 성공하지 못했다. 이윽고 아기들에게 만년필을 주었더니 암묵적인 목표, 심리학자의 의도를 이해했다는 듯 만년필을 잡고 뚜껑을 잡아 뺐다.

그런데 로봇으로 똑같이 실시한 실험에서 아기들은 로봇의 행동을 모방하지 않았다. 로봇은 어떤 의도나 욕망을 표현할 수 없기 때문이다. 아기들은 자신이 상상하고 포착한 실험자의 의도와 욕망을 모방한 것이다. 2008년 앤드루 멜조프는 이렇게 말했다. "우리가 진행한 여러 실험의 결과를 통해 아이들이 타인의 행동과 자신의 행동 사이의 상관관계를 인식하고 기억한다는 것을 알 수 있었다. 나와 타인이 같다고 인정하는 것은 타인의 반응을 끌어내는 출발점이다. 그리고 이 출발점은 아이의 성장 발달에 있어 선행조건이지 도달점은 아니다."

마지막으로 앤드루 멜조프를 비롯해 많은 학자들이 "단순한 행동 모방이 자폐아에게는 매우 혼란스러운 것"이라고 말한다. 이를 통해 선천적인 생물학적 구조가 방금 설명한 모방 메커니즘 발달에 필수적이라는 것을 짐작할 수 있다. 거울신경의 발견은 이 근본적인 문제에 답을 제시한다.

위대한 발견, 거울신경

대부분의 위대한 발견이 그렇듯 1996년 이탈리아 파르마 대학의 자코모 리촐라티와 그의 신경과학 연구팀이 위대한 발견을 하게 된 것도 우연이었다. 전혀 기대하지 않았던 뜻밖의 발견이었던 것이다. 나는 리촐라티 팀의 이 발견이 모방 연구에 지대한 공헌을 했다고 생각한다. 리촐라티와 그의 동료 학자 비토리오 갈레제의 글을 빌려 그들의 위대한 발견을 살펴보자. 갈레제는 르네 지라르의 주도로 스탠퍼드와 파리에서 열린 다분야 모방 세미나에도 참석한 바 있다.

리촐라티와 갈레제가 그러한 발견을 하고 쉽게 증명할 수 있었던 것은 PET 스캐너와 기능성 자기공명촬영장치fMRI가 개발된 덕분이다. 우리가 특정 행동을 하면 특정 신경이 활성화되는데, 이때 활성화된 부분에서 방사성 글루코스가 다른 대뇌피질 신경에서보다 많이 소비된다. 방사성 물질을 추적하는 PET 스캐너가 이 신경 활동을 기록하면, 특정 행동에 해당하는 피질 영역이 모니터에 정확하게 표시된다.

예를 들어, 우리가 카페에 앉아 맥주 마시는 사람을 보고 있다고 가정해보자. 그 사람이 손을 뻗어 테이블에 놓여 있는 맥주잔을 들어 입으로 가져가는 행동을 PET 스캐너로 촬영하면, 그 행동과 관련된 뇌 영역에 불이 들어온다. 그런데 카페에 앉아 있는 남자의 행동을 보는 우리 뇌를 촬영하면, 우리 뇌에도 **같은** 곳에 불이 들어온다. 이 현상을 통해 우리 뇌가 행위를 하고 있는 남자의 뇌 활동을 자동적, 의무적으로 충실하게 반사하고 있다는 결론을 내릴 수 있다.

리촐라티는 타인의 신경과 공명하고 타인의 신경 활동에 대해 생각하는 신경을 '거울신경'이라고 불렀다. 리촐라티는 자신의 저서에서 이렇게 말했다. "타인의 뇌와 반응하는 뇌는 무엇보다도 이해하는 뇌이다. (…) 이런 종류의 이해는 거울신경의 활성화에도 나타난다. (…) 거울신경은 타인의 존재, 타인의 행동, 나아가 타인의 의도에 대한 인식이 첫 단계에서는 운동신경과 관련 있다는 것을 보여준다."[1] 그리고 좀더 나아가 이렇게 말한다. "모방, 학습, 몸짓과 구두 소통이라는 다소 복잡한 형태의 행동들도 거울신경체계의 특정 부분이 활성화됨으로써 이루어진다. 하지만 이것이 전부가 아니다. 타인의 감정 반응을 이해하는 인간의 고유한 능력은 거울 특성을 지닌 영역 전체와 연결되어 있다. 행동과 마찬가지로 감정 역시 즉각적으로 공유된다."[2]

비토리오 갈레제는 "운동을 관장하는 신경회로가 타인의 행동, 감정, 정서를 목격했을 때에도 활성화되는 것을 실험을 통해 발견했다."[3] 그는 뇌의 거울 활동을 설명하기 위해 '체화된 시뮬레이션embodied simulation' 혹은 '통합 시뮬레이션'이라는 용어를 고안했다. 관찰하는 사람의 모방신경체계가 거울에 비치면 행위를 하고 있는 사람의 뇌 신경 활동에 자동적으로 재현된다는 뜻으로 만든 용어인 것이다. "관찰자가

1장 ___ 모방하는 뇌

관찰자가 타인의 행동을 관찰할 경우,
타인이 행동할 때 활성화된 동일한 신경 메커니즘은
관찰자에게도 자동적으로 활성화된다.

타인의 행동을 관찰할 경우, 타인이 행동할 때 활성화된 동일한 신경 메커니즘은 관찰자에게도 자동적으로 활성화된다. 우리는 이 메커니즘이 인간 행동을 이해하는 직접적이고 기본적인 형태라고 제시한 바 있다. (…) '시청각 신경'인 F5 거울신경의 특정 층위는 행동을 하고 행동을 관찰할 때뿐 아니라 행동할 때 나는 **소리**로도 활성화된다.[4]

비토리오 갈레제는 "인간과 영장류의 뇌는 통합 시뮬레이션(체화된 시뮬레이션)이라는 기본적인 기능 메커니즘을 발전시켜온 것 같다. 이 통합 시뮬레이션을 통해 우리는 타인의 정신을 체험할 수 있다"고 덧붙였다. "공유된 신경체계를 통해 타인과의 관계에서 지각한 바를 공유할 수 있다면, 타인과 의도적 관계를 맺을 수 있다. 그리고 그 대가로 관찰자의 의도와 타인의 의도가 합쳐져 타인과의 관계에 친숙함이라는 특질이 생겨난다. 이 특질이 바로 '공감'이다. 서로 다른 두 신체이지만, 형태기능적morphofunctional 규칙을 따르는 신경 공유를 통해 '대상이었던 타인'이 '또다른 자아'가 되는 것이다."[5] 여러분은 파트리스 반 에르젤 Patrice van Eersel 기자가 만든, 여러 개의 뇌가 와이파이 망처럼 서로 연결되어 있는 재미있는 이미지를 본 적이 있을 것이다.[6] 이와 관련해 강조해야 할 것은, 우리의 거울신경이 기계나 로봇의 움직임에 의해 활성화되지 않는 것처럼 우리가 어떤 대상을 응시한다고 해서 거울신경이 자동적으로 활성화되는 것은 아니라는 점이다. 사람의 뇌는 사람의 뇌와 비슷한 뇌**만** 거울처럼 비춘다.

비토리오 갈레제는 또한 "행동을 인식하는 것은 내적으로 흉내 내는 것"이라고 강조한다. 그가 통합 시뮬레이션(흉내 내기) 혹은 체화된 시뮬레이션에 대해 말하는 것은 바로 그 때문이다. "직접적이고, 자동적이고, 무의식적으로 발생하는 시뮬레이션 과정을 통해 관찰자는 자신이 가진 모든 수단을 동원해 타인의 세계에 경험적으로 침투한다."[7] 이는 어떤 행위를 하거나 어떤 감정이나 감동, 흥분을 표함으로써 자신이 관찰하고 있는 타인의 뇌 활동을 자동적으로 모방하고 재현하는 직접적 모방 과정이라고도 할 수 있다.

지금까지 살펴본 내용을 바탕으로 몇 가지 중요한 요점을 정리해보자.

— 모방은 인간관계의 첫 연결 고리이며 출발점이다. 신생아는 모방을 통해 타인과 관계 맺고 점차적으로 인류에 통합된다.
— 거울신경으로 대표되는 뇌의 모방적 특성은 공감의 원천이다. 공감 능력 덕분에 우리는 '거울'에 비친 타인을 '나' 혹은 '나의 분신'으로 인식하며, 타인의 감정과 기분을 해독하고 공유한다.
— 인간의 뇌는 선천적인 모방 메커니즘과 통합 시뮬레이션 특성을 통해 타인, 타인들, 문화가 제공하는 모든 것을 배우고 이해하고 통합한다. 이것은 "작은 **인간**은 선천적으로 모방한다. (…) 모방을 통해 첫 지식을 습득한다"[8]는 아리스토텔레스의 직관과 궤를 같이하며, 스피노자의 사상과도 일맥상통한다. 모델이 모델로 남아 있을 때 모방과 모방 욕망의 결과가 학습이라는 르네 지라르의 이론도 확인해준다. 학생은 모델이 반복하는 단어들을 모방하고, 모델은 학생이 그것들을 배워 자기 것으로 만들도록 도와준다. 메커니즘은 동일하지만, 모델이 가리키는 대상이 모델 자신만을 위한 것일 때에는 경쟁과 갈등이 발생한다.
— 관찰자의 거울신경체계가 비추는 것은 관찰자가 보고 있는 행위의 의도이다. 행위가 완료되지 않더라도 그 의도는 비춰진다.

관찰자는 대상과 동일한 파장에 '접속'해 대상의 의도를 파악한다. 대상의 욕망을 추측하고, 구체적인 몸짓이 아니더라도, 그리고 숨겨진 물건에 손을 뻗더라도(칸막이 뒤에 음식이 있거나 실험자가 칸막이 뒤로 손을 뻗었을 때에도) 모델의 행위를 따라 한다.

대뇌피질의 인지, 운동, 감각, 감정 영역과 대뇌변연계에 위치한 거울신경이 특화되고 개별화된 해부학적 구조를 가지고 있는지, 아니면 인간의 거의 모든 신경세포가 타인과 관계를 맺으면 활성화되는 '거울 기능'을 가지고 있는지 밝혀야 하는 과제는 남아 있다. 이 과제와 관련된 연구는 계속 진행되고 있고, 나는 개인적으로 언젠가 두 번째 가정이 증명되리라 생각한다. 두 가지 가정이 모두 맞을 수도 있다. 거울 기능만 하는 순수한 거울신경이 있을 수 있고, 특정 기능을 가지고 있으면서 동시에 거울 기능을 하는 신경도 있을 수 있다.

임상에서 환자를 진료하고 대화하면서 나는 신경증 환자나 정신병 환자뿐만 아니라 정상인에게도 두 가지 주장이 지속적으로 나타난다는 사실을 발견했다. 사람들은 모두 '자신의' 욕망에 대한 소유권과, 타인의 욕망보다 자신의 욕망이 시간적으로 앞선다는 선행성을 주장한다. 자신의 욕망은 타인의 암시를 통해 만들어진 것이고, 암시는 의도적이든 아니든 모델에서 나온 것인데도 말이다. 나는 새로운 초심리학이 심리학을 과학의 영역으로 편입시킬 거라고 생각했다. 우리에게는 모든 인류에게서 쉽게 발견되는 두 개의 상수 N과 N'가 있기 때문이다. N은 자신이 자기 욕망의 소유자라고 주장하는 것이고, N'는 자신의 욕망에 영감을 주고 그 욕망을 탄생시킨 타인의 욕망보다 자신의 욕망이 시간적으로 선행한다고 주장하는 것이다.

1장 ___ 모방하는 뇌

이제 N과 N'에서 정상적인 심리 현상이 어떻게 나타나고 해석되는지, 그리고 N과 N'에서 자아와 욕망이 두 주장을 관철하기 위해 어떤 신경증과 정신병 전략을 펴는지 연구하는 것이 과제로 남았다. 나는 이것이 심리학과 정신병리학이 가야 할 새로운 방향이라고 생각한다.

5
_____

자아 간 관계의
세 가지 형태

모방 욕망은 자아 간 관계에서 만들어진다. 모방 욕망은 타인의 욕망을 모방하면서 에너지를 취할 뿐 아니라 최종 목적인 욕망의 대상도 선택한다. 앞서 살펴봤듯 모방은 학습이나 발전으로 이어지기도 하고, 반대로 경쟁, 갈등, 폭력으로 이어지기도 한다.

모델, 경쟁자 혹은 장애물

우리는 타인과의 관계를 **모델, 경쟁자, 장애물**이라는 세 형태로 도식적으로 구분할 수 있다. 이 세 형태에서는 뚜렷한 점층 현상을 확인할 수 있다. 그러므로 불연속성이 아니라 연속성에 집중하면서 모든 변수를 고려할 필요가 있다. 로베르 뇌뷔르제가 쓴, 프로이트의 『성애론』 2010년 프랑스어판의 서문을 보면, 환자에 대한 프로이트의 생각과 우리의 생각이 유사하다는 것을 알 수 있

1장 ___ 모방하는 뇌

다. "세상에는 건강한 사람과 아픈 사람, 이 두 부류만 존재하는 것이 아니다. 병리 증상은 정상적인 것이 무엇인지 이해시켜주며, 규범에 맞지 않는 행동과 정상이라고 여겨지는 행동은 단절되어 있지 않고 연결되어 있다."[1]

욕망이 타인을 경쟁자가 아니라 모델로 간주할 경우 두 사람이 모방과 암시를 지속적으로 주고받으면서 학습하고 우정을 나누는 상황이 만들어진다. 친한 친구들이 취향이 같고, 같은 장소를 좋아하고, 같은 장르의 음악을 좋아하는 등 소위 '동일한 파장'을 가지고 있다고 말하는 이유가 바로 이 때문이다. 동일한 파장을 가진 사람들은 상대에게 서로 모델이 되어주고, 상대가 암시하는 것을 최대한 모방한다.

학습 역시 학생의 자발적 참여뿐 아니라 선생님의 자발적 참여도 의미한다. 예를 들어 내가 낚시를 배우고 싶으면, 나무 뒤에 숨어서 낚시꾼이 무엇을 하는지 몰래 보면 된다. 하지만 그것은 염탐하는 것이고, 그러한 행위를 바탕으로 발전할 가능성은 거의 없다. 경험 많은 낚시꾼에게 가서 배우면 낚시꾼이 직접 가르쳐주는 것을 배울 수 있고 가까이서 모방할 수 있다. 그러면 많은 것을 더 빨리 습득할 수 있다. 모델이 모델답게 행동하고 모방자가 완벽하게 모방할 수 있도록 도와주면서 자신의 노하우와 기술을 의도적으로 전수해야 학습이 제대로 이루어진다. 모방자는 배움에 대한 욕구가 있어야 하고, 모델, 즉 선생님은 교육에 대한 의지가 있어야 한다.

모델이 모델로 간주되면 이 관계는 대뇌피질에서 정치적·도덕적으로 정당화되고, 경제적으로 가치 있고 종교적으로 바람직한 것으로 비치게 된다. 이 관계는 대뇌변연계에서 선생님에 대한 존경과 사랑 등 안정감과 좋은 기분 같은 긍정적인 감정을 촉발한다. 반면 타인이 경쟁

모델이 모델답게 행동하고 모방자가 완벽하게 모방할 수 있도록 도와주면서
자신의 노하우와 기술을 의도적으로 전수해야 학습이 제대로 이루어진다.

자가 되면 탈취 미메시스가 생겨 타인의 욕망의 대상을 빼앗으려 하게 만든다. 이때는 암시-모방의 자아 간 관계가 동일한 대상을 욕망하기 때문에 모방적 경쟁 관계가 생겨난다.

앞서 이미 모방 욕망이 임상적으로 표현되는 것이 바로 경쟁이라고 지적한 바 있다. 필리프는 절대로 "저에게 문제가 있습니다. 친구를 모방하고 있어요"라고 말하지 않을 것이다. 그는 "가장 친한 친구와 문제가 있습니다. 그 나쁜 녀석이 내가 사랑하는 여자를 빼앗으려 해요"라고 말할 것이다. 그는 자신의 욕망이 모방적이라는 것을 모른다. 다시 말해 필리프는 친구 피에르와 동일한 욕망을 가지고 있고, 그래서 **소유권**과 **선행성**을 주장하는 것이다. 필리프의 입장에서 보면, 자신이 피에르를 모방하는 것이 아니라 피에르가 자신을 모방하는 것이다! 필리프는 자신의 욕망과 경쟁자의 욕망은 다르다고 헛된 주장을 시도한다. 세 번째 뇌의 관점에서 보면 이야기는 더욱 흥미로워진다. 모델이 경쟁자로 변하면 경쟁은 첫 번째 뇌에서 지적·도덕적으로 정당화된다. 즉 필리프는 피에르를 불손한 의도를 가진 나쁜 놈이라고 생각한다.

이번에는 정치적 경쟁에 대해 살펴보자. 나는 『사이코폴리틱』에서 조지 부시와 오사마 빈 라덴의 관계를 고찰한 적이 있다.[2] 두 사람의 첫 번째 뇌는 서로를 도덕적으로 끔찍한 괴물, 정적政敵, 가짜 신을 모시는 끔찍한 종교를 믿는 불경한 자로 생각한다. 두 사람의 관계가 어떤 성격이냐에 따라, 즉 상대방을 모델로 인식하느냐, 경쟁자로 인식하느냐, 장애물로 인식하느냐에 따라 자아 간 관계는 대뇌피질에서 인지적으로 정당화되고 대뇌변연계에서 감정과 정서가 덧입혀진다. 여기서 나는 첫 번째 뇌와 두 번째 뇌가 세 번째 뇌 다음으로 작동한다는 사실에 주목하고 싶다. 자아 간 관계, 즉 모방 관계는 대뇌피질과 대뇌변연계에 나타나는 현상에 영향을 미친다. 즉 세 번째 뇌는 첫 번째 뇌의 옷장을 뒤져 경제적·정치적·도덕적·종교적 정당화와 합리화라는 모자를 찾아 쓰고, 다음에는 두 번째 뇌의 옷장을 뒤져 다양한 감정과 정서, 기분이라는 옷을 찾아 걸친다.

세 번째 뇌의 관점으로 보는 것, 즉 타인과의 관계의 특징과 자아 간 관계의 성격을 분석하는 것은 매우 중요한 결과를 가져올 수 있고, 이는 정신병리학의 근간을 흔들 수도 있다. 거울신경체계는 두 사람 사이에 관계를 만들고, 이 관계는 완벽한 연속선상에서 진행되면서 다양한 심리적·정신병리적 증상을 보여준다.

'왜'가 아니라 '어떻게'

자아 간 관계에서 개인의 역할은 무엇일까? 이는 존재론적 질문이라고 할 만큼 근본적인 질문이다. 그리고 앞서 언급한 나의 정신분석학자 친구가 제기한 논쟁을 다시 한번 떠올리게 하는 질문이기도 하다. 자아 간 관계가 인간의 심리적·정신병리적 운명을 결정한다 해도, 인간은 특별한 이야기와 구조를 가지고 모방 관계를 맺는다. 이해를 돕기 위해 예를 하나 들어보겠다. 우리가 스위스 자넨에서 열린 크리슈나무르티(1895~1986, 인도의 사상가이자 명상가—옮긴이)의 강연회에 참석했다고 하자. 크리슈나무르티는 동일한 개념을 반복해서 가르치며 자신의 지식과 지혜를 많은 사람과 나누고 싶어한다. 그는 누가 봐도 개방적 모델이다.

강연회에 참석한 일부 참가자들은 크리슈나무르티가 같은 주제를 두고도 다른 방식으로 전개하며 소개해줘서 더 잘 이해할 수 있었다고 좋아한다. 그 결과 참석자들의 내면에서 지혜를 얻고자 하는 열망이 더욱 높아지고, 크리슈나무르티에 대한 애정과 감사하는 마음도 더욱 커진다. 그들에게 크리슈나무르티는 모델이고, 계속 모델로 남을 것이다. 그들의 첫 번째 뇌는 크리슈나무르티의 가르침이라는 영양을 공급받고, 두 번째 뇌는 긍정적이고 열정적인 감정으로 채워지고, 세 번째 뇌는 그를 '모델' 위치에 고정한다.

참가자들 중 두 번째 그룹은 크리슈나무르티가 항상 같은 얘기만 반복할 뿐 새로운 것이 없어서 새로운 지혜를 배울 수 없다고 투덜거린다. 이때 그들의 첫 번째 뇌는 크리슈나무르티의 말을 더이상 받아들이지 않고, 두 번째 뇌는 조바심, 신경질 같은 부정적인 감정을 만들고 강연자에게 적의마저 느낀다. 세 번째 뇌는 그를 '경쟁자' 위치에 고정한다.

세 번째 그룹의 참가자들은 강연자에게 압도되어 구루guru의 말씀이 너무도 지혜롭고 경이로워 자신은 절대 이해할 수 없고, 그것을 모방하거나 실행에 옮기는 것은 감히 상상조차 할 수 없다고 생각한다. 그래서 점점 더 낙담하고, 울적해지고, 집중력도 흐트러져 크리슈나무르티의 말이 더이상 들리지 않는다. 이렇게 포기하는 상태에 이르면 강연자와 참가자 사이의 자아 간 관계는 '장애물' 위치에 놓이게 된다. 첫 번째 뇌는 스승에 대해 경외심을 표하지만, 스승을 이해하고 따를 수 없다는 생각에 두 번째 뇌가 실망과 포기라는 슬픈 감정을 만들어내는 것이다.

강연회가 끝나고 세 그룹의 참가자들은 각자의 생활로 돌아갔다. 그런데 딱히 꼬집어 말할 수 없는 이유로 그들의 자아 간 관계는 많은 사람을 만나고 여러 상황에 부딪혀도 여전히 원래의 위치에 고정된 채 꼼짝하지 않을 것이다. 이 현상은 르네 지라르의 모방 욕망을 이해하는 데 큰 도움이 된다. 여기서 우리는 대상을 자기만 소유하려는 모델 때문에 경쟁 관계가 생기는 것이 아니고, 대상을 강하게 금지하는 모델만 장애물이 되는 것도 아니라는 사실을 알 수 있다. 여기서 중요한 것은 자아 간 관계가 어떻게 해서 '모델', '경쟁자', '장애물' 위치에 고정되느냐 하는 것이다. 병의 원인을 찾는 것도 좋지만, 그것은 벽에 가서 부딪히는 것과 다름없다. 사건은 이미 일어났고, 그러므로 원인보다는 현상을 서술하는 것이 더 바람직하다고 나는 생각한다.

심리학과 정신병리학적 측면에서 의미 있는 질문은 '어떻게'이다. 증상이 어떻게 작용하며, 그것을 어떻게 개선할 수 있느냐가 중요하다. '왜'라는 질문은 피해야 한다. 그럴 경우 첫째로 선천적이냐 후천적이냐, 정신적이냐 생물학적이냐 하는 이원론적 문제에 부딪히기 때문이고, 둘째로는 원인을 찾기 위해 죄인을 지목해야 하는 희생양 함정에 빠질 위험이 있기 때문이다. 앞에서 이미 살펴본 것처럼, 어느 경우에나 자아 간 관계는 대뇌변연계에 있는 감정의 옷장으로 가서 활성화된 모방 메커니즘에 입힐 옷을 찾고, 다음에는 인지의 뇌로 가서 시작된 모방 행위에 대한 도덕적·윤리적·논리적·철학적·이성적 정당성을 찾는다.

여기서 우리가 생각하는 정신 기관의 설계 도면을 매우 간단한 도식으로 표현해볼 수 있다. 쉽게 설명하기 위해 뇌를 세 가지로 분리했지만, 실제로 뇌는 수십만 개의 시냅스로 연결되어 있는, 분리할 수 없는 하나의 구성체라는 것을 새삼 강조할 필요는 없을 것이다.

집단 지성이란?

그러므로 모방 이론을 통해 집단 지성에 대한 논의를 더 확장할 수 있을 듯하다. 어떻게 집단의 지능이

1장 ___ 모방하는 뇌

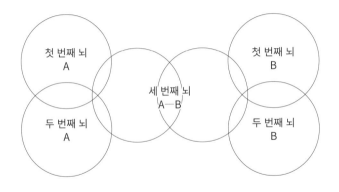

구성원 각자의 지능을 합한 것보다 더 높을 수 있을까? 서로 다른 두 사람의 뇌 A와 B사이에 일어나는 일을 예로 들어 살펴보자. A뇌와 B 뇌는 무언가에 대해 동일한 반응을 내놓게 되고, 이때 두 뇌 사이에 거울신경세포의 작용으로 공감 능력이 생겨나 두 뇌의 공통점을 가진 세 번째 뇌 AB가 생겨난다. 자아 간 관계를 지배하는 조화와 응집력이 A와 B의 첫 번째 뇌를 단순하게 합하는 대신, 세 번째 뇌 AB의 에너지를 확장시키는 것이다. 이 조화는 A와 B의 첫 번째 뇌와 두 번째 뇌로 확장되어 첫 번째 뇌의 인지능력과 상상력을 높이고, 두 번째 뇌의 긍정적·정서적·감성적 에너지를 강화해 서로의 협력을 유쾌한 것으로 만든다.

그렇게 A와 B 사이, 그리고 A와 B의 세 개의 뇌 사이에 생겨난 조화와 평화는 자아 간 관계가 경쟁자나 장애물일 경우 생겨나는 경쟁과 갈등, 억제보다 더 강력하고 풍부하고 생산적이다. 서로 공감하고 평화적으로 협력하는 여러 개의 세 번째 뇌가 첫 번째 뇌와 두 번째 뇌의 힘을 확장시키기 때문이다.

그런데 이것이 다가 아니다. 둘 이상의 여러 사람을 가깝게 연결시킨

자아 간 관계는 '자아'라고 지칭될 만한 것을 각자에게 심어준다. 이렇게 새로 등장한 '자아'는 평소의 '자아'가 상상할 수 없었던 새로운 창의력과 새로운 지능을 가진다. 그리고 하나의 목적을 위해 통합된 욕망으로 만들어진 새로운 '자아들'은 '기적처럼' 집단 지성을 탄생시킨다.

세 번째 뇌는 모방이 교환되는 플랫폼으로 거울신경체계로 만들어지고, A와 B 사이를 쉬지 않고 왕복하는 수천 개의 암시와 모방으로 구성되어 있다. 물론 A와 B는 C, D, E……와 관계를 맺는다. 다시 말해 수천 개의 다른 개체들과 관계를 맺으며 물질적인 것이든 문화적인 것이든 영향을 주고받고, 수많은 뇌들이 만나 하나의 모자이크를 이룬다.

많은 학자들이 거울신경체계의 중요성을 강조한다. 벨기에 출신의 신경인지학자 시몽 드 쿠켈라에레Simon de Keukelaere는 "거울신경세포와 거울신경체계는 우리의 뇌를 다른 영장류보다 더 높은 수준에서 작동하는 '거대한 모방 기계'로 만든다"[3]고 지적했다. 미국의 신경학자 로버트 실베스터Robert Sylvester는 "거울신경세포의 발견은 진정으로 경이롭고 무엇보다도 중요하다. 너무 엄청나서 어떻게 해야 할지 몰라 다들 아예 들여다보지도 않는다"고도 말했다. 하지만 현재 관련 연구들이 활발히 진행되고 있다. 미국 샌디에이고에 있는 캘리포니아 대학교의 라마찬드란V. S. Ramachandran 교수는 "생물학에서 DNA가 차지하는 위치를 심리학에서는 거울신경세포가 차지할 것"이라고 감히 예견했다.

1장 ___ 모방하는 뇌

모방은 정신에
어떻게 작용할까

———

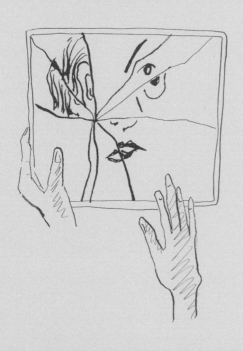

우선 세 번째 뇌의 시각에서 질병 분류 체계를 다시 읽어보도록 하자. 이는 정상, 신경증, 정신병 상태에서 타인이 모델일 경우, 경쟁자일 경우, 장애물일 경우의 자아 간 관계를 확인하는 작업으로, 먼저 표로 요약한 뒤 각각의 경우별로 자세히 살펴보겠다.

	모델	경쟁자	장애물
정상 타인이 실재하고 그것을 인식하지만 망각한다. N과 N'에서 망각과 침묵	차이 인식 학습 동일화 최면	복수 부러움 질투	욕망의 포기 혹은 대체
신경증 타인이 실재하지만 인식하지 못한다. N에서 주장	꾀병 성흔 귀신 들림 퇴마 의식 허언증	귀신 들림 구마 의식 히스테리	원망 정신쇠약 강박과 충동
정신병 가상의 타인이 정해져 있고, 비난받고 의심받거나 환각 상태에 있다. N'에서 주장	편집성 망상	편집증 만성 환각성 정신병	조현병 (파편화되고 분열)

1

전통적
질병 분류

지금까지 정신병리학과 정신의학에서 정신병은 오로지 인지의 뇌에 이상이 생길 경우에 발병하고, 신경증은 오로지 감정의 뇌에 이상이 생길 경우에 발병한다고 간주했다. 정신과 의사들도 이에 대해 문제 제기를 하지 않고 치료를 해왔다. 하지만 앞에서 간략하게 살펴본 최근의 과학적 발견들에 힘입어 이러한 병에 대해 더 많은 것을 알 수 있게 되었다. 먼저 전통적 질병 분류를 살펴보자.

정신병

정신병의 특징은 망상이다. 정신병에 걸리면 현실 전체나 일부에 대해 망상을 하게 된다. 전통 정신의학에서는 망상을 메커니즘과 주제, 구조, 이 세 가지 측면에서 살핀다. 다시 말해 망상이 '체계적'인지 '비체계적'인지를 보는 것이다. 이 세 측면

2장 ___ 모방은 정신에 어떻게 작용할까

은 말할 것도 없이 인지의 뇌, 신피질, 즉 첫 번째 뇌의 작용과 관련된다. 망상은 크게 네 개 범주로 분류할 수 있다.

—**편집증**Psychosis Paranoia은 단일 주제와 관련된 망상으로, 과대망상, 피해망상, 허언망상, 애정망상(유명인이나 스타가 자신을 좋아하고 있다고 생각하는 것), 신체망상이 있다. 여기에는 해석이라는 단일 메커니즘이 존재하지만 종종 직감이 추가되기도 한다. 일관성 있고 완벽하게 체계화된 구조를 가지고 있다.

—**만성 환각성 정신병**CHP, Chronic Hallucinatory Psychosis은 단일 주제(피해망상, 종종 애정-신비주의망상)와 단일 메커니즘(환각), 비교적 체계화된 구조를 가지고 있다. 클레랑보G. de Clérambault는 만성 환각성 정신병을 '정신자동증automatism'(자기 의지와 상관없이 이루어지는 자동적인 정신 기능으로, 환자는 그것을 외부에서 기인한 것으로 인식한다—옮긴이) 혹은 '도둑맞은 생각'이라고 묘사했다. 환자는 다른 사람(개인이나 정부 기관)이 자신의 생각을 읽을 수 있고, 자신에게 생각을 강요하고, 종종 자신의 행동을 비난하기도 하며, 자신만 알아들을 수 있는 목소리로 자신에게 명령을 한다고 생각한다.

—**조현병**Schizophrenia은 분열된 인지 기능과 모순적인 감정 기능 외에 간단한 세 가지 기준으로 진단을 내릴 수 있다. 피해망상, 신비주의, 연애망상 등 다양한 주제가 섞여 있고 환각, 해석, 공상, 직감, 정신자동증, 생각 장애 등 다양한 메커니즘으로 일관성이 전혀 없는 비체계적 구조를 가지고 있다.

—**편집성 망상**Paraphrenia은 비밀스럽고 다른 증상에 가려져 진단하기가 쉽지 않아 흔히 보기 힘들다. 단일 주제, 공상 또는 혈통에 근

거해 진단을 내리며, 단일 메커니즘(환각)과 비교적 체계적인 구조
를 가지고 있다.

이렇듯 전통적인 정신의학에서 정신병 진단은 전적으로 환자의 말
에 대한 분석, 다시 말해 인지의 뇌가 고장났다는 것을 말해주는 환자
의 망상에 근거를 둔다.

신경증

전통적인 정신의학에서는 신경증을
네 가지 형태로 구분한다.

—**강박증**Obsessive-compulsive disorder은 위생, 수집, 숫자 세기, 반복 충
　동 증상을 보이는 정신장애다. 의식이 분명하고 왜곡되지 않으며
　논리적으로 사고하지만, 알 수 없는 힘에 의해 연거푸 스무 번 넘
　게 손을 씻고, 방을 열 번 넘게 청소하고, 문이 제대로 잠겼는지
　열 번 넘게 확인하고, 물건을 버리지 못하고 쌓아놓고, 복잡한 의
　식(발걸음 수를 세는 것과 같은)을 치른다. 의식을 치르지 못하거나
　충동이 채워지지 않을 경우 심한 불안 증세를 보인다. 기본적으로
　인지 부분에 이상이 생겼을 경우 나타난다. 환자는 자신의 행동
　이 터무니없다는 것을 알지만 멈출 수가 없다. 이는 첫 번째 뇌의
　문제일 가능성이 높다. 하지만 첫 번째 뇌가 어떤 과정을 거치지
　않고 지나칠 경우 두 번째 뇌가 광기를 일으킨다.
—**불안증**Anxiety disorder은 감정의 뇌의 이상에 기인한다. 계속 불안해

하다 논리적이거나 합리적인 이유 없이 갑자기 발작을 일으킨다. 즉 대뇌피질과 관계없이 일어나며, 논리적으로 설명할 수 없는 행동이다. 발작에는 기본적으로 심장박동 증가, 발한, 호흡 곤란, 신체 경직, 마비 등 신체 증상이 동반되며 경련 발작, 경련성 발작, 공황발작panic attacks 등으로도 불린다. 마그네슘 부족, 과호흡, 월경전 호르몬 이상 등 다양한 원인이 있지만, 현재로서는 실제 원인이 무엇이든 호르몬의 지휘자인 대뇌변연계에 태풍이 불어 다양한 신체 반응이 일어나는 것만은 확실하다고 본다.

—**공포증Phobic disorder** 불안증이 특정 대상 없이 두려움을 느끼는 것이라면, 공포증은 특정 대상, 특정 상황, 특정 생각에 대해 공포를 느끼는 것이다. 그러므로 그 대상이나 상황을 피하고 생각하지 않으려고 노력하면 불안을 해소할 수 있다. 예를 들어 쥐에 대한 공포가 있다면 쥐를 보거나 쥐에 대해 말하는 것을 피하면 된다. 폐쇄된 공간을 무서워하거나(폐소공포증claustrophobia) 사람이 많은 곳을 무서워한다면(광장공포증agoraphobia) 목욕탕 문을 열어놓고 샤워하거나 지하철 같은 넓은 공간을 피하면 된다. 특정 생각에 대해 공포를 가질 수도 있다. 예를 들어 창문으로 뛰어내리고 싶은 충동을 꾸준히 느낀다면, 방이나 사무실에 들어갔을 때 창문에서 떨어져 있거나 창문이 잘 잠겨 있는지 확인하면 된다. 불안증과 히스테리 증세가 동반된 공포증은 감정장애이자 정서장애로 보아야 하며, 두 번째 뇌의 문제에 기인한다.

—**히스테리Histeria**에 대해서는 다양한 시대에 걸쳐 수많은 심리학자와 정신과 의사들이 연구해왔고 관련 저작을 남겼다. 앙리 에는 히스테리를 이렇게 설명했다. "생각, 이미지, 무의식의 정서가 신체

적으로 과도하게 표현된 것으로, 정신운동, 감각계 혹은 자율신경계의 신체 증상으로 나타난다. 그래서 프로이트 이래 히스테리를 '전환 히스테리hysterical conversion'라고 불렀다."[1] 이 정의 하나만으로도 첫 번째 뇌와 두 번째 뇌 사이의 논법에 문제가 있다는 것을 확인할 수 있다. 여기서 두 번째 뇌는 '생각과 이미지, 무의식의 정서'를 표현하고 연출한다. 또한 '이미지'라는 단어는 우리의 언어로는 '모델'로 해석할 수 있고, 그러므로 첫 번째 뇌는 생각, 두 번째 뇌는 감정, 세 번째 뇌는 모방적 모델이라는 세 개의 뇌 논법이 성립되는 것이다.[2]

결과적으로 정신병이나 신경증의 근원이 하나의 뇌에 있는 것이 아니라 세 가지 뇌의 상호작용에 있음을 밝혀주는 새로운 정신의학이 필요하다는 것은 확실해졌다. 또한 이러한 새로운 시각을 바탕으로 진단 체계와 질병 분류 체계는 물론 치료법도 개편되어야 할 것이다.

정상 상태에서의
타인

모델로서의 타인

　　　　　　모방과 동일화는 모델을 모델로 인
식한 상태에서 모방자가 자신의 욕망, 모델의 욕망에 대한 선행권과 소
유권을 주장하지 않을 때 완벽하게 정상적인 메커니즘으로 기능할 수
있다. 샤를 아즈나부르(1924~2018, 프랑스의 국민 가수―옮긴이)나 마이
클 잭슨 같은 유명인사를 흉내 내는 사람들이 그들에게 질투를 느끼지
않는 것과 같은 이치다. 흉내 내는 동안 그들은 샤를 아즈나부르와 마
이클 잭슨이 **되어** 모델을 모방하고 모델과 자신을 동일시한다. 정치인
을 흉내 내는 사람들은 그 '평화적' 모방에 유머를 가미한다. 그래서 모
델을 그대로 재현하지 않고 자신의 목소리, 몸짓, 언어 습관을 추가해
터무니없거나 엉뚱한 말로 희화화한다.

　이러한 연극적 모방이 '정상'인 것은 있는 그대로를 보여주기 때문이
다. 모방자는 인물, 목소리, 몸짓을 계속 바꿔가며 우리도 모르게 우리
가 항상 하는 행동을 그대로 보여준다. 다시 말해 우리가 매 순간 보이

는 반응, 태도, 감정의 옷을 입기 위해 찾아가는 '인격의 옷장'을 보여준다.[1] 모방자들은 우리의 타자성과 여러 모습을 연출해서 무대에 올리는 것이다.

모델을 모델로 취한다는 것이 무슨 의미인지, 그리고 자아가 작동하고 존재하는 데 망각이 얼마나 중요한지 이해하기 위해서는 명령과 암시의 차이를 이해하는 것이 중요하다. 예를 들어 어떤 사람에게 네거리로 나가 우산을 펴라고 명령했다고 하자. 명령을 잘 수행하기 위해서는 계단을 내려갈 때부터 지정된 네거리에 도착할 때까지 명령, 명령을 내린 사람, 해야 할 일을 **기억해야 한다.** 반대로 최면 상태에서 같은 사람에게 네거리의 특정 지점에서 우산을 펴라고 암시할 경우, 그 암시가 실현되려면 자신이 네거리에서 우산을 편 행동에 놀랄 정도로 암시가 행해진 순간부터 그 암시를 잊어야 한다.

망각은 자아의 조화를 지속시키고 자아의 존재를 유지한다. 이 점에서 우리는 모두 암시를 받고 일종의 망각 속에서 기능하는 몽유병자라 할 수 있다. 망각은 우리가 살아가는 데 도움을 준다. '내가 왜 이런 행동을 했지?' 하고 자주 자문하게 만들기도 하지만, 휴식과 게으름을 선물한다. 이는 욕망의 타자성을 인식하고 자신에게 영감을 준 타인의 욕망이 선행한다는 것을 인식해야 하는 힘든 일과는 반대된다.

망각은 집단 심리에도 작용한다. 모방 에너지는 군중 속에서 개인의 자아를 밖으로 표출하면서 비대해진다. 그렇게 해서 개인의 욕망은 용해되고, 집단의 욕망에 굴복해 사라진다. 여기서 심리적 총량은 개인의 수보다 더 크다. 군중 속의 개인은 몽유 상태에 있다. 이 몽유 상태는 수면과는 전혀 상관없는 다수의 몽유 상태plural somnambulism이고, 무기력과 무감각catalepsy(최면의 두 번째 단계로, 근육이 경직되고 감각이 없어지는 상태)의 단계 없이 갑작스럽게, 그리고 한꺼번에 찾아온다. 나는 이 것이 귀스타브 르 봉Gustave Le Bon이 말한 '군중의 영혼'으로 확장된 모방이 자아를 대체하기 때문이라고 생각한다. 사회적이고 집단적인 '나로서의 자아'가 이미 존재하기 때문에, 새로운 자아가 유전적 단계를 거쳐 형성될 필요가 없는 것이다.

집단 자아의 집단 욕망은 전적으로 모방적이고, 전염성이 강하고, 거부할 수 없는 매력을 가진 불안정한 욕망이다. 다수의 몽유 상태, 욕망들의 합, 확장된 모방, 개인 자아의 해체, 바로 이것이 군중이다. 귀스타브 르 봉은 다수의 몽유 상태에서 나타나는 '임상 증세'를 다음과 같이 묘사했다. "의식적 인격이 소멸되고, 무의식적 인격이 우위를 점하고, **암시**와 **전염**으로 감정과 생각이 동일한 방향을 향하고, 암시받은 생각을 즉시 행동으로 변환하려는 경향이 군중 속 개인의 주요 특징이다. 이 개인은 더이상 자신이 아니고, 마치 자동인형처럼 자신의 의지로 움직이는 것이 불가능해진다."[2]

의지라기보다는 개인의 욕망이 우선권을 주장하지 못한다는 표현이 더 정확할 것이다. 의식심리학에 경도되고 프로이트에 열광한 르 봉은 다수의 몽유 상태를 무의식적 인격의 우세라고 정의했지만, 나는 타인의 욕망, 모방 욕망이 우위를 점한 것이라고 생각한다. 무의식은 '타인' 혹은 '타인들'이다. 반면 의식은 미래이고, 정보가 수집되고 모방이 중개되는 곳이며, 타자성이 잠시 나타났다 사라지는 임시적이고 불안정한 상태이다.

'다수의 몽유 상태'에는 진정한 몽유 상태의 기본 특징이라 할 수 있는 기억상실이 빠져 있다. 내가 알기로는, 다수의 몽유 상태에서 선택적 기억상실lacunar amnesia을 분명하게 목격한 사람은 지금까지 아무도 없었다. 그런데 필리프 드 펠리스Philippe de Felice는 군중 속의 인간을 '자신이 아닌' 인간이라고 했고[3] 르 봉은 '무의식 상태의 인간'이라고 했다. 물론 여기서 군중은 '심리학적 군중'(르 봉), '망상에 사로잡힌 군중'(드 펠리스)을 의미하는 것이지, 생라자르 기차역에서 불규칙하게 움직이는 수많은 사람들을 의미하는 것이 아니다. 심리학적 군중이 흩어지면, 그리고 '망상'이 진정되면 개인의 자아가 다시 구축되고 기억상실 현상이 나타난다. '도대체 무슨 일이 일어난 거지?'라고 자문하는 완전한 기억상실일 수도 있지만, 일반적으로는 부분적 기억상실이 나타난다. '내가 어떻게 그런 일을 할 수 있었지? 왜 내 몸에 피가 흐르고, 옷이 찢겨 있고, 먼지투성이지?' 군중 속에 있었던 개인들의 증언을 들으면 기억상실을 확인할 수 있다. 이들의 증언은 지극히 주관적이고 허구적이다. 이와 관련해 르 봉이 한 이야기를 들어보자. "집단의 증언만큼 부정확한 것은 없다. (…) 서로 다른 말들은 군중의 증언이 믿을 만한 것이 못 된다는 것을 증명한다. 수천 명의 군인이 그 유명한 세당 전투의 기병대 공격에 참여했지만, 서로 모순되는 증언이 너무 많아 기병대를 누가 지휘했는지조차 알 수가 없었다."[4]

다수의 몽유 상태에서도 개인의 경우에 나타나는 것만큼 완전하지는 않지만 기억상실이 실재한다. 이 기억상실은 기억장애처럼 거짓 기억이나 허구로 대체된다.

그러므로 수면 상태나 의식 상태의 변화로 최면과 몽유 현상을 이해하거나 그것들이 왜 존재하는지 설명하려 해도 소용없다. 개인이나 집단의 최면과 몽유 상태를 결정하는 것은 오로지 모방이다.

그렇다면 우리는 왜 평화로운 망각에 머무르지 않는가? 그것은 망각 상태에 있으려면 언제나 모델이 모델로 머물러 있어야 한다는 사실이

2장 ___ 모방은 정신에 어떻게 작용할까

전제되어야 하기 때문이다. 모델이 조금만 저항해도 모델은 경쟁자 혹은 장애물로 변하고, 우리는 신경증이나 정신병에 빠지게 된다. 망각 상태는 자아 간 관계의 에덴동산과 같은 모습을 하고 있다. 물론 이 에덴동산은 모방 관계가 경쟁 관계로 발전해서 아담과 이브가 쫓겨나기 전의 에덴동산이다.

망각은 자아가 형성되는 과정을 지배한다. 아담과 이브는 신이 숨을 불어넣어 자신들을 만들 때를 기억하지 못한다. 우리도 부모로부터 말하고 걷고 밥 먹는 것을 배우고 부모의 욕망으로 현재의 우리가 빚어질 때를, 그 모방의 과정을 기억하지 못한다.

그런데 경쟁자, 반대자 혹은 장애물이 생기면 갑작스럽게 경보가 울린다. 이 경보는 창세기에서 아담과 이브가 하루아침에 에덴동산에서 쫓겨나 고난과 갈등의 세계에 던져지는 것으로 상징된다. 그렇다면 경쟁자나 장애물이 무엇인지 설명할 필요가 있다. 경쟁자와 장애물을 설명하고 나의 욕망이 '나의 것'이었을 때인 에덴동산의 상태로 다시 돌아가기 위해서는, 내 욕망의 타자성과 타인의 욕망의 선행성을 적극적으로 부정해야 한다.

에덴동산의 상태, 낙원의 상태는 모델과 자신의 차이, 그리고 모델의 욕망의 선행성을 인식함으로써 특징지어진다. 말 못하는 어린아이는 부모를 모델로 삼아 모방하고, 단어를 반복해 말하면서 언어에 접근한다. 아기가 처음 '아빠', '엄마'라는 말을 할 때 부모는 감격하고 큰 기쁨을 얻는다. 아기 역시 뽀뽀 세례로 축하를 받는다. 아기는 그렇게 모델을 복사하고, 모델은 복사되기를 원하며, 학습이 이루어진다. 시간이 흐르면 아기는 더이상 말을 더듬지 않고 자연스럽게 '자신의' 말을 하고, 자기가 하는 특정 표현, 특정 몸짓 혹은 태도, 버릇을 부모에게 배웠는지,

오빠나 누나에게 배웠는지, 아니면 선생님에게 배웠는지 잊어버린다. 여기서 탈취는 모델이 동의하고 원하는 것이기 때문에 정상적이고 평화로운 방식으로 이루어지고, 탈취의 원천에 대한 망각은 자아의 존재를 평화롭게 유지시킨다.

모방imitation은 기본적으로 모델의 외형(몸짓, 행동, 반응, 말하는 방식 등)을 모방하는 반면, 미메시스mimesis(재현)는 모델의 존재 자체를 모방한다. 수많은 학자들이 이것을 '동일화'라고 불렀고, 이 동일화가 심리학에서 중요한 자리를 차지한다는 것에 모두가 동의한다. 나는 동일화가 우리가 생각하는 것보다 훨씬 더 중요하다고 생각한다. 왜냐하면 그것이 탈취 **미메시스**로 인해 나타나는 갈등을 피하게 해주는 생리적이고 정상적인 현상이고, '치료'의 과정이기 때문이다. 모델과 동일화하면 모델이 소유한 것을 빼앗지 못해도 위안을 얻을 수 있다. 왜냐하면 내가 모델이기 때문이다.

장인들의 도제 수업이 좋은 예이다. 견습생은 자신에게 기술을 전수해주는 스승의 우월성을 인정한다. 그렇게 해서 성당 건축 기술이 몇 세기를 거쳐 전해질 수 있었다. 자신의 욕망을 스승의 욕망과 동일시하고, 자신을 극복하고, 나아가 스승을 뛰어넘고자 하는 노력은 원석과 원목의 성질을 뛰어넘는 생산물을 만들어낸다. 이 과정에서 일어나는 견습생의 심리 변화는 사람 자체를 변화시킨다. 자신의 손안에 있는 원석을 다듬고 변형하면서 자신도 새로운 사람으로 태어나는 것이다.

여기서 흥미로운 현상 하나를 소개하겠다. 신경질환, 특히 치매를 앓는 환자들 중에는 의사의 질문에 대답하지 못하고 질문을 반복하는 환자들이 있다. 의사가 "어떠세요?"라고 물으면 환자는 대답 대신 "어떠세요?"라고 의사의 질문을 따라 한다. 이는 반향언어증echolalia이라고 불리는 것으로, 종종 반향동작증echopraxia(행동의 반복과 모방)이 수반되기도 한다. 피에르 자네는 강경증強硬症, catalepsy(긴장형 조현병에 나타나는 정신 증상 중 하나로, 자신의 의지와 상관없이 무리한 자세가 유지되는 상태—옮긴이) 상태에서 같은 현상을 관찰하기도 했다.[5]

이는 첫 번째 뇌가 신경증이나 최면으로 인해 제대로 작동하지 못할 경우 세 번째 뇌가 첫 번째 뇌의 영향에서 벗어난다는 것을 보여준다. 그리하여 환자는 암시(말이나 행동)를 모방하는 것 외에는 아무런 반응도 보이지 않는다.

어떤 신경증에서는 두 번째 뇌가 자동적으로 작동해 '경련적' 웃음이나 울음을 만들어내는 경우가 있다. 어떤 감정적·인지적 이해도 없이 두 번째 뇌만 기계적으로 작동하는 것이다.

결론적으로 말하자면, 세 개의 뇌는 수십억 개의 신경(뉴런)으로 얽히고 연결된 채 지속적으로 상호 관계를 맺는다. 새로운 정신의학은 이 관계에 관심을 집중해야 한다. 그리하여 세 개의 뇌 중 어느 뇌에 문제가 생겨 정신장애가 생겼는지 판단하고, 인지, 감정, 모방 중에서 목표를 정해 가장 적합한 치료법과 치료약을 정할 필요가 있다.

세 개의 뇌가 긴밀하게 연결되어 있다는 사실은 다음 일화로도 증명할 수 있다. 어니스트 로시Ernest Rossi 교수는 자신의 이름을 딴 새로운 최면술과 심리 치료 기술을 개발한 위대한 정신과 의사 밀턴 에릭슨Milton Erickson의 동료이자 친구이다. 나는 로시 교수를 소르본 대학에 초청해 심리학 박사 과정 학생들 앞에서 시범을 보여달라고 부탁했다. 이때 지원자 한 명이 필요했는데, 내 지도하에 논문을 쓰고 있는 뛰어난 학생 프랑수아즈가 하기로 했다. 로시 교수는 새로운 최면 유도 기술을 이용해 최면을 시작했다. 로시 교수와 나는 프랑수아즈의 양옆에 자리하고 로시 교수가 영어로 말하면 나는 그가 한 말을 최대한 그대로 통역해주었다. 프랑수아즈는 영어를 못했고 로시 교수는 프랑스어를 못했다. 최면 상태에서 프랑수아즈는 어떤 부분에서 '막혀' 글을 끝내지 못해 괴롭다고 말했다. 나는 그것이 논문 이야기라는 것을 알고 있었다. 하지만 아무 말도 하지 않고 로시 교수가 하는 말을 충실히 통역했다.

"당신의 무의식이 문제의 해결책을 찾아주어 글을 끝낼 수 있게 해줄 겁니다."

그 말을 듣고 있던 프랑수아즈가 갑자기 최면에서 깨어나 극도의 불안 증세를 보였다. 당황한 로시 교수와 나는 프랑수아즈를 진정시키려고 최면 상태에서 있었던 일, 다시 말해 그녀가 기억하지 못하는 일을 이야기해주었다. 그러자 프랑수아즈가 소리를 질렀다.

"지금 제정신이세요! 무의식은 절대 나를 도울 수 없어요. 소용없다고요……."

프랑수아즈는 몇 년 전부터 정신분석학도 함께 공부하고 있었다. 그녀에게 무의식은 프로이트의 무의식으로, 첫 번째 뇌에 기록된 억압의 저장고이며 문제의 근원이었다. 하지만 로시 교수가 말한 무의식은 에릭슨의 무의식으로, 환자가 힘든 상황에 처했을 때 구원해주는 수호천사이자 보호자이다. 그런데 이 두 무의식이 프랑수아즈 안에서 충돌했다. 로시 교수의 암시에 강한 충격을 받은 첫 번째 뇌가 두 번째 뇌에 경고를 보내 극단적인 불안 반응을 보이게 했고, 첫 번째와 두 번째 뇌는 최면의 자아 간 관계를 끊도록 세 번째 뇌에 명령했다.

프랑수아즈의 경우에서 보았듯이, 어떤 최면술사도 최면 상태의 환자에게 환자의 원칙이나 믿음과 반대되는 행동을 하게 만들 수는 없다. 이 놀라운 현상은 세 개의 뇌가 지속적으로 서로 반응한다는 것, 특정 정신장애나 신경증, 정신병은 기질적 이유에서건 심인적 이유에서건 세 뇌 중 하나가 나머지 뇌들로부터 떨어져 나와 자율적으로 작동하는 데 서 기인한다는 것을 잘 보여준다.

경쟁자로서의 타인

경쟁 관계에서 모델이 상대에게도 모델일 경우, 경쟁 관계는 경쟁을 인정하는 것으로부터 전개된다. N과 N'의 부정 뒤에 숨지도 않고, 욕망의 소유권이나 타인의 욕망에 대한 자기 욕망의 선행성을 주장하지도 않는다. 이 경우를 나는 '건설적' 경 쟁이라고 부른다. 이 경쟁은 서로를 파괴하지 않고 서로의 야망의 한계 를 넓혀준다.

예를 들어 육상 선수나 수영 선수는 100미터 랩타임을 줄이면서 자 신의 기록을 깨려고 노력한다. 이때 선수는 경쟁자가 존재하는 것을 인 식하지만, 동시에 그 경쟁자는 자신의 코치, 즉 이기도록 경쟁자를 훈 련시켜 더 좋은 성적을 내도록 독려하는 코치라는 것 역시 인정한다. 이는 '경쟁자'를 쓰러뜨리는 대신 자신의 실력 향상에 에너지를 집중시 키는 경쟁 형태이다.

하지만 권투 같은 운동은 다르지 않은가 하는 생각이 들지도 모른 다. 물론이다. 권투는 두 선수가 싸워 실력이 뛰어난 선수가 이기는 게 임이다. 상대 선수를 KO승으로 이겨 실력을 인정받는다. 하지만 권투 에서도 일단 시합이 끝나면 두 번째 뇌가 경쟁자를 모델로 변환시켜 존경과 우정이 형성되고 두 선수를 친구로 만들 수 있다. 〈로키 2〉에서 그런 일이 일어났다. 젊은 로키는 베테랑 권투 선수 아폴로 크리드를 존경해서 그에 뒤지지 않는 선수가 되기 위해 열심히 연습한다. 로키의 그런 모습에 감동받은 아폴로는 젊은 로키와의 권투 경기를 받아들여 로키를 자신의 위치로 격상시켜주었다. 로키가 경기에서 승리했지만 아폴로에 대한 로키의 존경과 로키에 대한 아폴로의 애정은 시합 후에도 지속되고, 나아가 아폴로가 로키의 새 코치가 되면서 둘의 관계가 더욱 강화된다. 르네 지라르의 저서에서 말하는 비관주의와는 달리, 경쟁자가 적이 되지 않고 의연한 행동과 성숙한 감정을 보여주면서 상황이 신사적으로 마무리되었다는 점에서 이 이야기는 훌륭하다.[6]

예술 분야에서도 같은 현상을 목격할 수 있다. 플라톤은 예술가들, 특히 화가들을 자연의 모방자로 생각했다. 화가, 조각가, 음악가, 작가들의 세대를 이어가는 모방은 연속적으로 영감을 준다고 앞서 말한 바 있다. 이들은 언제나 모델을 모델로 여기고 선임자의 욕망이 자신의 욕망의 모델이었다고 인정하면서, 선임자의 영감에서 출발한 새로운 작품을 만들어낸다. 그렇기 때문에 미술이나 음악, 문학에 역사가 있는 것이다. 모방과 변화가 없다면 역사의 연속성은 유지되지 않을 것이다.

음악의 역사에서도 상호적으로 생성되는 움직임을 목격할 수 있다. 브람스는 자신의 교향곡 1번에 대해 "베토벤의 무겁고 힘찬 발걸음이 내 음악의 정원을 걸어다닌다"고 말했다.

반대되는 예를 들자면, 모델을 부인하고 모델의 욕망이 자기 욕망의 원천임을 부인한 낭만주의 시인들의 일탈이 있다. 낭만주의 시인들은 광적으로 독창성을 주장했다. 그리고 이 같은 독창성에 대한 주장은 종종 원망의 온상이 된다. 그 덕분에 훌륭한 작품이 탄생하더라도 작가 혹은 예술가는 늘 불행의 나락으로 떨어진다.[7]

이 같은 예를 통해 나는 세 번째 뇌의 모방이 우리도 모르는 사이

2장 ___ 모방은 정신에 어떻게 작용할까

에 모델에서 경쟁자로, 그리고 장애물로 움직인다는 것을 분명히 하고자 한다. 욕망 역시 타인의 욕망에서 영감을 받았음을 인정하는 것에서 자기 욕망의 선행성을 주장하는 쪽으로 부지불식간에 옮겨간다. 자아 역시 자신이 욕망의 주인이라고 주장하지 않는 경우가 드물고, 자기 욕망에 대한 소유권을 격렬하게 주장하면서 점차 신경병이나 정신병으로 옮아간다. 그러므로 모방적 정신병리 현상은 역동적으로 전개되는 동영상과 같아진다. 각기 다른 순간에 진행되는 장면들을 사진처럼 포착해서 보면 신경증이나 정신병의 '구조'를 확인할 수 있다. 그것을 일종의 이동촬영travelling처럼 보면 어떨까. 즉 모든 것이 연속적이지만, 스틸사진을 보면 자아 간 관계가 고정된 형태의 신경증과 정신병을 볼 수 있는 것이다.

세 번째 뇌가 모델을 경쟁자로 보았을 때, 정상적인 상황이라면 제자는 자신이 모방한 모델의 욕망이 우월하고 선행한다는 것을 인정한다. 그리고 모델의 업적은 제자인 자신이 극복해야 할 도전이 된다. 이때 제자에게는 모델과 똑같이 행동하고 싶어하고 나아가 더 잘하고 싶어하는 일종의 동일화 현상이 나타난다. 거기서부터 두 번째 뇌는 모델에 대한 존경, 애정, 그리고 모델과 경쟁하는 것에 대한 기쁨, 행복이라는 긍정적인 감정을 만들어낸다. 이 같은 사실은 국제 테니스 대회 같은 데서 분명하게 확인할 수 있다. 결승전에서 맞붙은 세계적인 두 선수는 서로를 존경한다. 그러므로 이때 첫 번째 뇌는 경쟁 관계를 합리화할 필요 없이 관리 감독(시간, 준비, 조직, 이동 등)만 하면서 경쟁을 받아들이면 된다.

르네 지라르가 프로이트와 레비스트로스Claude Lévi-Strausse의 작품을 비평적으로 분석했을 때도 마찬가지였다. 위대한 이 두 사상가는 지라르에게 영감의 원천인 동시에 경쟁의 원천이기도 했다. 그는 이 사상가들을 존경하고 존중하면서 다른 시각의 민족학적·심리학적 현실을 제시했다. 여기서 나는, 12세기의 플라톤주의 철학자 베르나르 드 샤르트르Bernard de Chartres가 처음 말했고, 후대에 뉴턴이 다시 인용한 훌륭한 메타포를 언급하고자 한다. "나는 스승보다 멀리 보았다. 난쟁이지만 거인의 어깨 위에 앉아 있었기 때문이다."

그러나 이 같은 시각이 지닌 또다른 면에 주목할 필요가 있다. 모델의 욕망이 선행한다는 것을 인정하면서도 자신의 욕망이 다른 추종자들보다 모델의 욕망에 더 부합한다고 주장할 수 있다는 점이 바로 그것이다. 그리하여 예컨대 나는 신경과학과 발달심리학 분야의 새로운 발견과 발전에 도움을 받아 새로운 초심리학이 구축되기를 희망하고 있다. 이 점에서 나의 욕망은 인간 행동의 동기를 이해하고자 하는 프로이트의 욕망과 전적으로 일치한다. 내가 추구하는 것이 바로 그것이기 때문이다. 그런데 정신분석가들은 프로이트의 주장, 저작, 분석을 모방하면서도 절대로 자신의 욕망을 심리 메커니즘의 현실을 발견하려는 프로이트의 욕망에 통합시키려 하지는 않는다. 새로운 것을 발견하고자 하는 진정한 욕망 없이 프로이트의 가르침과 결론만 복사하고 있는 것이다.

바로 이 지점에서 세 번째 뇌와 두 번째 뇌 사이의 정교한 균형이 중요하다는 것을 알 수 있다. 예컨대 자신보다 실력이 더 뛰어난 운동선수가 있다고 하자. 경쟁자를 좋아하고 욕망을 받아들이고 모델로 삼으면 자신의 실력을 향상시킬 수 있지만, 경쟁자를 질투하고 부러워하기만 하면 모방 경쟁 때문에 괴로울 뿐더러 자신의 실력도 향상시키지 못한다. 경쟁자에게 존경과 우정을 갖고 경쟁자를 모델로 삼았을 때 얻을

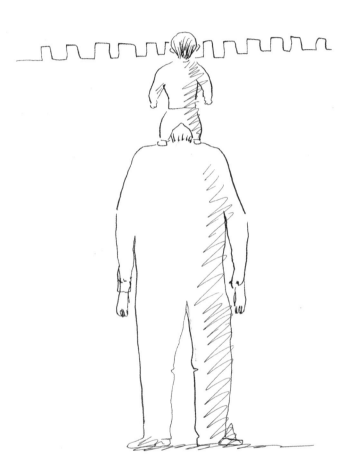

"나는 스승보다 멀리 보았다.
난쟁이지만 거인의 어깨 위에 앉아 있었기 때문이다."

수 있는 긍정적인 연쇄반응 효과를 누리지 못하는 것이다. 그리하여 자기 욕망의 타자성을 인정한다 해도 질투와 시기가 자신을 약화시키고 자신의 발전을 막는다. 이상하게도 경쟁자를 질투하면 긍정적 모방의 길이 가로막힌다.

마지막으로, 경쟁은 잠재된 폭력 혹은 복수일 수도 있다. 이는 그리스 비극과 『르 시드 Le Cid』(프랑스의 극작가 코르네유가 지은 운문 비극. 스페인의 영웅 엘시드의 이야기—옮긴이)의 주제이기도 하다. 영웅이 자기 복수의 대상이 되는 모델을 존경하고 찬양할지라도, 복수를 하기 위해서는 모델과 싸워야 하고 그를 적수로 여기고 죽여야 한다. 영웅은 이를 한탄하고, 두 번째 뇌는 불만을 터뜨린다.

> 부당한 싸움을 해야 하는 애처로운 복수자,
> 부당한 엄격함에 희생되는 불행한 자.
> 내 몸은 옴짝달싹 못 하고, 낙담한 내 영혼은
> 나를 절망케 하는 충격에 무릎을 꿇는구나.[8]

경쟁자와 싸울 수 있으면 어떻게든 해볼 수 있지만, 싸울 수조차 없는 경쟁자도 있다. 이 경우 모델은 경쟁자에서 장애물로 변한다. 제임스 조이스의 단편 「망자 The deads」[9]가 좋은 예이다. 파티가 끝나고 호텔로 돌아온 가브리엘과 그레타 부부는 포옹을 한다. 그레타는 자신에 대한 남편 가브리엘의 욕망을 느끼고 기분이 좋아지고, 남편을 받아들이는 듯하다. 가브리엘 역시 왜 진작 아내의 좋은 기분을 이용하지 않았을까 하는 생각이 들 정도로 '승리'를 확신한다. 그런데 그레타가 뭔가 다른 생각을 하고 있는 것 같아 그는 무슨 생각을 하느냐고 묻는다. 누군가

2장 —— 모방은 정신에 어떻게 작용할까

에게 다짜고짜 무슨 생각을 하느냐고 물으면 예상치 못한 답변을 들을 위험을 감수해야 한다. 그레타는 방금 같이 들은 노래를 생각하고 있다고 말하고는 남편에게서 떨어져 침대에 얼굴을 파묻는다.

아내의 뜻밖의 행동에 놀란 가브리엘은 그녀에게 다가가 왜 우느냐고 묻는다. 그레타는 누군가가 생각나서 그런다고 대답한다. 가브리엘은 그 사람이 누구냐고 묻고, 예전에 골웨이에서 알았던 사람이라는 대답을 듣는다. 예기치 못한 경쟁자의 출현에 화가 난 가브리엘은 그 사람을 좋아했느냐고 빈정거리며 묻는다. 그러자 그레타는 "그의 이름은 마이클 퓨리예요. 〈오림의 처녀The Lass of Aughrim〉(아일랜드 민요—옮긴이)를 즐겨 불렀는데 몸이 많이 아팠어요"라고 대답한다. 그레타의 대답에 가브리엘은 어찌해야 할지 모르지만 자신이 '아픈' 소년을 신경 쓰고 있다는 사실을 들킬까 봐 걱정한다. 그레타는 잠시 말을 멈추었다가 가브리엘을 당황하게 만드는 말을 한다. "크고 검은 눈을 가진 아이였어요. 눈으로 많은 말을 했죠." 가브리엘은 골웨이에서 그레타가 마이클이라는 소년과 함께 산책을 했다는 사실도 안다. 그레타가 그에게 여행을 가자고 한 곳이 바로 그곳이었다. 그를 보기 위해 그곳에 가자고 했던 걸까? 그러나 그레타의 대답은 그를 완전히 무너뜨린다. "그는 죽었어요. 열일곱의 나이에 말이에요."

가브리엘은 아무렇지 않게 행동하고 싶지만 마음대로 되지 않아 부끄럽고, 아내가 자신을 다른 남자와 비교했다고 생각하니 죽고 싶다. 하지만 포기하지 않고 계속 묻는다. "그 어린 나이에 왜 죽었지?" 그레타는 가브리엘에게 최후의 일격을 날린다. "나 때문에 죽었어요." 가브리엘은 패배한다. 죽어서 존재하지 않는 데다 그레타를 위해 목숨까지 바친 경쟁자를 어떻게 이길 수 있겠는가. 죽은 경쟁자는 싸우지 않고 승리하고, 이제 가브리엘은 어린 마이클 퓨리가 아내와 자신 사이에 극복할 수 없는 장애물로 자리하는 것을 걱정해야 한다. 영원하거나 절대적인 욕망은 비극적이다. 자신과 모델-경쟁자 사이의 메울 수 없는 간극을 인정하고 모델에 절대 다가설 수 없다는 것을 깨달으면 모델은 장애물이 된다.

장애물로서의 타인

항상 존재하기 때문에 극복할 수 없는 경쟁자인 장애물에 대한 '정상적'인 태도는, 경쟁하려는 욕망을 포기하고 자신의 한계와 사회가 부과한 한계(이를테면 법)를 받아들이면서 자신의 욕망을 건설적인 방향으로 돌리는 것이다. 포기는 모든 계급 사회의 기초를 이룬다. 욕망의 불가능성을 보여주기 때문이다. 장애물은 절대적이다. 중개자는 눈앞에 있긴 하지만 언제나 외적 중개자에 머무른다.

루이 14세 시절 마자랭 수상 밑에서 재무상을 지낸 콜베르Jean-Baptiste Colbert의 예를 들어보자. 그는 엄청난 권력이 있었지만 결코 공작이 되려 하거나 막강한 귀족들과 경쟁하지 않았다. 귀족, 성직자, 평민으로 구성된 앙시앵레짐(구체제)에서 평민계급에 속한 사람은 꿈에서도 귀족 작위를 꿈꿀 수 없기 때문이었다. 아무리 훌륭하고 막대한 권력을 가진 사람이어도 왕은 극복할 수 없는 장애물이었다. 왕의 눈에 경쟁자로 보이게 되는 날에는 바스티유 감옥에 갇혔다. 가문의 좌우명이 '오르지 못할 곳은 없다Quo non ascendet'였던 재무상 니콜라 푸케Nicolas Fouquet의 경우가 그랬다. 루이 14세는 마자랭 수상 이후 푸케가 자신이

2장 ____ 모방은 정신에 어떻게 작용할까

차지하게 될 거라 예상했던 수상 자리를 없애버림으로써 그가 오를 수 있는 최고의 자리가 어디까지인지 분명하게 상기시켜주었다. 또다른 왕 샤를 7세는 자신의 재산 관리인이었던 자크 쾨르Jacques Coeur의 어마어마한 부를 시기해서 그를 국왕 모욕죄로 투옥하고 재산까지 몰수했다. 두 사람의 관계는 장 크리스토프 뤼팽Jean-Christophe Rufin의 소설 『위대한 쾨르』에 잘 묘사되어 있다.[10]

왕을 비롯해 수많은 귀족의 목숨을 앗아간 프랑스 혁명조차 귀족 작위를 완전히 없애지는 못했다. 계급사회는 어디나 그렇다. 욕망의 한계가 이미 법으로 정해져 있어 개인으로서는 어쩔 도리가 없는 것이다.

개인 역시 마찬가지다. 부모의 금지 명령이 토론의 대상이나 협상의 대상이 아닌, 피해 갈 수 없고 극복할 수 없는 명령임을 보여주지 않으면 아이를 훈육할 수 없다. 그런데 오늘날의 부모들은 금지하는 부모가 되기를 포기하고 아이의 경쟁자가 되는 경향이 있다. 그러면 교육은 아이에게 재앙이 되고 부모에게는 지옥이 된다. 부모가 경쟁자 위치에 서면 아이와 같은 수준에 있게 되기 때문에 뭔가를 요구하거나 결정을 내릴 때 아이에게 합리화를 해야 하고, 더 나아가 결정한 것을 실행할 때 아이와 협상을 해야 한다. 지금도 이런 일이 도처에서 날마다 벌어지고 있다.

에덴동산에서도 같은 일이 벌어졌다. 아담과 이브는 금지된 열매가 먹고 싶어서 '아버지'인 신을 소환해 왜 자신들에게 그 열매를 먹는 것을 금지했는지 이유를 설명하라고 요구했다. 경쟁은 권위의 약화나 소멸로 이어지는 사회적 몰락의 산물이다. 권위를 정당화해야 하는 순간부터 아버지는 아들과 같은 위치로 내려오고, 아들이 경쟁 관계에 들어오도록 허락하게 된다. 오이디푸스 신화에서 마차에 타고 있던 라이

오늘날의 부모들은 금지하는 부모가 되기를 포기하고
아이의 경쟁자가 되는 경향이 있다.
그러면 교육은 아이에게 재앙이 되고
부모에게는 지옥이 된다.

오스는 채찍을 휘둘러 오이디푸스가 길에서 비켜나게 함으로써 아들과 같은 위치에 서게 되고, 결국에는 아들에게 죽임을 당한다. 만약 라이 오스가 위엄을 보이며 "젊은이, 나는 왕이고 자네의 아버지 나이일세. 그러니 길에서 비키도록 하게"라고 말했다면 오이디푸스는 결코 그에게 달려들지 않았을 것이다. 라이오스는 권위를 폭력으로 대체하여 자신의 명예를 실추시켰다.

이 신화를 통해 우리는 장애물, 그리고 금지 명령을 내리는 외적 중개자에게 폭력으로 대적할 수 없다는 것을 알 수 있다. 아담과 이브는 반항했지만 그 대가로 벌을 받았고, 그 후로는 신에게 감히 대적하려는 생각을 하지 못했다. 금지 명령을 어겼을 때 두 번째 뇌는 공포, 후회, 부끄러움의 감정, 한마디로 죄책감을 만들어낸다. 죄책감은 금지에 불복종하는 모방적 행위에 대한 두 번째 뇌의 반응이다. 장애물의 눈길에서 벗어나 교묘히 피해 갈 수 있다고 생각한 모방적 행위에 대한 반응인 것이다.

심각하게 여겨지지 않고 어겼을 때 죄책감을 불러일으키지 않는 금지도 있다. 내 환자 한 명이 새벽 한 시에 귀가하면서 빨간 신호등에 멈추지 않고 그냥 지나친 적이 있다. 그런데 놀랍게도 어디선가 경찰관 한 명이 나타나 그의 차를 세우고는 이렇게 말했다.

"빨간 신호 못 보셨습니까?"

그러자 그는 이렇게 대답했다.

"봤어요. 하지만 경관님은 못 봤는데요."

이 경우 금지를 어긴 것은 죄책감으로 이어지지 않고, 두 번째 뇌는 환희의 반응을 보인다. 그러다 위반이 발각되고 처벌이 가시화되었을 때 비로소 후회로 변한다.

반대로 우리 내면에 너무 깊이 뿌리박혀 있어 발각되지 않아도 후회하게 되는 금지도 있다. 프로이트는 금지하는 이 외적 중개자를 '초자아'라고 불렀다. 초자아는 불복종하는 사람의 머릿속에 자리잡고 외부의 개입 없이도 그 사람을 불행하게 만들고 죄책감에 휩싸이게 한다. 『죄와 벌』의 라스콜니코프의 경우가 그렇다. 주인공의 초자아는 마음의 평화를 위해 주인공으로 하여금 발각되기도 전에 범죄를 고백하게 한다. 도스토옙스키의 작품에서 초자아는 기독교 전통에서 말하는 '양심', 즉 십계명, 신이 금한 것, 마지막 심판과 혼동되어 사용된다. 도스토옙스키의 작품에 녹아 있는 죄책감은 유대-기독교 역사를 따라 흐르는 개념이다. 반대로 조나탕 리텔Jonathan Littell의 소설 『착한 여신들』에 나오는 악랄한 살인자는 초자아, 믿음, 기독교에서 말하는 '양심'이 없는 사람으로, 범죄를 저지르면서 얻은 온갖 이익을 누리며 평온하게 산다. 자신의 범죄가 밝혀지고 경찰이 자신을 쫓고 있다는 것을 알고도 그는 불안이나 일말의 죄책감을 느끼지 않는다.

프로이트가 말하는 '아버지'는 한 사람의 일생 동안 초자아로 표상되는, 절대적이고 극복 불가능한 장애물이었지만 이제는 사라지고 없다. 우리 사회는 위반 가능한 것들을 모두 예측해서 모든 분야에서 법규와 규칙을 무수히 늘렸지만, 초자아는 '아버지'와 함께 사라져버린 듯하다. 사법은 소음에 둘러싸인 협상, 논란, 궤변의 장이 되었다. 양측 변호사는 모든 주장에 반대 주장을 내놓는다. 사법의 정의는 아버지의 절대적 명령과 권위를 대체할 수 없다는 것이 밝혀지면서 법 만능주의 속에서 힘을 잃어가고 있다.

나폴레옹이 남긴 유명한 말은 장애물로서의 모델을 부정하는 전형적인 선언이다. "프랑스어에 불가능이란 없다." 나폴레옹의 이 말은 장애물을 보지 않으려 하고 "금지하는 것을 금지한다"고 말한 프랑스인의 집단 무의식을 단적으로 보여준다.

3

신경증 상태에서의 타인

모델로서의 타인

첫 사례는 **허언증**이다. 허언증은 목적을 가지고 병적으로 거짓말을 하는 것으로, 편집성 망상paraphrenia과는 달리 환자 자신도 자신이 하는 말을 믿지 않는다. 사업가인 척하며 사실과 전혀 다른 거짓말을 하는 사람이 있다고 하자. 이 사람은 자신의 가치를 높여줄 모델과 자신을 동일화하고, 모델의 욕망을 순간적으로 차용하는 형태로 소유한다. 하지만 그것은 자신이 모델의 욕망을 소유하고 있다고 망상하는 것이 아니라 제3자에게 들려주기 위한 차용이다. 결과적으로 허언증은 자신의 가치 상승을 위한 속임수의 한 형태라 할 수 있다.

가장성 장애factitious disorder(꾀병)의 경우는 더욱 심각하다. 환자는 오로지 자신이 병자, 즉 희생자라는 것을 보여줄 목적으로 상처를 내서 자신이 하는 말을 믿게 한다. 상처는 주위의 관심을 끌고 위로받고 주인공이 되기 위한 방법으로, 자신이 하는 말의 사실성을 입증하기 위

2장 ____ 모방은 정신에 어떻게 작용할까

한 것에 불과하다. 그러므로 가장성 장애에는 자해가 동반된다. 그런 이유로 자해는 실제로는 가장성 장애의 증상이지만 정신병의 증상으로 잘못 진단되기도 한다.

가장성 장애를 앓는 환자는 의사, 특히 외과 의사를 이용해 자신이 아프다는 것을 증명하려 한다. 뮌하우젠 증후군Münchausen syndrome(신체적 징후나 증상을 의도적으로 만들어내 관심과 동정을 끌어내는 정신과적 질환으로, 1951년 미국의 정신과 의사 리처드 애셔가 처음으로 이 증상을 설명했다. 허풍과 과장이 심했던 18세기 독일의 군인 폰 뮌하우젠 남작의 이름에서 명칭을 따왔다―옮긴이)이 있는 환자는 수술을 받기 위해 장폐색 증상을 허위로 호소하기도 한다.

마지막으로 몸에 성흔聖痕, stigmata을 만드는 환자의 경우도 빼놓을 수 없다. 이들은 예수의 상처를 모방해 자신의 신체에 예수의 수난을 표현하고 자신의 믿음이 예수의 욕망이라고 주장한다. 매우 희귀한 증상으로 모방의 힘이 무척이나 크다는 것, 그리고 데카르트의 생각과는 반대로 정신과 몸이 절대적으로 통합되어 있다는 것을 증명하는 현상이다. 예수의 수난은 수세기 동안 화가들이 그림으로 묘사하고 차용해왔는데, 살아 있는 사람의 몸에도 성흔의 모습으로 나타난 것이다. 이 표상은 자신의 가치를 높이는 동시에, 말할 것도 없이 매우 연극적이다. 신경증의 전형적인 증상인 연극성은 신경증이 기본적으로 두 번째 뇌, 다시 말해 감정과 감성의 옷장에서 옷을 찾아 입는다는 것을 말해준다.

정신 분석가들은 항상 신경증 연극의 첫째 줄에 앉아 여러 상징을 끊임없이 분석하고, 시간을 거슬러 올라가 환자의 이야기에서 역사적 의미나 인과관계를 찾아내려고 애쓰면서 매우 열정적인 보고서를 작성한다. 하지만 나는 배우들이 어떤 의상을 입었든, 연극이 어떻게 연출되었든, 문제는 항상 N에서의 자아 주장이라고 생각한다.

—허언증의 경우 '배우'는 대사를 읊는 동안 자신을 돋보이게 하고 상대에게 깊은 인상을 심어주기 위해 인물의 욕망에 동화된다. 신경증 증세는 말을 하는 동안 나타난다.

—가장성 장애에서는 아프고 싶은 욕망, 병이 나고 싶은 욕망 때문에 광기로 치닫고 피를 보게 된다. 환자는 자신이 아프다는 것을 사람들이 믿게 하기 위해 고통을 감내한다. 그러나 병이 나고 싶은 욕망이 진짜인 반면, 의사에게 병을 고쳐달라고 요구하면서도 계속 아프기 위해 수단과 방법을 가리지 않기 때문에 치료가 소용없고 병이 부정된다는 점에서 역설적이다. 이러한 행동이 신경증인 이유는 환자가 마음속 깊은 곳에서는 자신이 아프지 않다는 것을 알고 있고, 자신이 앓고 있는 병이 타인에게 보여주고 싶은 이미지일 뿐이라는 것도 알고 있기 때문이다. 이때 의사는 환자에게 환자 자신이 앓고 있다고 주장하는 병을 앓고 있지 않으며, 실제로 앓고 있는 병은 아프고 싶어하는 욕망이라는 것을 인식시켜야 한다.

—몸에 성흔을 만드는 사람들은 모델의 욕망을 강력하게 자신의 것으로 만들어 모델처럼 고통받고 싶어한다. 실제로 상처에서 피를 흘리기도 한다. 하지만 이들은 절대로 자신을 예수로 생각하지 않으며, 자신의 상처가 모델의 상처를 모방한 것이라는 사실도 알고 있다. 반면 망상증 환자는 자신을 예수로 여기고 절대 몸에 상처를 내지 않는다. 여기서 신학 이론을 논할 생각은 없지만, 이는 예수가 수난당하기를 원치 않았지만 받아들였다

2장 ___ 모방은 정신에 어떻게 작용할까

는 것을 의미하는 것일 수도 있다. 신학 이론을 언급한 김에 십자가 형벌의 놀라운 상징성에 잠시 주목하는 것도 흥미로울 듯하다. 십자가, 벌린 팔, 상처는 모두 뛰어난 상징이다. 자크 코라즈Jacques Corraze는 이렇게 썼다. "중세 신학자 보나벤투라는 예수의 상처는 따뜻한 낙원에서 피는 피 꽃이다, 영혼은 나비처럼 날아다니며 꽃의 피를 마신다고 말했다."[1] 예수가 십자가에 못 박혀 죽지 않고 다른 방식으로 죽었다면, 예를 들어 세례 요한처럼 목이 베여 죽었다면 수십억 기독교인들은 십자가와 같은 상징물을 갖지 못했을 것이다. 그리스도의 강생降生의 장소 선택과 십자가 고난은 신이 계획하신 일일까? 정말이지 신비롭다. 십자가의 길, 현시, 부활 등 모든 것이 너무나 성공적으로 연출되어 연출가에게 큰 박수라도 보내고 싶다.

경쟁자로서의 타인

경쟁자로 인식하는 타인에 대한 첫 반응은 두려움이다. 만약 인지되지 않고, 특정되지 않고, 알려지지 않은 경쟁자라면 두려움은 대상 없이 나타난다. 그리고 이때 불안증이 생긴다. 하지만 '무無에 대한 두려움' 혹은 '두려움에 대한 두려움'은 첫 번째 뇌에서는 받아들여지지 않는다. 첫 번째 뇌는 타인을 경쟁자로 인식하는 것을 이성적으로 설명하고, 두 번째 뇌에서 경련을 일으키며 폭발적으로 생겨나는 불안을 합리화해야 하기 때문이다.

따라서 경쟁자를 식별해야 한다. 세 번째 뇌는 당연히 경쟁자를 모른다. N'에서 경쟁자의 욕망에 대해 '나'의 소유권을 주장하기 때문이다.

이 무지와 주장이 경쟁자를 만들고 경쟁자를 찾는 것이 자아 간 심리 치료의 목표다. 하지만 이는 경쟁자의 자리에 신경증이 있는 경우이다.

처음에는 경쟁자가 특정 사물이나 동물 혹은 상황으로 표현된다. "나는 무엇을 무서워하는 사람은 아니지만 쥐와 고양이를 무서워한다. 이건 생리적이다. 그것들을 보면 혐오감이 치솟는다" 혹은 "나는 불안 감을 느끼는 사람은 아니지만 질병이 두렵다. 특히 고통받을까 봐 두렵 다". 그래서 의학 관련 서적을 열심히 읽고, 두려움을 더욱 강화하고 합 리화한다. "머리가 아프네. 뇌종양일지도 몰라." "기침이 나는데 폐암 전 조 증상이 아닐까?" 혹은 이러기도 한다. "걱정이 많은 편은 아니지만 혼자 밖에 나가거나 백화점에 가는 것이 두려워. 같이 갈 사람이 있으 면 좋겠어." 혹은 "불안한 건 아니지만 칼이나 폐쇄된 공간, 엘리베이터, 빈 공간이 무서워. 현기증이 나거든. 사다리 밑을 지나가는 것도 무서 워. 나는 미신을 믿나 봐." 이처럼 자신의 경쟁자가 누구인지 표현하는 대신 자신에게 무엇이 위협이 되는지를 표현하는 첫 반응은 불안에 대 한 방어기제로서는 발전적이라 할 수 있다. 불안을 피하려면 공포를 일 으키는 사물과 상황만 피하면 되기 때문이다.

다음 단계에 경쟁자로서의 타인은 몸의 일부 혹은 신체 기능(예를 들 어 시력이나 걸음걸이)이 타자화된 형태로 표현된다. 이 과정에서 경쟁자 는 전환 증상conversion hysteria(전환 히스테리는 기능적 신체 증상으로, 심리 현상이 신체 현상으로 바뀌는 것이다) 뒤에 숨어 있다 히스테리 발작이 일 어나는 동안 모습을 드러낸다.

『욕망이라는 이름의 모방』 4장에서 나는 히스테리에 대해 자세히 다 루었다. 나는 이 신경증의 근원이 세 번째 뇌에 있다고 결론 내렸다. 자 아 간 관계는 모델-모델, 모델-경쟁자, 사랑-증오 사이를 왕복운동하

"머리가 아프네. 뇌종양일지도 몰라."

고, 두 번째 뇌는 그처럼 요동치는 자아 간 관계를 다양한 감정과 정서로 연출한다.

신경증에 도달하기 전에, 다시 말해 경쟁자를 감추고 숨기는 연극을 연출하기 전에 중간적 상황이 나타나기도 한다.

젊은 여자가 남자친구에게 이렇게 말한다.

"너랑 헤어질래. 우리 관계가 나를 옥죄고 있어. 나는 자유, 독립, 자신감이 필요해."

그러자 남자는 이렇게 반응한다.

"가슴이 무너지는 것 같아. 내가 널 얼마나 사랑하는데! 정말 사랑해. 나만큼 널 사랑하는 사람은 세상에 없을 거야. 다른 사람이라도 생긴 거야?"

"그래. 젊고, 활동적이고, 춤추고 외출하는 것을 좋아하는 사람이야. 유머 감각도 뛰어나고. 그 사람과 함께 있으면 살아 있는 것 같아. 다시 젊어진 것 같아."

남자가 뭐라고 말해야 할지 몰라 입을 다물고 있는데, 여자가 천천히 남자의 손을 잡고 손등에 키스를 퍼붓는다.

"용서해줘. 넌 내 인생의 유일한 남자야. 앞으로도 그럴 거고. 내가 사랑한 사람은 너뿐이야. 절대 다른 남자의 손에 키스하는 일은 없을 거야……."

여자의 갑작스러운 행동에 남자는 놀라고 감동받지만 혼란스럽고 당혹스럽다. 하지만 정신을 차리고 첫 번째 뇌를 작동시켜 여자의 행동을 이성적으로 생각한 후 이렇게 소리 지른다.

"이제 알겠어! 네 안에는 두 여자가 있는 거야. 매력적이고 지적이고 이성적이고 나를 사랑하는 여자와 흥분한 야생마처럼 생각 없이 초원을 마음대로 뛰어다니고, 속도와 힘에 취하고 자유에 매료된 여자!"

남자는 이렇게 생각하고 안심했지만 현실은 그렇지 않다. 여자 안에 두 여자가 존재하는 것이 아니라, 남자와 여자 사이에 두 자아 간 관계가 존재하는 것이다. 모델이 그저 모델인 경우라면 여자는 남자를 사랑하고 존경한다. 하지만 모델이 경쟁자인 경우 여자는 남자를 거부하게 된다. 그가 이성적이고, 상냥하고, 둔하고 뚱뚱한 사람이어서 그녀 안의 야생마가 날뛰게 되기 때문이다.

이렇게 이중의 자아 간 관계가 만들어지면 신경증이 나타난다. N과 N'의 적극적인 무지와 주장은 모델-경쟁자가 물리적으로 존재하지 않는 상태에서 경쟁자가 누구인지 표시할 때만 나타난다. 이 같은 결과에 이르는 히스테리의 작동 방식은 타인을 표현하기 위해 자신의 일부를 타자화하는 것이다. 몇몇 정신병에서도 모델-경쟁자가 정신작용의 일부로 타자화되어 표현되는 것을 볼 수 있다.

모델-경쟁자가 타자화되면 세 번째 뇌의 자아 간 관계에 갈등이 생기고 모델은 경쟁자가 된다.

타자성의 역사는 히포크라테스, 플라톤, 카파도키아인 의사 아레테우스까지 거슬러 올라간다. 고대인들은 "남자와 여자 모두에게 완전히 독립적으로 작동하는 신체 기관이 있다. 이 기관은 고유의 생명이 있으며 독자적으로 행동하므로 자아나 '주체'가 거역할 수 없다"고 생각했다. 남자의 성기는 확실히 주인의 의지와 상관없이 작동한다. 성기가 주인을 끌고 다니며, 그 반대는 아니다. 또한 여자의 자궁은 나팔관과 난소로 이루어진 날개 달린 동물이라고 여겼고, 자극을 받으면 몸의 상부로 올라가 호흡 곤란, 기절, 히스테리 발작을 일으킨다고 생각했다. 신경병리학, 특히 히스테리의 역사 전반부는 환자의 의지와 상관없이 독자적으로 작동하는 일부 신체 기관의 타자화의 역사이다. 이 시각에 근거해 자기 욕망의 소유권을 주장할 수 있다. 욕망이 신체 내부에서 생겨났지만 **다른 내부 신체**에 의해 촉발된 것이기 때문에 책임이 없는 것이다.

아우구스티누스는 신이 인간을 창조했으므로 다른 내부 신체라는 개념을 신성모독으로 규정했다. 신체 기관은 문제의 근원이 될 수 없고 환자의 통제를 벗어날 수 없다는 것이다. 반면 다른 외부 신체 혹은 다양한 형태의 악마(악몽을 꾸게 하는 몽마夢魔, 잠자는 남자와 관계를 맺는 음몽마녀淫夢魔女, 마녀 등)가 환자가 모르는 사이에 환자의 의식 속에 들어가 유혹한다고 생각하는 이들도 있었다. 하지만 이런 시각은 오래가지 못했다. 악마가 외부에서 욕망을 불어넣었다는 생각은 욕망의 소유에서 자아를 배제하기 때문이었다. 그래서 17세기 우르술라회 수녀원에서 일어난 루됭의 마귀 들림 사건에 대해 잔 데 장주Jeanne des Anges 수녀원장은 오랫동안 숙고한 끝에, 마귀는 자신이 동의할 때에만 자신에게 영향을 미칠 수 있었다고 결론 내렸다. 그녀는 "나는 영향을 받았다. 하지만 내 의지로 영향받았다"고 말하면서 N에서 자신이 자기 욕망의 소유자라고 주장했다.[2]

잔 데 장주 수녀원장은 프로이트 이론과 유사한, 다음과 같은 제삼의 해석 가능성을 열었다. 이때 **다른 내부 정신**은 N에서 자아에게 욕망의 소유권 주장을 허락하지만 책임감은 피하게 해준다. 자아가 무의식 상태였기 때문이라는 해석이다. 여기서 책임이 있는 것은 의지에서 벗어난, 의식에 접근할 수 없는 다른 내부 정신이다. 자아는 책임도 죄도 없는, 자기 욕망의 주인이기 때문이다.

왜 자신의 욕망에 대해 책임지지 않으려 하는가? 욕망이 경쟁자이며, 경쟁 관계는 정상적인 상태에서는 좋은 싸움일 수 있지만 신경증에서는 그렇지 않기 때문이다. 이런 점에서 연극성이 자주 강조되는 히스테리는 신경증의 여왕이라 불릴 만하다. 히스테리가 연극적인 이유는 환자가 자기 인생을 고통스럽게 만드는 경쟁자를 신체 일부로 타자화하기 때문이다. 그 결과 환자는 마비, 감각 이상, 욱신거림, 가려움, 히스테리성 실명, 보행 불능(환자는 침대에서 다리를 펼 수는 있지만 일어나거나 설 수는 없다. 보통 여성에게 더 많이 나타난다) 등의 증상을 보이며 고통스러워한다.

일상에서 우리는 "허리가 휠 것 같아", "머리가 터질 것 같아!", "내 신경 건드리지 마!", "숨 막혀" 같은 말을 자주 듣는다. 환자는 별 의식 없이 이런 표현들로 상황을 설명한다. 하지만 치료자가 "당신은 허리가 휠 정도로 힘들다"고 천천히 말하는 것만으로도 환자는 자신이 호소하는 고통을 달리 해석할 수 있다.

두 가지 예가 떠오른다. 한 제3세계 국가에서 대통령 선거가 있었다. 두 후보가 출마했고, 국회는 두 진영으로 나뉘어 있었다. 두 대선 후보 중 한 명은 국회의원이어서 자신에게 표를 던질 수 있었지만, 다른 후보는 국회의원이 아니어서 그럴 수 없었다. 국회의원 후보가 한 표 차이로 승리했다. 그 한 표는 바로 자신의 표임이 분명했다! 얼마 뒤 선거에서 진 후보가 목소리가 나오지 않아 나를 찾아왔다. 선거에서 진 후로 한마디도 나오지 않는다고 했다. 물론 나를 찾아오기 전에 이미 이비인후과 검사를 비롯해 다양한 검사를 했지만 아무 이상도 발견하지 못했다. 나는 상담을 통해 그가 대통령에 당선되는 데 부족했던 한 표가 자신의 표였으며, 그 사실로 인해 목소리가 나오지 않는 신체 증상이 나타났다는 것을 알게 되었다(프랑스어 voix에는 목소리와 투표권 두 가지 뜻이 있다—옮긴이). 상대 후보가 그의 표를 빼앗았고, 그 현실이 그의 몸으로 표현된 것이었다.

두 번째 예는 중년의 나이에 어머니를 잃은 환자의 이야기다. 그는 어머니에게 많이 의지했는데, 어머니가 돌아가신 다음날부터 손에 물집이 잡히고 농포가 생겨 고통스러웠다. 여러 병원에 가봤지만 소용없었다. 그 환자는 응석받이로 자랐고 돈을 잘 썼다. 어머니로부터 늘 "손에 털이 나겠다"(게으르다는 뜻—옮긴이) "돈으로 손도 태우겠다"(돈을 잘 쓴다는 뜻—옮긴이)는 말을 들었다. 손의 상처 때문에 그는 항상 검은 장갑을 끼고 다녔고, 그로 인해 사회생활을 전혀 할 수 없었다. 나는 딱히 방법을 찾을 수 없어 그에게 머리를 식힐 겸 여행을 떠나보라고 권했다. 그는 이스라엘로 여행을 갔다. 사해에 도착하자 누군가 그에게 사해의 짠물에 손을 담그면 나을지도 모르니 수영을 해보라고 권했다. 그는 사해에서 수영을 했고, 다음날 그의 손이 정상으로 돌아왔다. 사해에 손을 담근 후 피부가 재생된 것처럼 멀쩡해졌다(프랑스어로 바다mer와 어머니mère는 발음이 같다—옮긴이). 사해에 손을 담근 행위는 그에게 일종의 부활과 재생의 행위였고, 어쩌면 어머니의 용서를 뜻하는 것인지도 몰랐다.

오스트리아 소설가 로베르트 무질Robert Musil의 『특성 없는 남자』[3]에는 히스테리와 불감증이 있는 여자 게르다의 정사 장면이 나온다. 먼저 무질은 게르다가 이를 빼러 치과에 갈 때와 같은 공포심을 느끼며 울리히와 성관계를 갖기로 결심했다는 것을 강조한다. 울리히도 그것을 알고 있다. "어차피 한 번은 겪어야 할 일이니 게르다는 빨리 극복하기로 결심한 듯하다"고 무질은 쓰고 있다. 하지만 게르다의 두려움은 울리히의 기분에 영향을 주고, 두 사람의 자아 간 관계도 영향을 받는다.

2장 ___ 모방은 정신에 어떻게 작용할까

"불안으로 바짝 곤두서 있는 여자의 피부에 그의 손이 닿았을 때, 그도 흥분보다는 불안감을 느꼈다. (…) 그들의 행위는 이제 아무 의미가 없었고, 울리히는 침대에서 도망치고 싶었다."

무질은 울리히가 왜 게르다와 자려고 했는지 사회적·문화적 이유를 설명하기 위해 이야기 주제에서 잠시 벗어나 여담을 늘어놓는다. 작가는 울리히가 "요즘 사람들이 아무런 신념 없이, 아무런 생각 없이, 아무런 즐거움도 느끼지 않고 행동하는 이유, 한마디로 제멋대로 행동하기 위해 지어내는 이유"를 되뇌는 모습을 보여준다.

서로에 대한 부정적인 생각과 악화된 자아 간 관계로 인해 허구적인 경쟁 관계가 형성되고, 게르다는 그것을 온몸으로 표현한다. 그녀는 "벗은 몸으로 자기 옆에 누워 있는 이 남자"의 선한 마음을 보려 하지 않고, "자신의 희생을 진지하게 여기지 않는다며 적의를 내보인다". 그리고 자신의 희생을 요구하는 적 앞에서 "소리를 지른다." 히스테리 발작이 시작된 것이다. "침에 젖은 그녀의 입술이 뒤틀렸다. (…) 눈이 말을 듣지 않고 제멋대로 움직였다. 게르다는 살려달라고 빌며 가슴을 손으로 부여잡았다. 또 손톱으로 울리히를 위협하기도 했다." 게르다의 히스테리에서 볼 수 있는 특이점은, 경쟁자가 그녀 앞에 있기 때문에 표상될 필요가 없다는 것이다. 하지만 무질은 경쟁 관계를 모방하는 발작의 연극적인 면을 상상했다. "그녀는 자신이 어떤 역할을 연기하고 있다는 느낌을 강하게 받았다. (…) 하지만 자신의 운명이 비명과 폭력으로 표상되고 자신의 의지와 상관없이 연출되는 것을 막지는 못했다."

히스테리 발작으로 울리히가 게르다에게 품고 있던 호의적인 감정이 무너진다. 라캉이 다시 한번 옳았다. "성관계는 없었다." "발작이 진정되었다. (…) 한숨 돌린 울리히는 자신이 이겨내야 했던 비인간적이고 순전히 육체적인 사건에 또다시 깊은 혐오감을 느꼈다."

로베르트 무질의 이 이야기에서 흥미로운 점은, 모델이 경쟁자로 변하는 것을 모델과 우리의 눈앞에서 보여준다는 것이다. 내가 『욕망이라는 이름의 모방』 4장에서 강조한 것처럼, 히스테리 발작은 모델이 없는 상태에서 모델과의 경쟁 관계를 연출하고 보여주는 것이다. 그리고 우리는 히스테리 환자의 행동에서 모델의 존재를 상상한다. 무질이 우리에게 알려준 또다른 사실은 경쟁 관계의 연극이 의학적 합리화로 변한다는 것이다. "한층 더 부드러워진 울리히의 목소리는 게르다가 환자라는 것을 그에게 말해주었다." 무질은 히스테리 환자가 병에 대한 책임을 거부하고 경쟁자를 비난한다는 것을 모르지 않았다. "게르다는 울리히가 자신을 아프게 했다고 생각했다."

히스테리는 경쟁 관계에 기인한 신경증 증세이다.

장애물로서의 타인

세 번째 뇌가 모델을 장애물로 여기면 두 가지 반응이 나타난다. 첫 번째 반응은 정상 상태에서의 포기와 유사한 반응으로, 프랑스 질병 분류 체계에서 '정신쇠약psychasthenia'으로 분류되어 있다(이유는 알 수 없지만 오늘날 정신쇠약은 더이상 병으로 인정받지 못하고 있다). 이 병의 특징은 피로감과 신체와 정신의 활동 저하로, 환자는 조금만 움직이려 해도 그것을 방해하는 장애물과 사력을 다해 싸우거나 밀어내야 한다.

두 번째 반응은 강박증이다. 장애물에 부딪혔을 때, 예를 들어 문이 잠겼을 때 할 수 있는 일은 계속해서 문을 긁거나 두드리고, 초인종을 누르는 것이다. 이는 강박증 환자에게 나타나는 증상이다. 환자가 자신의 행동에 만족하지 못하도록 장애물이 방해하기 때문에 환자는 끊임없이 같은 행동을 반복한다. 그래서 강박증 환자는 손을 열 번이고 스무 번이고 서른 번이고 연거푸 씻지만 절대로 만족하지 못한다. 깨끗해지고 싶은 욕망이 타인이라는 장애물과 지속적으로 부딪히기 때문이다. 마치 레이디 맥베스의 손에 묻은 핏자국이 지워지지 않는 것처럼 말이다. 다른 사람의 눈에는 보이지 않는 핏자국이 그녀의 눈에만 보이는 것은 죄책감 때문이다.

충동적으로 어떤 의식儀式을 반복하거나 숫자를 세는 것 역시 강박증에 속한다. 문을 반드시 세 번 두드려야 하고, 걸을 때 흰색 또는 검은색 보도블록만 밟아야 한다. 세 발짝 전진한 뒤 두 발짝 후진을 하며 걷는 환자도 있다.

또다른 강박증은 수집증이다. 수집증이 있는 환자는 물건을 버리지 못하고 불필요한 물건을 계속 수집한다. 집이 잡동사니로 가득 차 집에 들어가지 못하는 환자도 있다. 나는 그래서 집 문 앞에서 죽은 환자를 발견한 적도 있다. 그 환자의 자녀들은 50년도 더 전에 발행된 신문들로 꽉 차 있는 집을 아예 부숴버리기로 결정했다.

강박증에 걸리면 장애물과 되풀이해 부딪히는 세 번째 뇌는 첫 번째 뇌에 타인에 대한 인식을 정당화하라고 요구하고, 두 번째 뇌에는 의식이 지켜지는지 확인하는 임무를 맡긴다. 그리고 그 의식이 지켜지지 않으면 지독한 불안 증세가 나타난다. 강박증은 거의 치료할 수 없다. 장애물인 타인이 누구인지 모르거나, 너무나 뿌리 깊이 자리잡고 있거나, 너무 멀리까지 거슬러 올라가면(예컨대 아버지나 어머니와의 관계) 개입하기가 힘들다. 강박증 치료는 인지 치료처럼 증상 자체만 다루는 것이 치료의 전부일 때가 많다.

자신이 경험한 실패 때문에 강박 증상을 보이고 그 실패를 계속 떠올리는 환자를 많이 봤다. 나는 그런 증상을 '워털루 증후군'이라고 부른다. 역사상 워털루에서 치른 전쟁에서 패배한 장군은 나폴레옹뿐이기 때문이다. 클라우제비츠Carl von Clausewitz 이래 워털루 전투를 재현한 사람들은 모두 이겼다. 어떻게 해야 하는지 정확히 알았기 때문이다. 회사 동료의 아기를 임신하고 버림받은 후 직장을 사직한 강박증 환자가 있었다. 그 일이 있은 후로 20년이 지났지만 그 여자 환자의 머릿속에는 한 가지 생각밖에 없었다.

"그때 내가 회사를 그만두지 않았다면……. 위베르가 떠나지 못하게 붙잡았다면……."

이 환자의 첫 번째 뇌는 자신이 임신하지 않고 애인이 떠나지 않았다면 완벽하게 행복할 수 있었을 것임을 증명하기 위해 이야기를 계속 재구성했다. 그러나 실제로 환자가 아픈 것은 남자친구에게 버림받고 회사를 그만두었기 때문이 아니라, 그 두 사건이 자신을 불행하게 만들었다는 생각 때문이라는 것을 환자에게 이해시킬 수가 없었다. 그런 생각이 환자가 새로운 계획을 세우고 성공하는 데 결정적인 장애물이 된다는 사실 역시 이해시킬 수 없었다.

어느 날 그 환자가 내게 전화해서 이렇게 말했다.

"워털루 증후군이 다시 생겼어요."

그 환자의 경우 장애물은 한 사람이 아니라 사직서를 수리한 사장, 자신을 버린 남자친구 등 주위의 모든 사람이었다. 현실을 장애물로 변환시킨 세 번째 뇌는 첫 번째 뇌에게 장애물에 대해 설명하고 합리화하고, 계속 장애물로 유지하라고 명령했고, 두 번째 뇌에는 후회, 원망, 불

2장 ___ 모방은 정신에 어떻게 작용할까

안의 감정을 만들어내라고 요구했다.

신경증과 장애물을 설명하면서 카프카의 글을 빼놓을 수는 없다. 카프카는 「법 앞에서」에서 신경증에서의 장애물을 완벽하게 묘사했다. 그 소설에서 장애물은 법이다. 그런데 법을 뛰어넘거나 적어도 이해하고 싶은 욕망을 가진 한 남자가 있다. 하지만 법 앞에 지키고 있는 문지기가 남자의 접근을 막는다. 시골에서 온 남자는 법 안으로 들어가게 해달라고 부탁한다. 하지만 문지기는 지금은 들여보낼 수 없다고 말한다. 남자는 잠시 생각해본 뒤, 그러면 나중에는 들어갈 수 있느냐고 묻는다. 문지기는 그럴 수 있지만 지금은 안 된다고 말하고는 문 앞으로 다시 돌아간다. 남자는 조금 열린 문틈으로 안을 들여다본다. 그것을 본 문지기는 웃고는 "그렇게 들어가고 싶으면 나를 밀치고 들어가요. 하지만 내가 힘이 세다는 걸 잊지 마시오. 게다가 나는 첫 문지기일 뿐이고 방마다 문지기가 지키고 있소. 그 문지기들은 나보다 힘이 세지요. 특히 세 번째 문지기는 나와는 비교할 수 없을 정도요"라고 말한다.

남자는 수년 동안 계속 문지기를 살폈다. 다른 문지기들은 아예 생각하지도 않았다. 첫 번째 문지기가 그의 유일한 장애물이었다. 결국 죽을 순간이 되어 남자는 문지기에게 물었다. "모든 사람이 법을 열망한다면 그동안 문 안으로 들어가고 싶어한 사람이 왜 나밖에 없었던 거요?" 문지기는 남자가 살날이 얼마 남지 않은 것을 알고 남자의 귀에 입을 대고 고막이 터져라 소리를 질렀다. "여기는 당신 말고는 아무도 통과할 수 없소. 이 문은 당신만을 위해 만들어졌으니까. 이제 나는 문을 닫고 가야겠소."

장애물은 그 남자만의 장애물이었고 그 남자만의 절대적 모델이었다. 잘 모르는 어떤 것에 접근이 금지되면, 게다가 누군가 그것을 지키고 있으면 그것은 세상에서 가장 탐나는 것이 된다. 「법 앞에서」에서 시골 남자는 장애물을 모델로 삼았고, 그 모델은 금지되어 있기에 절대적으로 탐나는 대상이 되었다. 남자는 평생 장애물에 맞서고, 장애물을 농락하고, 유혹하고, 매수하려고 노력했다. 마지막에 문지기가 한 말은 남자가 할 수 있는 것은 다 했다는 느낌을 갖게 하기 위해 한 말이었다.

강박증 환자는 모델로 정한 장애물과 맞서는 데 평생을 바친다. 하지만 카프카가 묘사한 것처럼 그것은 자기만의 모델-장애물이다.

4

_____

정신병 상태에서의
타인

모델로서의 타인

여기서 모델은 절대적 모델로, 이것
이 정신병적인 것은 모방자가 자신을 모델과 동일화하지 않으면서 모델
의 욕망에 대한 자기 욕망의 선행성을 주장하기 때문이다. 이 경우 환
자는 진정한 모델은 자신이고, 타인(유명 인사)은 자신의 실패한 복제품
이라고 주장한다. 정신병에서는 심리적 시간이 물리적 시간과 역사적
시간에 역행한다.

1968년 5월 내가 생트안 병원에서 인턴으로 수련하고 있을 때, 자신
이 나폴레옹이라고 주장하는 스페인인 엔지니어가 있었다. 나폴레옹은
1821년에 죽었는데 그의 주장이 놀랍다고 말했더니, 그는 내게 화를
내며 자신이 진짜 나폴레옹이라고 강조했다. '다른' 나폴레옹이 워털루
전투에서 패한 사실이 그 증거라며, 자신이었다면 절대 패하지 않았을
거라고 강력히 주장했다. 게다가 '다른' 나폴레옹이 저지른 최대의 실
수는 스페인을 점령해서 유럽화하려 한 것이고, 진짜 나폴레옹인 자신

은 유럽을 스페인화하는 것이 더 좋다고 생각한다는 것이었다.

그 스페인인 환자는 나폴레옹의 전쟁사를 훤히 꿰고 있었다. 나 역시 역사에 일가견이 있어 우리는 함께 깊이 있는 토론을 하곤 했고, 그 덕에 나는 환자로부터 신뢰를 얻을 수 있었다. 환자는 매번 나폴레옹이 저지른 실수를 강조하면서 자신이었다면 절대로 그런 실수를 하지 않았을 거라고 말했다. 자신이 다른 나폴레옹이 저지른 실수를 비판하고 무엇을 실수했는지 설명할 수 있다는 것이 바로 진짜 나폴레옹이라는 증거라고 말하는 것도 잊지 않았다.

내 지도 교수는 이 환자에게 처방하는 신경이완제의 양을 점차 늘려 단일 주제와 단일 메커니즘을 가진 망상이 멈추는지 보자고 했다. 그의 병명은 편집성 망상이었다. 매일 아침 회진할 때마다 나는 역할 놀이를 했다. 우리는 68혁명으로 소란스러운 파리의 거리에 있었다.

"폐하, 지금 파리의 거리에서 일어나고 있는 일에 대해 어떻게 생각하십니까?"

"참을 수가 없다. 하지만 네가 나를 이렇게 포로로 붙잡고 있으니 프랑스인들이 황제인 내 주위에 모일 수가 없다. 그러니 이 역겨운 반란의 책임은 바로 너에게 있다."

3~4주 후 그에게 투여되는 신경이완제의 양이 꽤 늘었을 때, 나는 그의 병실에 들어가 평소처럼 질문을 했다.

"폐하, 상황이 진정되어 만족하십니까?"

그러자 그는 나를 이상한 사람처럼 바라보더니 또렷한 스페인 억양으로 대답했다.

"선생님, 저는 스페인 사람입니다. 프랑스에서 일어나는 일에는 관심 없어요."

2장 ___ 모방은 정신에 어떻게 작용할까

그는 '회복'되었다.

그는 내가 의사 생활을 하는 동안 만난 환자 중 자신이 나폴레옹이라고 망상하는 유일한 환자였다. 스페인 사람이 그런 주장을 한다는 점도 특이했다. 내가 진료했던 프랑스인들은 대부분 자신이 유명 가수나 배우라고 주장했다. 조니 할리데이(1943~2017, 1960~1970년대를 대표하는 프랑스 록가수―옮긴이)라고 주장하는 환자가 특히 많았다.

앞서 언급한 사례에서 편집성 망상은 자신이 모방한 타인의 욕망이 자신의 욕망에 앞선다는 것을 부정하고, 자신의 욕망의 우선권과 선행성을 주장하는 N'에서 모든 문제가 시작된다는 것을 보여준다(여기서 사건의 물리적 연속성은 전도된다). 환자는 자신이 진짜 나폴레옹이라고 생각하고, 자신을 모방한 '다른' 나폴레옹이 저지른 실수는 그가 가짜 나폴레옹이라는 증거라고 주장한다. 이 N'라는 지점에서 망상이 만들어지는데, 환자는 책에 있는 실제 내용을 바탕으로 꽤나 논리적인 이야기를 만들어낸다.

돈키호테는 편집성 망상 환자라고 할 수 없다. 그는 아마디스 데 가울라의 존재에 이의를 제기하지 않으며, 아마디스가 완벽한 기사라는 것을 인정하고 그를 닮기 위해 최선을 다하겠다고 다짐한다. 그리고 N'에서 자신의 욕망보다 아마디스 데 가울라의 욕망이 우선하고 선행한다는 것을 인정한다. 자신의 욕망은 원본에 가능한 한 가까이 접근하려는 복제품에 불과하다는 것을 알고 있는 것이다.

모방 욕망은 눈이나 귀를 통해 생긴다. 돈키호테의 경우는 책을 통해서였다. 그는 기사도 이야기에 푹 빠져 있었고 그 세계에 살았다. 소설『돈키호테』초반에서부터 우리는 이상적 모델 추구라는 보기 드문 상황을 목격할 수 있다. 이야기는 대개 주체가 누구를 모델로 취했는지 인식하지 못한 채 전개되는데 말이다. 또한 우리는 이 소설에서 주체가 '편집성 망상에 들어가는' 것을 확인할 수 있다. 하지만 이 경우에는 망상의 껍질에 싸이는 대신 망상이 현실 전체를 점령한다. "수입이 없고 정신이 온전하지 않은" 돈키호테는 책에서 읽은 방랑 기사들의 모델에 부합하기 위해 완전히 새로운 인생을 살기로 결심한다. 돈키호테는 그 자신이 기사도 이야기를 직접 쓸 수도 있었다. 그랬다면 허구라는 것을 인식할 만큼 기사도 이야기에 거리를 두면서 현실에 존재할 수 있었을 것이다. 하지만 세르반테스는 그러는 대신 돈키호테가 기사들의 세계로 주저 없이 몸을 던진 것처럼 묘사했다.

그러므로 타인의 욕망에 대한 자기 욕망의 선행성을 주장하는, 엄밀한 의미의 편집성 망상과 모델이 모델로서 거부당하지 않는 '돈키호테식' 망상을 구별해야 한다. 이름이 카이사르였던 로마 황제들 역시 모두 자신이 율리우스 카이사르라고 생각했을 것이다. 하지만 그들은 자신이 진짜 율리우스 카이사르라고 망상하지는 않고 가장 유사한 복제품이라고 주장했다.

왜 나폴레옹이고 카이사르인가? 이왕 욕망을 주장하려면 평범한 욕망이 아니라 대단하고 놀라운 욕망을 주장하는 것이 당연하다. 편집성 망상은 수많은 나폴레옹, 드골 장군, 예수, 마호메트를 생산해낸다. 환자가 자신이 마부나 환경미화원이라고 주장하는 일은 결코 없다.

편집성 망상의 특징은 일반적으로 환자의 망상이 껍질 안에 있다는 것이다. 예를 들어 가게 이름을 '오를레앙 공작'이라고 지은 빵집 주인에게 왜 그렇게 이름을 지었는지 묻자, 그는 신문에 나오는 오를레앙 가문 사람들은 자신의 이름을 도용한 나쁜 놈들이며 자신이 부르봉 왕가의 후손인 진짜 오를레앙 공작이기 때문이라고 대답했다. 자신의 망상

2장 ___ 모방은 정신에 어떻게 작용할까

을 어딘가에 숨겨둔 채 평범한 빵집 주인으로 사는 건 그에게 문제가 되지 않았다. 자신이 오를레앙 공작이라는 것을 자신밖에 모른다 해도, 일상을 견디는 데에는 그것만으로도 충분한 위로가 되기 때문이다.

문학에서는 루이스 캐럴의 『이상한 나라의 앨리스』가 편집성 망상의 좋은 예다. 오로지 앨리스만 이상한 나라에 들어가 새로운 모델을 만났다. 그 새로운 모델은 이상하고 특이하고 신기하고 믿기 힘들지만, 착하고 친절하고 우호적인 인물들이다. 나쁜 인물이나 경쟁자는 아무도 없다. 여행에서 돌아온 앨리스는 추억을 가지고 살아가며, 일상에서 정상적인 생활을 하는 데 아무런 문제가 없다. 이상한 나라에서 겪은 추억은 껍질 안에 들어 있는 망상과 같은 것이기 때문이다.

편집성 망상에서는 모든 것이 모방이다. 이 모방은 잘 알려져 있는 유명한 역사적 인물이라는 점에서 '긍정적'이고, 모델로서 타인의 존재를 부정하고 진짜 인물은 자신이며 다른 인물은 자신인 척하는 모방자라고 주장한다는 점에서 '부정적'이다. 이렇듯 편집성 망상의 핵심은 시간과 존재의 전도이다.

하지만 모델은 여전히 모델의 위치에 있다. 진짜 나폴레옹은 편집성 망상 환자의 경쟁자가 아니라 모델이다. 환자는 단지 그의 정체성만 빌릴 뿐이다. 모든 정신병리 증상을 모방 안경을 쓰고 다시 들여다보면 다음 두 가지를 알 수 있다. 첫째, 정상, 신경증, 정신병의 모든 현상은 모방 메커니즘이 격화되는 연속 과정이다. 둘째, 기본적으로 신경증은 N에서의 주장에 기인하고, 정신병은 N'에서의 주장에 기인한다. 두 주장은 항상 존재하지만, 신경증에서는 N이 더 강조되고 정신병에서는 N'가 더 강조되는 것이다.

그래서 달라지는 것이 뭐냐고 반박할 수도 있다. 모든 것이 달라진다. 프랑스의 질병 분류 체계와 미국의 질병 분류 체계DSM-IV[1]처럼 정상-신경증-정신병 사이의 연관 관계 없이 병의 구조만 사진처럼 보여주는 것이 아니라, 각 환자에 대해 N과 N'의 상태를 진단하고 아무런 문제가 없으면 정상, N에 문제가 있으면 신경증, N'에 문제가 있으면 정신병으로 분류하는 것이 좀더 과학적인 진단이기 때문이다.

편집성 망상은 대부분의 정신병 증상이 그렇듯 N'에서 출발하기 때문에 세 번째 뇌에 그 근원이 있다. 망상은 세 번째 뇌의 주장에 근거해 첫 번째 뇌가 제공한 역사적·논리적·군사적 합리화의 모자를 쓴다. 그렇게 일단 몸이 만들어지고 모자를 쓴 후에는 두 번째 뇌가 입혀주는 환희, 만족 혹은 가짜 모델에 대한 짜증이라는 옷을 입는다. 하지만 대부분의 경우 망상은 껍질 안에 싸여 있기 때문에 두 번째 뇌가 많은 요청을 받지 않아 강한 감정적·정서적 반응은 없다. 한마디로 망상은 상상의 망상이고 두 번째 뇌에서 열정은 촉발되지 않는 것이다.

옛날에는 정신병원을 '안식처'라고 불렀다. 일면 적절한 별명이라고 생각한다. '미친 사람들'은 망상에 시달렸기 때문에 외부 세계에서 살 수 없었고 병원을 안식처로 삼았다. 병원에는 '미친 사람들'만 있었고, 의사들도 병원에서 살면서 환자들과 계속 접촉하고 망상을 갖고 있음에도 재능을 키울 수 있도록 도와주었다. 사드 후작이 정신병원에서 희곡을 쓰고 연극을 올릴 수 있었던 것도 그 덕분이다. 내가 생트안 병원에서 일했을 때 나의 비서는 조울성 망상이 있는데도 일을 잘했다. 물론 비서의 독특한 편집증에 내가 적응해야 했다. 자신을 제1차세계대전 참전 병사로 생각하는 만성 망상증 환자는 철저한 직업 정신을 가지고 의사들의 차를 열심히 세차했다.

여기서 잠시 멈추고 생각을 정리해보자. 정신병리 증상은 문화인류학적 배경 속에서만 존재한다. 그러므로 정신과 의사가 환자의 생각을 진정으로 이해하기 위해서는 환자와 같은 문화적 배경을 가지고 있어야 한다. 내가 미국에서 환자를 진료할 때 미국인 동료들이 내게 물었다.

"환자가 무슨 말을 하는지 이해하는 거죠?"

나는 그들에게 이렇게 대답했다.

"이해하죠. 하지만 환자가 무슨 말을 하고 싶어하는지는 모르겠어요."

하지만 프랑스의 문화적·역사적·문학적 비유는 내가 모두 이해하기 때문에 프랑스에서는 그런 문제에 직면하는 일이 없다. 환자들의 병리 증상이 보편적이고 유사한 것은 일관성 있는 메커니즘(모델, 경쟁자, 장애물)을 지닌 세 번째 뇌 때문이다. 하지만 문화적 모델은 메커니즘이 걸칠 번쩍거리는 겉옷을 찾아 입는 옷장이다. 그 메커니즘이 어느 문화에서나 동일하더라도 말이다. 그러므로 히스테리 같은 신경증에는 언제나 역사적·지리적 배경이 존재한다. 그것은 자아 간 관계의 기본 메커니즘에 대한 역사적·지리적 배경이 아니라, 첫 번째 뇌의 합리화와 두 번째 뇌의 감정적·정서적 반응에 따라 변하는 역사적·지리적 배경이다. 여기서 "광기의 역사는 역사의 광기를 피할 수 있을까"[2]라고 물은 로르 뮈라Laure Murat의 질문이 시사하는 바는 크다. 나폴레옹의 유해가 프랑스로 돌아왔을 때 프랑스의 정신병원마다 나폴레옹이 넘쳐났다. 이는 문화가 자아 간 관계의 모방 메커니즘에 영향을 미치는 것이 아니라 첫 번째 뇌와 두 번째 뇌의 인지적·감정적 측면에 영향을 미친다는 것을 증명한다. 그래서 오늘날 자신이 예수라고 생각하는 환자보다는 조니 할리데이나 푸아브르 다르보르(프랑스의 유명 뉴스 앵커―옮긴이)라고 생각하는 환자가 더 많은 것이다.

같은 맥락에서 종교, 특히 기독교의 쇠퇴로 인해 중세에 매우 흔했던 광신적 망상을 오늘날에는 거의 찾아볼 수 없다. 예를 들어 아프리카 전통 애니미즘animism(물신숭배) 문화권에 있는 사람이 귀신에 들렸다고 주장하면 그것은 망상이 아니다. 반면 프랑스 사람이 잔 다르크의 혼이 자신에게 들어왔다고 주장하면 그것은 망상이다. 프랑스 문화권에는 귀신 들리는 현상이 없고, 그런 현상을 어떻게 다뤄야 하는지도 모르기 때문이다.

그러므로 내가 보기에 세 번째 뇌에서 일어나는 정신병리적 현상의 보편적 원인이 무엇인지 찾아내는 것은 매우 중요하다. 지금까지는 세 번째 뇌의 존재를 몰랐기 때문에 아무도 그 원인에 대해 말하지 않았다. 세 번째 뇌의 존재는 앞에서 언급한 지라르, 갈레제, 멜조프, 다마지오, 그리고 감성 지능의 중요성을 밝혀낸 학자들의 연구가 이루어진 후에야 비로소 입증되었다. 그 덕에 역사적·지리적·문화적 변수를 뛰어넘어 그 기초를 이루는 메커니즘의 통일성을 엿보는 것이 가능해졌다.

예를 들어 편집성 망상의 경우, 프랑스인이 모델을 모델로 취하고 이 메커니즘으로 망상을 만들어내려면 나폴레옹, 드골 장군, 조니 할리데이 등을 모델로 삼을 것이다. 인도인은 간디나 네루, 부처를 모델로 삼을 것이다. 개인적으로 나는 프랑스인 환자가 버락 오바마나 존 F. 케네디 같은 외국의 유명 인사를 모델로 삼은 경우는 본 적이 없다. 영국인이 자신이 나폴레옹이라는 망상을 갖고 있다면 아마 나는 놀랄 것이다.

망상의 대상이 되는 인물은 대개 명망 있거나 긍정적인 이미지를 가진 인물이다. 실제로 유럽에서 자신이 히틀러라고 망상하는 사람은 아무도 없다. 망상에는 스스로의 가치를 높이려는 목적이 있기 때문에, 대상이 되는 인물은 훌륭한 사람이어야 한다. 하지만 반대로 모델이 경쟁자일 경우에는 히틀러를 대상으로 삼는 것도 가능하다. 심지어 오늘

2장 ___ 모방은 정신에 어떻게 작용할까

날에는 히틀러가 가치 높은 모델이 될 수도 있다. 자신이 히틀러에게 괴롭힘 당한다고 믿으면 박해받는 사람의 반열에 오르기 때문이다. 모델이 경쟁자일 경우, 자아는 첫 번째 뇌의 옷장에서 도덕적·윤리적·종교적 혹은 정치적 비난의 모자를 찾아 쓰고, 두 번째 뇌의 옷장에서 증오, 분노, 불안 등 감정의 옷을 찾아 걸칠 것이다. 그러므로 모든 것은 모델의 '위상'에 달려 있다. 다시 말해 모방 관계, 세 번째 뇌가 중요한 것이다.

지금까지 정신병리학은 질병의 사진을 제공했다. 하지만 사진은 누가 자신을 나폴레옹이라고 믿고, 누가 신이 말하는 소리를 듣고, 누가 CIA나 KGB에 쫓기는지 설명해줄 수 있을 만큼 합리적이고 과학적인 접근 방법이 못 되었다. 그런데 세 번째 뇌를 발견함으로써 지적·감정적 옷이 어떻게 만들어지는지, 역사적·지리적·문화적·인류학적 색채가 어떻게 덧입혀지는지 그 기본 메커니즘을 이해할 수 있게 되었다. 자아 간 관계의 세 가지 가능성은 항상 똑같다. 모델로서의 모델, 경쟁자로서의 모델, 장애물로서의 모델이다. 그리고 N과 N'는 모든 인간관계에 공통적으로 적용된다. 현재 관찰되고 있는 문화적 변수들을 고려할 때 보편적 정신병리학 체계를 수립하는 것은 가능하다.

독자들이 분명하게 이해할 수 있도록 다시 요약해보면 다음과 같다. 자아 간 관계에는 모델로서의 모델, 경쟁자로서의 모델, 장애물로서의 모델이라는 세 가지 형태가 있다. 그리고 모든 정신병리 현상은 각자의 기억, 다시 말해 각자의 심리적 시간이 기억하는 세 가지 가능성과 세 가지 형태가 교차하면서 표현된다.

─ 심리적 시간과 기억이, 물리적 시간과 자아 구성 과정을 잊어버

리면 정상 상태이다.

— 반대로 기억이 N에 고정되어 있어서 자기 욕망의 소유권을 주
장한다면 신경증 상태이다. 이때 모델이 경쟁자냐 장애물이냐
에 따라 증상은 다르게 나타난다.

— 마지막으로, 기억이 N'에서 물리적 시간을 거슬러 올라간다면
그것은 욕망이 자신을 탄생시킨 타인의 욕망에 대해 선행성을
주장하는 것이다. 환자의 자아가 생성되는 초기에 이 두 욕구가
일종의 경쟁을 해서, 환자의 자아가 자신과 모델, 자신과 경쟁
자, 자신과 장애물 사이의 차이를 알지 못하게 되는 것이다. 물
리적 시간에서 욕망은 자아를 만들어내지만, 자아가 만들어지
기 전으로 돌아가보면 자신의 욕망과 타인의 욕망의 차이를 알
지 못한다. 그 차이를 알 수 있는 능력을 가진 자아가 아직 만
들어지지 않았기 때문이다.

경쟁자로서의 타인

모델이 경쟁자가 되면 무엇보다도
첫 번째 뇌에 의심이 침투하게 된다. 세 번째 뇌가 모든 모델을 경쟁자
로 인식하면 첫 번째 뇌는 타인을 적으로 보거나, 적이나 경쟁자라고
의심되는 사람과의 경쟁 관계에만 집중한다. 의심스럽기 때문에 의심하
는 것이지, 의심스럽다고 확인되었기 때문에 의심하는 것이 아니다. 예
를 들어 오셀로는 경쟁자가 자신의 아내 데스데모나를 유혹하고 있다
고 강하게 의심한 나머지, 경쟁자가 자기 욕망의 대상을 소유하지 못하
게 막으려 한다. 나아가 경쟁자가 존재하지 않는다는 단순한 이유로 경

쟁자와 직접 대면할 수 없게 되자, 오셀로는 잠재적 경쟁자들을 근본적으로 제거하기 위해 아내 데스데모나를 죽이는 광기에 휩싸이기까지 한다. 임상에서 편집증 환자는 경쟁자가 자신을 박해한다고 생각해 소송을 걸거나 드물게는 폭력을 행사하기도 한다.

어떤 경우(만성 환각성 정신병)에는 피해망상이 첫 번째 뇌에서 환각 형태로 구체화되기도 한다. 생각과 인식이 변형된 환자는 적이 자신에게 욕하는 소리, 남자의 경우 '바람둥이', 여자의 경우 '창녀' 취급하거나 모욕적인 말을 하는 것을 실제로 듣고, 그 결과 환자는 망상과 환각을 토대로 자신이 겪는 상황을 설명하는 이야기를 만들어낸다. 그리하여 그는 CIA나 KGB가 자신에게 벽과 천장을 통과하는 전파를 보낸다고 생각하는 것이다. 여기서 우리는 망상에 문화적 배경이 존재한다는 사실을 다시 확인할 수 있다. 중세 시대에 격한 감정이나 환각은 악마 혹은 마녀 탓이었다.

이 경우 N'에서 타인의 욕망에 대한 광적인 선행성 주장은 "누군가 나를 쫓고 있다"는 말로 표현된다. 이 말은 모든 피해망상 환자들이 하는 말로, 다시 말해 경쟁자가 자기 뒤를 쫓고 있다는 뜻이다. 이 말은 경쟁자가 항상 자신을 따라다닌다는 뜻이고, 자신이 그자보다 앞서 있고 자기 욕망이 그자의 욕망보다 먼저라는 뜻이기도 하다.

해석적·편집증적 망상은 자신의 주장을 증명하기 위해 주어진 모든 상황을 이용한다. 어떤 여자가 집에서 나왔다. 그런데 맞은편 길가에 주차된 차에 한 여자가 앉아 있다. 운전석에 앉아 있던 여자가 휴대전화를 들고 통화를 한다. 그러자 여자는 갑자기 집으로 다시 뛰어들어가 영문을 모르는 남편에게 화를 낸다.

"저 여자, 당신 정부지? 지금 저 여자가 당신한테 전화한 거지?"

남편이 아니라고 논리적으로 설명하지만, 그것은 자기 무덤을 파는 행위일 뿐이다. 일단 망상의 논리가 촉발되면 반박 못 할 주장이 없다. 예를 들어 남편이 아내에게 "진정해. 내 말은 사실이라니까"라고 말하면 아내는 "그것 봐! 당황했잖아"라고 말하고, 남편이 "그렇지 않아. 당신이 이러니까 당황스러워"라고 말하면 아내는 의기양양해져서 "그렇겠지, 다른 여자가 있으니까 당황한 거잖아!"라고 말할 것이다. 말싸움은 이런 식으로 계속된다.

독일의 정신의학자인 에밀 크레펠린Emil Kraepelin은 편집증을 '관계망상'(아무런 근거 없이 주위 모든 것이 자신과 관계 있다고 생각하는 증상—옮긴이)으로 규정했고, 동시대에 활동한 정신의학자인 에른스트 크레치머Ernst Kretschmer 역시 관계망상에 대해 강조하고 내 접근법과 완벽하게 일치하는 주장을 했다. 실제로 타인과의 관계는 왜곡되고 편향되기 마련이다. 라캉은 관계망상이 "환자가 일상생활에서 몸짓, 말, 프로그램, 공연물, 형태, 상징의 의미를 다양하게 전복하는 데 기인한다"[3]고 보았다. 관계망상은 관계와 모방의 뇌인 세 번째 뇌에 문제가 발생할 경우 나타나는 전형적인 증상이다. 이때 첫 번째 뇌는 세 번째 뇌에서 시작된 타인에 대한 망상적 해석을 두 가지 형태로 합리화한다. 하나는 피해 의식, 질투, 과도한 건강 염려 혹은 소송 남발을 합리화하는 편견 망상이고, 다른 하나는 예언자 망상이나 색정증 같은 과대망상이다.

여기서 자크 라캉의 말을 다시 한번 인용하려 한다. "정신과 의사들의 공통적인 의견은 이 병의 근원이 진행성 인격 장애라는 것이다."[4] 여기서 이 병이란 편집증을 말한다. 내가 '진행성 인격 장애'를 인용한 이유는 "하나의 인격"이 아니라 "연속적 인격"[5]이라는 라캉의 생각에 전적으로 동의하기 때문이다. 이어서 라캉은 "이것은 우리가 경우에 따라

2장 ___ 모방은 정신에 어떻게 작용할까

성숙 혹은 자포자기, 발전 혹은 개심이라고 부르는 변화"라고 지적하기도 했다.

여기서 긍정적인 요소를 찾아볼 수 있다. 연속적 인격이 점점 더 악화되고 자아 간 관계가 점점 더 경쟁적인 해석 위에 구축되면, 반대로 인격은 발전적인 방향으로 가면서 덜 경쟁적이 될 수 있다.

라캉은 내가 『욕망이라는 이름의 모방』에서 제기한 것과 똑같은 질문을 했다. "무엇이 인격의 연속성을 유지시키는가?"[6] 그런데 그는 내 접근법에 매우 근접했다 다시 멀어졌다. 라캉은 "사람을 언제든 의식의 연속성을 끊으려 하는 연결점으로만 생각하는 것은 너무 편의주의적이고 독단적"이라면서 "**전적으로 합의된 자아 이론**"을 강조했다.[7]

'합의된 자아'는 내가 '욕망의 자아'라고 부르는 것으로, 모델의 욕망으로 만들어진 자아이다. 자아와 '정상' 인격은, 그러므로 합의된 것이다. 즉 '정상적인' 사람에게 동일한 몸짓, 동일한 기호, 동일한 사건은 동일한 의미를 가지고 동일하게 이해된다는 뜻이다. 라캉도 "인격이 균일하게 통일성이 있으면 지속적이고 포괄적으로 발전할 수 있다"[8]라고 말했다.

정신장애는 세 번째 뇌의 균형이 깨지면서 생긴다. 자아 간 관계가 경쟁 관계가 되고, 첫 번째 뇌가 피해망상, 질투, 색정증 등 편집증적 시각으로 망상적인 이야기를 만들어 경쟁 관계를 합리화하고 정당화하는 것이다. 다시 말해 환자는 사람들이 이해할 수 없는 말을 하게 된다. 사람들의 몰이해는 그의 상태를 악화시키고, 경쟁자를 분리해내 경쟁 관계를 격화시킨다. 그리고 격화된 경쟁 관계로 인해 두 번째 뇌에서 열광적 흥분이 일어나고 조증이 생겨나 기분 고양hyperthymia과 같은 정동 장애가 나타난다. 모든 학자들이 이에 동의하며, 라캉도 라세그Lasègue,

르그랑 뒤 솔Henri Legrand du Saulle, 팔레Jean-Pierre Falret, 쾨펜Köppen, 세리외Paul Sérieux, 카프그라Joseph Capgras의 이론에 기대 "조증에서의 과도한 흥분은 가해적 피해망상증 환자라는 전통적 도식에 속한다"[9]고 썼다.

또한 자신이 한 요구가 뜻대로 되지 않고, 송사에 휘말리고, 우상에 대해 색정증을 가지게 되는 등 한마디로 현실 때문에 자신의 투쟁이 승리를 거두지 못하면 종종 우울하고 침울한 상태에 빠지기도 한다. 여기서도 세 개의 뇌의 논법을 확인할 수 있다. 세 번째 뇌가 경쟁 관계, 타인 거부, 타자화를 시작하면 첫 번째 뇌는 거부를 합리화하기 위해 법적·윤리적·도덕적·정치적·종교적 정당성을 찾고, 두 번째 뇌는 망상적 확신을 가지고 경쟁자와 '전쟁'을 하면서 흥분 상태가 되거나 전쟁에서 패할 경우 우울 상태에 빠진다.

싸움에서 패배에 대처하는 또다른 방식은 경쟁자를 장애물로 보는 것인데, 이때 자아가 분열된다. 이에 대해서는 뒤에서 더 자세히 살펴보겠지만, 라캉도 "어떤 경우 (…) 환자에게서 일시적이거나 지속적인 분열 증상을 확인할 수 있다"[10]고 말한 바 있다. 그러니까 자아 간 관계가 변하면 95쪽 표의 '칸이 바뀌고', 모델−모델이냐, 모델−경쟁자냐, 모델−장애물이냐에 따라 자아 간 관계의 병리적 증상도 바뀐다는 것이다. 라캉도 이에 대해 정신의학자 앙리 클로드Henri Claude 교수의 1925년 분석을 인용해 "**갈등이 있긴 해도** 오랫동안 정상적인 사회생활을 했던 사람이 편집증적 정신병에서 편집증으로 발전하는 경우"에 대해 언급했다.[11] 모델은 이렇게 경쟁자에서 장애물로 점차로 발전해간다.

마지막으로 망상이 관계의 문제이고 심리적·정신병리적 증상은 관계들 **사이에** 나타난다는 우리의 개념을 확인해주는 라캉의 글을 인용하려 한다. "가까이에서 보면 그 증상은 어떤 인식, 생명이 없는 대상,

2장 ___ 모방은 정신에 어떻게 작용할까

감정적 의미가 없는 대상에 기인하는 것이 아니"라(원숭이의 PET 촬영
본에서 사람이나 다른 원숭이가 바나나를 집었을 때는 소리가 났지만 로봇이
나 막대 손이 집었을 때는 소리가 나지 않았다) "가족, 동료, 이웃과의 **사회
적 관계**에서 나타난다는 것을 알 수 있다. 신문 구독자의 범위와 유사
한 (…) 넓은 사회적 그룹이 관련되어 있다는 뜻이다. 해석 망상은 (…)
층계, 거리, 광장의 망상이다."[12]

나는 라캉이 "천재적인 편집증 환자"[13]라고 말한 장 자크 루소의 글
을 읽어보라고 권하고 싶다. 내 생각에 루소는 모방 현실에 무지했기
때문에 편집증의 세계에 빠져든 듯하다. 그의 글에서 우리는 정신의학
자들이 말하는 '자아의 과대평가', 타자성에 대한 지속적인 부정 혹은
무지를 확인할 수 있다.

루소는 나쁜 사람이 되는 이유는 서로 모방하고 비교하기 때문이 아
니라 사유재산 때문이라고 했다. 즉 루소에게 악悪은 사물이다. 『인간
불평등 기원론』 2부의 첫 부분은 이렇게 시작한다. "어떤 사람이 조그
만 땅뙈기에 울타리를 치고 자기 땅이라고 선언한다. 그리고 다른 사람
들이 그 말을 믿을 만큼 우둔하다는 사실을 알게 된다. 이 사람이 바로
문명사회의 창시자이다. 만약 누군가가 '저 사기꾼의 말을 듣지 마시오.
토지는 누구에게도 속해 있지 않고 열매 역시 모두의 것임을 잊는다면
당신들은 패배자가 될 거요'라고 외쳤다면 인류는 얼마나 많은 범죄와
전쟁, 살인, 재난, 참극을 피할 수 있었을까!"

루소는 모든 악과 폭력의 책임이 차이에 있다고 말한다. 경쟁이 차이
를 만드는 것이 아니라 차이가 경쟁을 만든다고 주장한다. 내 이웃이
나보다 더 넓은 땅을 가지고 있다. 그러니까 내 이웃은 나의 경쟁자다.

하지만 땅이 넓다고 해서 경쟁자가 되는 것이 아니라 질투가 경쟁자를 만드는 것이다. 다시 말해 모방 욕망이 경쟁을 낳는다. 나를 넓은 땅을 가진 이웃과 비교하지 않고 좁은 땅을 가진 이웃과 비교하면 내 땅이 나에게 충분할 수 있다. 타인보다 적게 가지고 있느냐 많이 가지고 있느냐에 따라 좌절할 수도 있고 기쁨을 느낄 수도 있다. 한마디로 우리는 항상 누구보다는 부자이고 누구보다는 가난한 것이다.

여기서 잠시 루소의 『인간 불평등 기원론』을 다시 살펴보자. 이 책 1부에서부터 루소는 목가적이고 낭만적인 분위기를 묘사한다. "자연의 번식력에 맡겨둔, 도끼 자루가 한 번도 스치지 않은 거대한 숲으로 덮인 땅은 모든 동물들에게 곳간과 피난처가 된다." 마치 마리 앙투아네트 왕비가 염소와 소와 함께 뛰놀던 프티 트리아농을 묘사한 듯하다! 여기서 유일하게 흥미로운 점은 루소가 인간이 동물을 **모방**하고 동물의 기술을 배운다고 말한 점이다. "동물들 사이에서 사는 인간은 동물의 기술을 관찰하고 모방해서 동물의 본능 수준에까지 이르게 된다." 물론 이는 루소가 동물의 세계를 잘 몰라서 한 말이다. 동물들은 우리 인간과 비교할 수 없을 정도로 후각, 시각, 청각이 뛰어나고, 우리보다 훨씬 더 빨리 달린다. 우리는 동물을 모방할 수 없다.

좀더 살펴보면 일종의 진화론 초안 같은 내용이 적혀 있다. "인간은 어릴 때부터 거친 날씨와 혹한에 적응하고, 지칠 때까지 일하고, 맹수들로부터 목숨과 먹이를 지키기 위해 무기도 없이 맨몸으로 방어하고, 동물에게 쫓기지 않기 위해 굳건하고 거의 변하지 않는 체질을 갖게 되었다."

강한 추위에 얼어 죽지 않고 맹수보다 더 빨리 달릴 수 있는 인간이 얼마나 되는지 나는 모르겠다. 우리는 여기서 폭력성에 대한 갈등을 확인해볼 수 있다. 인간은 (아직) 서로 공격하지는 않지만 맹수로부터 자신을 보호해야 했다. 루소는 이렇게 썼다. "홉스는 인간이란 본질적으로 용감무쌍하고 공격적이고 호전적이라고 주장한다. 하지만 컴벌랜드Richard Cumberland와 푸펜도르프Samuel von Pufendorf는 자연 상태에서 인간만큼 겁이 많고, 두려워하고, 아주 작은 소리나 작은 움직임에도 늘 도망갈 준비를 하는 존재는 없다고 말한다."

앞서 언급한 철학자들은 환상을 가지고 있었다. 혹은 너무 긍정적이거나 너무 부정적이었다. 스트레스 연구의 권위자인 한스 셀리에Hans Selye는 스트레스에 대한 두 가지 반응인 '투쟁-도피 반응fight or flight'을 답으로 제시한다. 이 두 반응 중 하나를 선택하는 것은 인간 고유의 본성이기도 하지만 상황에 대한 객관적 분석에서 기인하기도 한다. 도망가기로 결정하는 것flight은 자신을 공격하는 동물의 몸집과 수와 직접적으로 관련 있고, 싸우기로 결정하는 것fight은 이길 확률이 있을 때만 가능하다. 하지만 루소는 이를 보려 하지 않았다.

앞에서 아무 생각 없이 모방에 대해 이야기했던 루소는 이제 **비교**에 대해 이야기한다. 이번에도 그는 그 중요성은 깨닫지 못한 듯하다. "동물들 사이에서 살던 원시인들은 일찍부터 동물과 겨루면서 비교를 시작했다. 그리하여 힘이 아니라 재치로 동물들을 제압할 수 있다는 것을 깨달았다. 그러면서 동물을 더이상 무서워하지 않게 되었다." 여기서 인간을 동물과 비교하는 것은 너무 낙관적인 동시에 비현실적이고, 항상 인간에게 유리해 보인다. 하지만 그런 일은 거의 불가능하다. 게다가 루소는 인간들이 **서로** 비교하고 모방할 수 있다는 생각까지는 하지 못했다.

물론 루소가 언급하지는 않았지만, 모방 전염이 그의 환상 이면의 어단가에 존재할 가능성은 있다. "더 무서운 적은 어떤 수단을 써도 방어할 수 없는 선천적 장애, 유년기, 노화, 질병이다. 장애와 유년기는 모든 동물에 해당되지만, 마지막에 언급한 질병은 사회를 이루어 살아가는 인간에게 주로 해당된다."

사회를 이루어 살아가는 인간에게 해당되는 질병은 전염병이다. **전염**이라는 개념은 루소가 언급한 또다른 모방 개념이다. 하지만 그는 거기서 한 인간에게서 다른 인간에게로 옮아가는 부정적인 면만 취함으로써 지식, 학습, 언어 역시 사람들 사이에 전해진다는 사실은 무시해버렸다. 인간과 동물의 진정한 차이를 언급하지 않은 것이다. 루소는 세 번이나 모방 개념에 접근했으면서도 거기서 도망쳤다. 모방·비교·전염 현상을 관찰하고 가장 힘센 동물과 가장 강한 저항력을 가진 인간이 선택된다고 이야기하면서 약자의 희생과 다윈주의라 할 만한 것에 대한 직관을 보여주었지만, 이 현상들 간의 연관성을 끌어내지는 못한 것이다.

뒷부분에 가서 루소는 가축에 대해서도 언급했다. "말, 고양이, 소, 그리고 당나귀조차 축사에서보다 숲에서 더 건장하고, 강하고, 용감하다. 그것들은 길들여지면 본래 가지고 있던 강점의 반을 잃게 된다. 보살핌을 받고 잘 먹지만 궁극적으로는 퇴행한다."

동물은 길들여지면 인간화된다. 이 경우 동물은 인간을 모방한다. 반면 자연에서는 인간이 동물을 모방했다. 재미있게도 루소는 감성 지능을 예견했다. 그는 인지 지능이 감성 지능(루소는 이것을 '열정' 혹은 '욕망'이라고 불렀다)으로 보완되지 않으면 효과가 없다고 말했다. "도덕주의자들이 뭐라고 하든 인간의 지적 능력은 열정에 빚지고 있고, 열정 역시 지적 능력에 빚지고 있다는 것이 많은 사람들의 의견이다. 우리의 이성은 열정의 활동으로 완성된다. 우리는 기쁨을 얻기 위해 알고자 한다. 욕망과 두려움이 없다면 왜 이성적으로 생각하려고 노력하겠는가."

루소는 인간이 욕망을 충족시키기 위해 새로운 방법을 계속 찾으면서 지능을 자극한다고 보았다. "우리의 열정은 욕구에 기원하고 우리의 진보는 지식에 기원한다. 무엇을 욕망하거나 두려워하는 것은 지식이나 단순한 충동 때문이다. 그러므로 지식을 갖지 못한 원시인은 충동에 의해서만 열정을 가질 수 있다. 그들의 욕망은 육체적 욕구를 뛰어넘지 못한다. 그들이 알고 있는 유일한 행복은 음식, 여자, 휴식이다."

루소가 처음에 원시인에게는 욕망과 욕구가 혼재되어 있었다고 본 것은 흥미롭다. 여기서도 루소는 타인을 모방하는 욕망이 욕구와는 다르다는 생각을 살짝 스쳐갔다. 루소의 관점에서 보면 모방이 자연 상태를 망치는 것으로 여겨질 수 있다. 물론 자연 상태라는 것이 존재하고, 인간이 근본적으로 아리스토텔레스가 말한 '정치적 동물'이 아니라면 말이다. 다시 말해 인간이 사회 밖에서 살 수 있다면 그럴 수 있다.

나는 루소가 모방을 보지 못했거나 부정했기 때문에 편집증적인 사람이 되었다고 생각한다. 모방을 부정하는 것은 타자성을 부정하는 것이다. 자신은 모방될 수 없다고 모방을 부정하는 병적 고립은 편집증의 특징인데, 이는 어느 희생양의 한탄인 『고독한 산책자의 몽상』에서 확인할 수 있다. 자신은 모방될 수 없다고 선언하는 것은 타인이 자신을 모방한다는 것을 전제로 한다. 타인이 자신을 모방하는 것은 그들의 욕망이 자신의 욕망을 흉내 내려 한다는 것이고, 그들의 욕망이 자신의 욕망을 흉내 내려 한다는 것은 당연히 자신의 욕망이 시간상 그들의 욕망에 선행한다는 것이다. 자신이 타인보다 앞선다는 것은 곧 타인이 자신을 따르고, 나아가 뒤쫓는다는 뜻이다.

르네 지라르가 제시한 정신병리 증상을 루소가 몸소 실천했다고 생각할 수도 있을 것이다! 편집증 환자에게는 모든 사람이 적이다. 그는 세상에 혼자뿐이다. 그들의 눈에 그 자신은 완벽한 희생양이다. 첫 번째 산책에서 루소는 자신의 고독을 강조했다. "이렇게 혼자, 형제도 자식도 친구도 사회도 없이 땅 위에 나 혼자 있다. 가장 사교적이고 가장 정다운 인간인 내가 만장일치로 추방당했다."[14] 르네 지라르가 희생양에게 필요한 전제 조건으로 제시한 만장일치를 루소도 강조하고 있다. 하지만 루소에게 있어 합의는 사회적 박해라는 메커니즘에서 나온 것이 아니라 편집증에서 나온 것이기 때문에 주관적이다. 자신이 주장한 것과 달리, 사회가 그를 내친 것이 아니라 그 스스로 사회에서 물러난 것이다. "옛날에도 그랬고 지금도 다를 것 없는 내가 어느 날 괴물, 살인자, 사회의 해악으로 여겨지고 지나가는 행인들이 침을 뱉는 끔찍한 인간이 되어 한 세대 전체의 만장일치로 기꺼이 매장당하는 존재가 될 것이라고 상상이나 할 수 있었겠는가?"[15]

희생양 루소는 이렇게 불평했다. 왕좌에서 쫓겨나 콜로누스 마을로 가는 오이디푸스의 입에서 나올 법한 불평이다. 편집증 환자의 불평일 수도 있다. 하지만 편집증은 희생양의 목소리를 담은 확성기이다. 원시 종교에서 신화, 즉 '집단 폭행자'는 희생양에게 말할 권리를 주는 확성기이다. 하지만 그 권리를 주는 것은 죽은 다음이다. 희생양은 죽은 후 집단 폭행자들에게 충고, 가르침, 명령, 금기, 그리고 평화를 가져다준다. 물론 희생양은 죽었기 때문에 자신이 그런 일을 했다는 것을 모른다. 루소는 자신의 '박해자'에게 아무것도 주지 않는다. 살아 있을 때 스스로 물러났기 때문이다. 루소가 흥미로운 것은 희생양의 경험을 묘사했다는 점이다. 그는 사방이 온통 적이라는 정신병적 기분을 느끼고 자신을 부당함의 희생자로 여긴다. 자신을 박해하는 모든 사람들보다 자신이 우월하다고 생각하기 때문이다.

『달랑베르에게 보내는 편지』에서 루소가 부정적인 현실에 대해 말하는 것은 매우 흥미롭다. 그는 몰리에르의 『인간 혐오자』에서 자신을 발견한다. 그런데 인간 혐오자도 루소와 마찬가지로 모방 함정에 빠져 있다. 그는 세상의 모든 사람과 경쟁하고, 무슨 수를 써서라도 다른 사람들과 구별되고 싶어한다. "상대의 장단점도 구별하지 않고/누구에게나 친절을 베푸는 사람을 나는 용납할 수 없거든."[16] 이 구절은 자신이 구별되고 싶고, 유리하게 비교되고 싶고, 유일한 사람, 다른 사람보다 우월한 사람이라고 인정받고 싶어한다는 뜻이다. "사람들이 나를 다르게 대해주면 좋겠어./한마디로 사람을 사귀는 것은 나에게 불가능한 일이야."[17] 결과적으로, 우월하고 싶은 것과 '사람을 사귀는 것'은 양립할 수 없다. 이런 점에서 편집증 환자와 인간 혐오자는 똑같다.

『인간 혐오자』에서 주인공 셀리멘은 인간 혐오자의 편집증적 증상을 훌륭하게 표현했다.

"그분이 반대하는 건 당연해요.

그분이 다른 사람들과 같은 목소리를 내길 원하시나요?

그분이 하늘로부터 받은 반대하기 좋아하는 성격을

버리길 원하시나요?

그분은 절대 다른 사람의 감정을 만족스러워하지 않아요.

그래서 항상 반대를 하지요.

그분은 다른 사람 의견에 동의하면

자신이 평범한 사람이 될 거라고 생각해요.

반대하는 영예는 그분에게는 너무나 매혹적인 것이죠.
그래서 그 무기를 자신에게도 들이대곤 한답니다.
설령 자신이 그렇게 생각하더라도
다른 사람의 입에서 그 말이 나오면 그것마저 반대해요."[18]

자신의 감정, 자신의 생각, 궁극적으로 자신의 존재가 타인보다 우월
하고 선행한다고 주장하는 모방적 경쟁 관계를 완벽하게 보여주는 대
사이다. 그래서 다른 사람의 입에서 자신의 생각을 듣거나 다른 사람의
마음에서 자신의 감정을 보게 되면 그 생각과 감정을 바로 버린다. 타
인에게도 그것이 있다는 단순한 이유만으로도 그것은 자신의 것이 될
수 없기 때문이다. 그것은 무시해야 마땅한, 자신에게는 걸맞지 않은 것
이다.

그러므로 편집증은 경쟁 관계의 정신병적 상태다.

장애물로서의 타인

오늘날 자폐아에게는 거울신경세포
가 적거나 없다는 것이 밝혀졌다. 자폐증은 조현병의 가장 빈번한 형태
이다. 조현병 환자에게도 거울신경세포가 부족한 만큼 조현병이 더욱
위중하고 심각한 병이라는 것을 이해할 때가 되었다. 어쨌든 조현병의
병리 증상은 세 번째 뇌에서 만들어지기 때문에 모델이 만든 장애물은
기질적 장애일 수 있다. 거울신경세포가 부족하면 타인에게 공감하고
타인과 정상적으로 접촉하는 것이 불가능하다. 한마디로 자아 간 관계
가 구축되지 못해 모든 모델이 극복할 수 없는 장애물이 되는 것이다.

2장 ___ 모방은 정신에 어떻게 작용할까

이때부터 욕망─장애물을 모방하는 욕망은 자신을 금지한다. 대상의 소유를 금지하는 것이 아니라 자아의 존재를 금지하는 것이다. 그 결과 자아는 장애물에 부딪혀 부서지고 폭발한다. 그리고 임상에서 이것은 지속적으로 분열하는 자아의 모습으로 관찰된다. 세 번째 뇌는 두 번째 뇌에 아무런 영향을 미치지 못한다. 공감 능력이 없어 감정과 정서가 전혀 작동하지 않기 때문이다. 첫 번째 뇌에서는 여러 가지 망상적인 생각, 주제, 메커니즘의 불협화음이 일어나고, 자아는 장애물 앞에서 분열되어 거울처럼 수천 조각으로 깨진다. 깨진 거울 조각들은 주변의 일부만을 비출 뿐 그림 전체를 비추지 못한다.

이것을 첫 번째 '거울 신호'라고 부른다. 조현병 환자는 거울을 보지만 자신을 알아보지 못한다. 이는 장애물이 그의 존재를 금지한다는 것을 의미하는 증상으로, 거울은 '지금 보고 있는 것은 네가 아니야. 다시 말해 너는 존재하지 않아'라는 메시지를 보낸다. 거울 신호의 또다른 형태는 신체기형공포증dysmorphophobia이다. 조현병 환자는 자신의 신체를 그대로 받아들이지 못하고 모든 문제의 책임을 그 탓으로 돌린다. 예를 들어 코를 수술해서 단점을 고치면 모든 문제가 사라질 거라고 생각하는 것이다. 이 증상은 성형외과 의사들이 조심해야 할 매우 흔한 함정이다.

조현병의 특징적 징후(이 징후가 있으면 조현병으로 진단할 수 있다)로는 다음 두 가지가 있다.

─내 코가 싫어요. (흉터가 싫어요. 큰 귀가 싫어요.) 코 때문에 되는 일이 없어요. 내 코가 아니에요. 내 코가 아니라고요.

첫 번째 뇌에서는 여러 가지 망상적인 생각, 주제, 메커니즘의 불협화음이 일어나고,
자아는 장애물 앞에서 분열되어 거울처럼 수천 조각으로 깨진다.

—이때 코는 장애물, '장애물이 된' 타자를 상징하며, 이성에게 매력적으로 보이고 싶어하는 자신의 욕망을 방해하는 유일한 장애물이다. 환자는 장애물을 제거하고 자신의 욕망을 실현하기 위해서는 코를 수술해야 한다고 생각한다. 하지만 안타깝게도 성형수술이 성공한다 해도 모델−장애물은 다른 곳으로 옮겨갈 뿐 장애물은 다른 형태나 신체의 다른 부분으로 다시 표출된다.

두 번째 징후는 환자가 자신을 욕하는, 그의 행동을 비난하거나 생각을 반복하는 소리를 듣는 것이다. 이는 클레랑보가 '정신자동증 증후군automatism mental syndrome'이라고 부른 것으로, 앞서 만성 환각성 정신병을 다루면서 살펴본 바 있다. 흥미롭게도 히스테리 환자는 자신의 신체 일부를 타자화해서 모델−경쟁자를 표현하고, 조현병 환자는 자신의 생각 혹은 감각의 일부를 타자화해서 모델−장애물을 표현한다. 즉 자신이 듣는 목소리나 자신이 느끼는 감각을 타인의 행동, 외부에서 오는 것으로 생각하는 것이다.

히스테리와 조현병에서 모델−경쟁자와 모델−장애물은 실재하지만 타자성은 인정받지 못한다. 그래서 이 타자성이 병리적 증상으로 표현되는 것이다. N'에서 욕망이 욕망−장애물 혹은 욕망들−장애물들로 전환되면, 자아는 전환된 욕망이 타인의 욕망인지 자신의 욕망인지 알지 못하고, 알 수도 없고, 알고 싶어하지도 않는다. 그래서 환자는 피영향 망상 증후군 증상(자신의 생각이나 행동이 외부로부터 영향을 받고 있다고 생각하는 증상—옮긴이), 생각의 메아리 증상(누군가 자신의 생각을 반복해 말하는 소리가 들리는 것—옮긴이), 정신자동증 증상을 경험하게 된다. 자신의 말과 생각을 그대로 따라 하는 목소리가 들린다는 것은 욕망이 전환되었음을 의미한다. 그들은 자기 행동에 대한 비난이 자신의 행동보다 선행한다고 주장하지만, 실제로는 행동 뒤에 오는 것이다. 예를 들어 환자가 책을 읽고 있을 때 그는 "너는 책을 읽고 있다"라는 소리를 듣게 된다.

욕망이 욕망-장애물로 전환된 뒤 다시 자신의 욕망으로 돌아오는 것은 피영향 망상 증후군의 증상으로 나타난다. 앙리 에는 다음과 같이 설명한다. "환자는 일련의 생각 교환, 갑작스러운 개입, 조종 등을 경험한다. 뭔가가 자신의 생각을 상상하고 빼앗고 조종한다고 믿고, 유동 물질이나 전파, 레이더가 자신의 생각을 포착해 자신에게 어떤 생각을 강요한다고 주장한다. 이는 일반적으로 소리, 감각, 정신 활동의 심각한 환각을 통해 경험하게 된다. 즉, 환자는 문제의 사람이나 대상이 지나갈 때 몸에서 뭔가 올라오는 것을 느끼거나 말하는 소리를 듣게 되는 것이다."[19]

감정적으로 무감각하고 상징과 그 지시 대상을 분리하지 못하는 것(예를 들어 "물로 뛰어들어"라는 소리를 듣고 강에 몸을 던진다든가, 어린 조현병 환자가 "내가 대장이야. 그러니 내가 시키는 대로 해"라는 말을 듣고 아침 식사를 하고 있던 부모의 머리를 도끼로 내리친 경우)은 타인의 입장이 되어보는 것이 핵심인 모방 능력이 결여되었기 때문이다. 환자는 타인의 입장이 되어보는 대신 타인이 나타날 때마다 그를 부메랑처럼 받아들인다.

타인을 모방할 능력이 없음에도 모방 그물망, 즉 사회 그물망에 걸려 있는 조현병 환자는 타인이 자신을 모방한다고 느낀다. 이것이 조현병 환자가 느끼는 현실이다(자아 간 관계를 천체·물리적 유동체 형태로 구체화한 오스트리아의 의학자 메스머보다 더 틀릴 것도 없다). 편집증이 경쟁자인 타인의 욕망에 대한 자기 욕망의 선행성을 주장하는 병이라면, 조현병은 환자 자신의 욕망이 타인의 욕망으로 급전환되고 타자화되어 환자에게 다시 돌아와 장애물이 되는 병이다. 환자의 생각은 장애물로 급전환되면서 타인을 통해 해석된 후 환자 자신에게 돌아온다. 히스테리는 경쟁자를 표현하기 위해 신체 일부를 타자화하고, 조현병은 타인과의 관계를 표현하기 위해 자신의 생각이나 욕망을 외부의 목소리 형태로 타자화한다. 이때 타인은 강력하고 극복할 수 없는 박해자일 수도 있고, 파괴하고 제거해야 하는 장애물일 수도 있다. 아침 식사를 하고 있던 부모를 죽인 어린 조현병 환자는 '자신의 목소리'로부터 명령을 받고 행동에 옮겼다. 이는 조현병에 내재한 큰 위험이다.

나에게 치료받던 소녀 환자가 어느 날 이렇게 말했다.

"엄마를 봤을 때 엄마를 죽이라는 목소리가 들렸어요."

나는 환각은 실제로 일어나는 일이 아니고 목소리가 들린다는 것은 불가능하니 목소리가 들리지 않도록 치료해주겠다고 말하는 대신, 환자가 이부異父 여동생을 증오한다는 것을 알고 환자에게 다음과 같이 물었다.

"동생을 만났을 때도 죽이라는 소리를 들었나요?"

"아니요." 환자는 놀라서 대답했다.

"이상하네요. 목소리가 적을 착각했나요? 선택할 수 있다면 엄마보다는 동생을 죽이고 싶을 텐데?"

이 괴상한 말에 환자는 웃었다. 실로 오랜만에 보는 웃음이었다. 환자의 웃음은 이해와 말이 아닌 합의를 의미하고, 환자와 나 사이의 자아 간 관계가 '장애물'에 막혀 있지 않다는 것을 말해주었다. 나는 이 환자의 치료에 작은 진전이 있다는 것을 확인했다. 우리 사이에 환각이

나에게 치료받던 소녀 환자가 어느 날 이렇게 말했다.
"엄마를 봤을 때 엄마를 죽이라는 목소리가 들렸어요."

가미된 일종의 친밀함이 형성된 것이었다.

조현병의 형태는 다양하다. 하지만 내 견해로는 지금까지 우리가 살펴본 것에 비추어 크게 두 개 그룹으로 나눌 수 있을 듯하다.

첫 번째 그룹에는 자폐증, 파과증hebephrenia, 파과성 긴장증hebephreno-catatonia이 해당한다. 기질성, 신체성, 신경성의 모습으로 나타나는데, 이 병에 걸리는 이들은 첫 번째 뇌와 두 번째 뇌에 거울신경세포가 심각하게 부족하고 세 번째 뇌가 거의 존재하지 않는다.

두 번째 그룹에는 '심인성'에 속하는 조현병이 해당하는데, '단순 편집성 조현병'이라 불리는 것이다. 거울신경세포의 부재는 이 병에 거의 아무런 영향을 미치지 않으며, 세 번째 뇌를 구성하는 자아 간 관계가 모델-장애물인 것이 원인이 된다.

심인성 조현병을 설명하기 위해 예시를 하나 들어보겠다. 어느 가정의 형이 큰돈을 벌어 가족을 책임지고 있다. 하지만 그는 결혼은 하지 않았다. 그의 동생은 결혼해서 두 아이를 두었는데, 그중 큰아이가 아들이다. 이 아이는 영리한 청년으로 잘 자란다. 그 아이는 자라면서 자기 아버지가 능력이 없어 큰아버지에게 의지하고 있다는 것을 알게 된다. 그러므로 아버지를 자신이 동일시할 수 없는 모델이라고 생각하고, 큰아버지를 점점 더 존경하게 된다. 청년은 큰아버지를 위해 일하기로 결심한다. 하지만 큰아버지는 그를 받아들이지 않는다. 그럴수록 청년은 점점 더 큰아버지를 절대적이고 이상적인 모델로 여기고, 큰아버지가 자신의 아버지가 되어야 한다고 생각한다. 하지만 그것이 불가능하고, 큰아버지가 '입양'을 거부하자 청년은 혼란에 빠져 망상을 하기 시작한다. 상관들에게 박해받고 있다는 피해망상이 심해져 그는 직장에서도 매번 해고당한다. 그리고 자신에게 침잠한다. 그의 인격은 쪼개지고 분열되지만 통합할 수가 없다. 다시 말해 행동할 수가 없다. 이 청년의 경우 모델을 모델로 삼는 것이 불가능하고 경쟁자로 삼는 것도 생각할 수 없기에 결국 모델이 장애물이 되었다. 도달할 수 없는 목표, 손에 닿을 수 없는 목표인 모델을 모방할 수 없을뿐더러 모델이 그를 거부한 것이다.

왜 모델이 경쟁자가 되는 것을 생각조차 할 수 없는가? 가족이기 때문이기도 하고, 능력의 문제이기도 하다. 그는 큰아버지에게 말한다.

"저를 납치해주세요. 큰아버지가 공항에 가실 때 네거리에 있을 테니 차의 속도를 조금 늦춰주세요. 그러면 제가 차에 올라탈게요. 그런 다음 큰아버지와 함께 비행기를 타고 갈게요. 그러면 제 병이 나을 것 같아요. 큰아버지와 함께 있으면 저는 괜찮아질 거예요."

당연히 큰아버지는 거절한다. 조카가 정상이 아니라는 것을 알기에 책임지고 싶지 않고, 동생과 관계가 불편해지는 것도 원치 않아서다.

큰아버지가 조카의 부탁을 들어주었다면 어떻게 되었을까? 내 생각에 그는 매우 행복해하며 큰아버지와 함께 일했을 것이다. 그리고 큰아버지를 경쟁자로 삼아 큰아버지보다 일을 더 잘한다는 것을 증명하려 했을 것이다. 하지만 상황의 부조리성 때문에 환자의 상태는 경쟁자−정신병 '칸'으로 옮겨갈 것이다(95쪽 표). 그는 회사에서 모든 사람에게 마구 명령을 내리고, "큰아버지가 검은색이라고 말했다고? 그렇다면 흰색이야!" 하는 식으로 말할 것이다. 자신의 아버지를 거부하면 타인과 조화로운 관계를 맺을 수 없다. 그러므로 이 사례는 일면 출발부터 잘못되었다고 할 수 있다.

여기서 편집증과 편집성 정신병 사이의 유사성을 확인할 수 있다. 유럽 정신의학계는 이 두 병리 증상의 유사성과 차이를 발견하고 강조했지만, 미국 의사들은 종종 이를 놓치고 간과하는 경향이 있다.

앞에서 말한 젊은 청년의 경우를 예로 들어보자. 청년은 모델을 사랑한다. 모델은 처음에는 모델이었다가, 큰아버지가 조카인 청년의 모방과 동일화를 거부하면서 장애물이 되었다. 청년의 욕망은 모델로부터 영감을 받고 모방했지만, 모델에게 거부당하고 존재하는 것을 금지당한다. 그리하여 청년의 자아는 장애물 앞에서 쪼개지고 폭발한다. 하지만 두 번째 뇌는 큰아버지에게 여전히 애정을 품고 있는 동시에 큰아버지의 '거부', 그리고 큰아버지가 장애물이 되면서 생긴 원한과 증오의 감정을 품게 된다. 그래서 환자는 사랑과 증오라는 상반되는 두 감정을 **동시에** 느낀다. 이것이 바로 정신과 의사들이 말하는 '양가성ambivalence'으로, 조현병의 주요 증상이다.

큰아버지는 절대적인 모델이고, 이 모델을 모방해서 형성된 조카의 자아는 분열된 자아, 대립되는 두 욕망의 자아이다. "나처럼 해. 열심히 일하고 책임감 있는 남자가 되어야 해. 하지만 나처럼 억만장자에 힘 있는 사람이 되려고 하지는 마. 그 욕망을 너에게 금지한다." 모델의 상반되는 명령은 그레고리 베이트슨Gregory Bateson이 조현병을 촉발시키는 메커니즘으로 규정한 '이중 구속double bind'에 해당한다.

내가 연구한 바에 의하면, 니체가 여러 사람과 나눈 서신을 통해 분열성 망상이 발전해가는 과정을 확인할 수 있다. 니체는 바그너라는 환상적인 모델 앞에서 서서히 쪼개져갔다.

초기 편지에서 니체는 바그너가 쇼펜하우어와 똑같은 스승이고 모델임을 인정한다. "내 인생 최고의 순간, 가장 숭고한 순간은 내가 당신의 이름과 연결된 순간입니다."[20] 니체는 바그너에게 거의 **종교적 숭배**

를 보낸다고까지 적었다. 1872년 1월에 쓴 편지에서 그는, 지금 자신이 쓰고 있는 책 한 장 한 장에는 바그너에게 진 빚에 대한 감사의 표시가 담겨 있고, 이제부터는 자신이 언급될 때마다 바그너와 연관될 거라고 적었다. "존경하는 스승님, 스승님께서 이 책을 축복해주신다면 제게는 큰 새해 선물이 될 것입니다."[21] 그런데 1872년 11월 중순부터 작은 문제가 불거진다. 당시 니체는 교수였는데 학생이 없어서 고민하고 있었다. 1873년 4월의 편지에서 니체는 자신의 열등함을 인정했다. "나는 알고 있습니다. 아주 서서히 인식하고 있어요."[22] 그리고 바그너에게 쓴 편지에서, 그가 자신의 절대적 모델이고 그를 모방하는 것이 자신의 욕망이라고 말한다. "선생님 덕분에 매 순간 상상하지 못했던, 하지만 항상 원했던 경험을 하고 있습니다."[23]

그런데 그는 1878년 1월 바그너의 오페라 〈파르지팔〉을 보고 라인하르트 폰 자이들리트Reinhart von Seydlitz에게 보낸 편지에 이렇게 썼다. "낡은 기독교주의와 거짓 심리학으로 가득 찬 작품이야!"[24] 니체는 모델 바그너를 견디는 것이 힘들어졌고, 우리는 모델이 경쟁자 그리고 장애물로 변하는 것을 목격하게 된다.

1878년 7월 마틸데 마이어Mathilde Maier에게 보낸 편지에는 이렇게 적었다. "과도한 흥분과 지나친 찬양으로 범벅된 기괴한 예술…… 바그너의 예술을 말하는 것입니다. 바그너와 그의 예술은 나를 병들게 하고 말 것입니다."[25] 바그너라는 모델의 평형추를 찾던 니체는 그리스 비극을 발견한다. 그는 이렇게 말했다. "예전보다 백보 더 그리스인들에게 다가갔습니다."[26] 그리고 마틸데 마이어에게 보낸 편지에 "우리가 우상화한 현자에게서 지혜를 분리해내면서 문제를 해결할 방법을 찾고 있습니다"라고도 썼다("예전부터 저는 현자들을 숭배해왔습니다"). 여기서 수면

위로 떠오르는 심리 메커니즘은 타인의 일부를 분리해내는 것이다. 현자는 지혜가 아니고, 지혜는 현자로 축소되지 않는다. 지혜는 독립적인 것이다. 그렇게 니체는 우상이 된 현자를 반드시 좋아하거나 존경하지 않아도 철학자가 될 수 있다는 것을 조금씩 깨닫기 시작했다. 같은 편지에 니체는 "나는 가장 순수한 인간관계만을 받아들이는 고결함을 얻었습니다"[27]라고 적고, 모델인 동시에 제자가 되어야 한다며 다시 분리를 시도한다. "우리는 모두 (…) **자신의** 진정한 제자가 되어야 합니다!"[28] 여기서 볼 수 있는 분리 과정은 조현병의 출현을 예고한다.

경쟁 관계는 1878년 9월 N'에서 두 남자 사이에 전쟁이 선언되면서 시작된다. 니체는 친구 프란츠 오베르벡Franz Overbeck에게 보내는 편지에서 이렇게 말한다. "나도 바그너가 나에 대해 신랄하고 악의에 찬 비난을 한 것을 읽었습니다."[29] 같은 시기인 1878년 늦여름, 니체는 바그너를 부정적으로 생각하는 카를 푹스Carl Fuchs에게 바그너를 반대하는 데 더이상 혼자가 아니라고 느낀다고 썼다.[30]

마침내 니체는 자신의 욕망이 바그너의 욕망보다 선행한다고 말하기 시작한다. 1882년 7월 그는 페터 가스트Peter Gast에게, 자신이 작곡한 작품을 연주해본 뒤 자신과 바그너가 얼마나 닮았는지 놀랐다고 썼다. N'에서 욕망은 모델의 욕망과 유사성을 발견하고 놀라서 자기의 선행성을 주장하기 시작한다. 니체는 바그너가 자신과 비슷했던 때에 비해 퇴행했다고 덧붙였다.[31] 그 결과 N'에서 자신의 욕망이 바그너의 욕망에 선행해 자신이 더 훌륭한 곡을 작곡했고, 이제는 바그너가 그를 '모방하지 않아' 〈파르지팔〉을 쓸 정도로 후퇴했다고 주장한다.

그렇기는 하지만 천재적인 니체는 파울 레Paul Rée와 루 안드레아스 살로메Lou Andreas Salome에게 보낸 편지에서 자신이 아프다는 것뿐 아니라 자신의 병이 사실은 자기도취적 상처, 자존심의 상처라는 것을 인정한다. 그는 〈파르지팔〉을 지독히 싫어했다. 그런데 이 대목에서 조현병의 또다른 중요 증상인 양가성이 나타난다. 〈파르지팔〉의 서곡을 들은 그는 바그너의 천재성을 찬양하고 단테와 비교했다.[32]

1887년 12월 병이 재발한 니체는 카를 푹스에게 쓴 편지에 "내가 바그너주의자였던 것이 기이하게 생각될 정도입니다"[33]라고 말한 뒤 그것이 '매우 위험하고' 힘든 경험이었다고 덧붙였다. 어쨌든 니체가 자신의 병이 바그너와의 위험한 관계에서 시작되었다는 것을 인식했다는 점이 놀랍다. 그것은 그가 천재였기에 가능했다. 그는 이렇게 결론지었다. "이제는 바그너와의 관계가 나를 파멸시키지 못했다는 것, 그리고 그 관계가 나에게 무엇을 의미했는지도 깨달았습니다."[34] 니체는 바그너라는 병리적 혹은 병원성 영향으로부터 벗어났다고 생각했다. 혹은 벗어났다고 자신을 설득하려 했다.

1888년 2월의 편지에서는 모델이 경쟁자로 변하는 것을 분명하게 확인할 수 있다. 니체는 쇼펜하우어와 바그너가 부모이면서 반대자라고 말한다.[35] 모델이면서 경쟁자인 것이다. 그리고 자신이 모델과 경쟁자가 한 사람임을 처음으로 깨달은 사람이라는 것도 덧붙인다. 결과적으로 니체는 더 우월했다. 모든 것을 이해했고, 우월감을 가지고 진단을 내렸다. 우리는 니체가 자신의 천재성으로 정신병을 극복하고 보상하려 했다는 것을 짐작할 수 있다. 그는 쇼펜하우어와 바그너가 자신의 모델이었다가 경쟁자로 변했다는 것을 깨달았다.

니체는 자신과 바그너의 유사성에 대해서도 언급했다. 보들레르의 마지막 순간에 대해 말하면서, 그는 자신과 바그너의 천재성은 같은 효과를 가지고 있다고 주장했다. "말년에 거의 미치광이가 되어 서서히 무너져가고 있던 보들레르에게 **바그너의** 음악은 **약**이었다네. 심지어 바그너의 이름을 들려주면 그는 '환하게 미소를 지었다'더군. (…) 내가 알기로 바그너가 그것과 비슷한 감사와 열정을 담아 쓴 편지는 『비극의 탄생』을 읽고 나에게 쓴 것이 유일했다네."[36] 바그너는 비참한 상태에 처한 보들레르에게 치료약이었고 보들레르를 '환하게 미소 짓게' 만들었다. 그런 바그너가 니체의 『비극의 탄생』을 읽고 병석의 보들레르가 느낀 것과 같은 감동을 준 것에 대해 감사하는 편지를 니체에게 보낸 일이 있었다.

방금 전 N'에서는 바그너의 작품과 니체의 작품 사이에 선행성 문제가 있었는데, 이제 니체와 바그너는 각자의 분야에서 동일한 기적 같은 치료 효과를 내고 있는 것이다.

하지만 동일성은 오래가지 않았다. 1888년 8월, 니체는 감정이 '시소'처럼 요동치는 가운데 바그너의 음악을 강하게 비난했다.[37] 야코프 부르크하르트Jacob Burckhardt, (1818~1897, 스위스의 역사가―옮긴이)에게 보낸 편지에서도 니체는 같은 말을 했다. 1888년 가을, 그는 부르크하르트에게 이제 바그너는 독일 황제가 국가의 보배라고 생각할 정도로 유명해졌다고 말하면서 "바그너에 대해 어떻게 생각하는지 말할 권리와 의무가 있습니다"라고 했다. 다시 말해 가치를 제대로 판단해야 하는데, 바그너는 도를 넘어섰다는 것이다! 1888년 9월, 니체는 독일에서 자신만큼 글을 잘 쓰는 사람은 없다고 선언한다.

1888년 가을, 니체의 고독은 우울증으로 이어졌다. 덴마크의 문학평론가 게오르그 브라네스Georg Morris Brandes에게 쓴 편지에서 니체는 바그너에 대한 자신의 공격에 브라네스가 긍정적인 반응을 보인 것에 대해 감사하고, 그런 반응을 보인 사람은 브라네스뿐이라고 적고 있다.

1888년 8월, 니체는 감정이 '시소'처럼 요동치는 가운데
바그너의 음악을 강하게 비난했다.

"아무도 내게 편지를 쓰지 않기 때문입니다." 이제 니체 주위에는 아무도 없다. 1888년 10월, 니체는 브라네스에게 병을 치료하려고 노력하고 있다는 편지를 보냈다. 그 편지에서 그는 『에케호모』를 쓰기 시작했고, 그 책이 자신과 자신의 글에 대한 대담한 토론이 될 거라고 선언했다. 1888년 11월에는 프란츠 오베르벡에게 자기 자신에 대한 성찰인 그 책에서 기대하는 바가 무엇인지 분명하게 이야기한다. 그는 자신을 보여주고 싶었다. 다른 사람이 너무 잘 보였기 때문에 자신도 보여주고 싶었던 것이다.

1888년 12월 카를 푹스에게 쓴 편지에서는 니체의 망상을 엿볼 수 있다. "구舊 신이 퇴위했기 때문에 이제부터 제가 다스리게 되었습니다." 여기서 신은 자신의 신인 바그너와 인간의 신 둘을 의미한다. 신은 죽었다. 어쨌든 퇴위했기 때문에 이제 니체 자신이 다스려야 했다. 하지만 니체는 바로 제자리로 돌아와 재능 있는 음악가들과 함께 반反 바그너 그룹을 만들어 바이로이트 축제의 추종자들과 맞서야 한다고 주장했다. 그리고 자신의 새로운 계획과 음악에 기여한 자신의 공헌을 담은 소책자를 출간할 것을 제안했다.

1888년 12월에는 여동생 엘리자베트에게 다음과 같은 편지를 썼다. "네 오빠는 지금 힘 있고 유명한 사람이 되었어. 하지만 독일에서는 그렇지 못해. 독일인들은 우둔하고 저속해서 내 천재성을 알아보지 못하고 항상 나를 조롱하기만 하지. 하지만 이제 상트페테르부르크, 파리, 스톡홀름, 빈, 뉴욕에서 사람들이 나를 찬미하고 있어. 지위가 높고 저명한 사람들이. 그들이 존경을 담아 내 이름을 부르고 있어."[38] 결과적으로 그는 세계의 연극 무대를 휩쓸었고 홀로 우뚝 섰다. 1888년 12월 메타 폰 잘리스Meta von Salis에게 쓴 편지에서 그는 "내가 믿을 수 없을 정도로 유명한 사람이 되었다"며 좋아했다.

페터 가스트에게 보낸 1889년 1월의 편지에서는 니체가 느낀 환희와 망상을 동시에 볼 수 있다. "오! 나의 주인 피에트로! 새 노래를 나에게 불러주십시오. 세상은 빛나고 하늘은 즐겁답니다." 그리고 그는 편지 말미에 '십자가에 못 박힌 사람'이라고 서명했다. 그때부터 니체는 정신이 온전하지 못한 채로 자신이 신과 바그너를 대체했으며, 바그너보다 더 위대한 음악가이며 더 유명하다고 주장했다. 하지만 신은 십자가에 못 박혔기 때문에 그의 서명은 '십자가에 못 박힌 사람'이었다. 니체는 이렇게 양 극단에 있는 두 개의 축을 혼동했다. 신성한 힘과 집단 살인은 구분이 어렵고, 유대-기독교 사회에서 신성神性과 십자가는 구분이 어렵기 때문이다.

하지만 바그너의 아내 코지마에게 보낸 편지에서 그는 "사랑하오, 아리아드네"라고 쓰고 '디오니소스'라고 서명하면서 분리를 시도한다. 1889년 1월 야코프 부르크하르트에게 보낸 편지에서는 망상에 휩싸인 니체의 모습이 엿보인다. 그는 모든 역사적 인물이 자신에게 속해 있어 겸손한 자신은 불편을 느낀다고 적었다. 그리고 나머지 인물들은 코지마-아리아드네(바그너의 아내. 정신병이 심해졌을 때 니체는 코지마를 자신의 아내로 생각했다―옮긴이)에게 속해 있다고 했다. 니체는 가끔 그녀와 주술 의식을 치렀다고 주장하기도 했다. 자신이 가야바(예루살렘의 대제사장. 예수를 심판해 사형을 결정했다―옮긴이)를 사슬에 묶어놓았고, 자신은 독일 의사들에 의해 십자가에 못 박혀 천천히 오래도록 죽어가고 있다고 적었다.

우리는 니체의 사례를 통해 어떻게 환자가 절대적 모델을 가지고 있다가 N'에서 모델과 완벽하게 동일시한 후 자신이 모델이라는 망상을

2장 ___ 모방은 정신에 어떻게 작용할까

하고, 결국에는 자신이 신이라고 말하는 상태에 이르게 되는지 볼 수 있다. 그때부터 세계는 그를 중심으로 돌지만, 신이 그런 일을 겪었듯이 군중은 그에게 등을 돌리고, 그를 희생시키고, 십자가에 못 박아 죽게 한다. 달리 말해 N'에서 시작된 망상은 첫 번째 뇌에서 완벽하게 논리적인 합리화의 모자를 썼다. 니체는 조현병 환자인가? 모방 정신병리학적 시각에서 보면 그렇다고 나는 생각한다. 니체는 바그너라는 극복할 수 없는 장애물 앞에서 분열되었다. 바그너는 그의 경쟁자이기도 했다. 니체는 자신의 천재성과 망상으로 경쟁자를 이기고 극복했다. 편집증과 조현병의 감별 진단(증상이 유사한 질병을 비교하고 감별하는 것—옮긴이)은 모델의 이 두 측면 사이에서 판가름 난다. 결국 니체는 광인이 되었다. 광인은 유有였다가 무無가 된 사람이다. 즉, 아무것도 아닌 사람이다.

아스퍼거 증후군은 자폐증의 범주에 들어간다. 아스퍼거 증후군을 앓는 사람은 종종 첫 번째 뇌가 경이롭게 발달되어 놀라운 인지력을 보이기도 하지만, 감정적으로 냉담해서 자아 간 관계에 무능하다. 한스 아스퍼거Hans Asperger가 1943년에 설명한 바와 같이, **비언어적** 소통의 결함과 **공감**의 심각한 쇠퇴가 아스퍼거 증후군의 특징이다.

내 생각에 이 두 증상은, 첫 번째 뇌와 두 번째 뇌의 거울신경세포 부족으로 설명할 수 있을 것 같다. 거울신경세포 부족은 세 번째 뇌의 위축, 타인에 대한 무관심으로 이어진다. 아스퍼거 증후군을 가진 사람들은 무감각, 정서 결핍, 감정 부족 증세를 보이지만 종종 지적 능력이 뛰어난 천재가 되기도 한다. 정서, 감정, 타자의 간섭에서 자유로워진 첫 번째 뇌가 인지력을 극적으로 확장시켜 기억(이를테면 여러 언어를 구사하는 것), 수학(특히 산술), 그리고 IT 분야에서 뛰어난 능력을 보이는 천재를 만들기도 하는 것이다.

나는 새로운 모방 심리학에서 중요한 것은 일관성이라고 생각한다. DSM-IV 같은 진단 체계는 인간을 100여 개의 진단 기준으로 요약해놓은, 비논리의 대명사라 할 만한 체계이다. 인간은 한 사람 한 사람 다 다르므로 진단 기준은 100여 개가 아니라 70억 개가 되어야 한다. 그렇지 않으면 보편적 메커니즘을 찾아 사람마다 각기 다른 게임을 하게 해야 한다. 물론 유럽 정신병리학계는 임상 증상으로 병의 구조를 구분하고 있지만, 모방 정신병리학은 세 개의 뇌 논법을 통해 증상의 연속성과 병의 구조를 이해시키고, 임상적으로 어떻게 신경증에서 정신병으로, 혹은 정신병에서 신경증으로, 혹은 정상에서 신경증과 정신병으로 변하는지 설명해준다.

지금까지 살펴본 내용을 요약해보자.

―히스테리에서 모델-경쟁자는 다리 마비나 히스테리성 실명과 같은 신체 일부의 타자화 혹은 생리적 기능의 타자화라는 신체적 표출 뒤에 숨어 있다. 타자화된 신체는 경쟁자를 상징하지만 동시에 경쟁자를 숨기고 있다. 그러므로 경쟁자는 병의 원인이고 박해자이다. 어쨌든 관객도 배우 자신도 경쟁 관계에 무지하면 진짜 경쟁자가 누구인지 알 수 없다. 경쟁 관계는 욕망의 소유권을 광적으로 주장할 때 나타나기 때문이다. 잔 데 장주 수녀원장이 말한 것처럼 환자는 영향을 받아 '행동'하고, 자신에 의해 혹은 자신의 일부에 의해 고통받는다.
―반대로 정신병에서 편집증 환자는 모든 경쟁자의 욕망에 대한 자기 욕망의 선행성을 주장하고, 그렇기 때문에 사람들이 그 선

2장 ___ 모방은 정신에 어떻게 작용할까

행성에 반론을 제기하면 자신을 박해한다고 의심한다.

—만성 환각성 정신병과 조현병에서는 정신자동증이 생각 혹은 감각의 일부를 타자화한다. 환자는 자기 생각이 도난당했다고, 그가 무슨 생각을 하는지 타인이 다 보고 있다고 생각한다. 감각 역시 타자화된다. 환자는 타인의 목소리를 분명하게 듣는데, 그 목소리는 모델이 경쟁자인지 장애물인지를 나타낸다. 이렇게 생각이 타자화됨으로써 경쟁 관계와 타자성이 표출되고, 자신은 타인의 욕망에 대한 자기 욕망의 선행성을 광적으로 주장한다는 것을 모른 채 불평하게 된다. 또한 타자화는 경쟁자를 장애물로 도약시킴으로써 그 장애물이 조현병 환자에게 자신의 생각, 자신의 목소리가 다른 사람에게서 비롯되는 것처럼 느끼게 한다.

이 모든 것은 모방 정신병리 증상의 일관성을 보여준다. 타인의 존재나 타자성을 인정하지 않은 상태에서 모델, 경쟁자, 장애물을 표현하기 위해, 신경증 환자와 정신병 환자는 자신의 일부를 타자화해서 N과 N'에서 주장을 관철시키고, 경쟁자나 장애물뿐만 아니라 모델과 자신의 관계도 표현하는 것이다.

5   정동장애

정동장애情動障碍는 지난 50년 동안 정신의학과 정신병리학 분야를 점차적으로 지배해왔다. 그래서 오늘날 거의 모든 환자가 '양극성 정동장애'(양극성 기분 장애, 조울증) 진단을 받는가 하면, 그 양상이 1형에서 5형까지 분류될 정도로 극단적인 상황에 이르렀다. 5형은 하루에도 기분이 수시로 바뀌는 것을 말하는데, 과연 우리 중에 그렇지 않은 사람이 있는가?

이 문제를 세 개의 뇌 관점에서 차분히 살펴보기 위해서는 정동장애를 일으키는 두 가지 원인을 구분할 필요가 있다. 첫째 원인은 두 번째 뇌, 즉 시상하부에 위치한 기분 조절 신경핵에서 찾을 수 있고, 또다른 원인은 세 번째 뇌, 즉 자아 간 관계의 변화에서 찾을 수 있다. 물론 사람이 우울해지거나 과도하게 흥분하면 세 개의 뇌를 모두 관찰하고 검사해야 한다.

내인성과 외인성

두 번째 뇌에서 그 원인을 찾을 수 있는 정동장애는 정신과 의사들이 전통적으로 '내인성 정동장애', 즉 조울증이라 부르는 것에 해당한다고 나는 생각한다. 조울증은 흥분 상태와 우울 상태가 반복적으로 나타나는 것이 특징이다. 시간차를 두고 조증과 울증이 교대로 나타나면 '양극성' 조울증, 몇 년 동안 조증이나 울증 중 한 가지만 나타나면 '단극성' 조울증이라 한다.

증상이 반복적으로 나타나는 내인성 정동장애(외부 요인이 아닌 생체 내부의 원인으로 발병하는 정동장애—옮긴이)는 종종 분명한 주기를 보이는 것이 특징이다. 예를 들어 매년 봄이나 가을에 울증이, 겨울이나 여름에 조증이 나타나는 경우가 있다. 각각의 증상을 촉발하는 외부 요인은 알려져 있지 않다. 유전적 소인이 크며, 그러므로 환자의 생체적 요인에 기인한다. 당연히 우울증 상태에서는 말 그대로 모든 것이 전체적으로 느려지고, 조증 상태에서는 정신 활동이 극도로 빨라진다. 첫번째 뇌와 세 번째 뇌는 두 상태 모두에서 두 번째 뇌와 동일한 리듬으로 작동한다.

우울증은 비관적인 생각을 품게 하고 자아 간 관계를 변화시켜, 가장 가까운 사람과의 관계 형성마저 불가능할 정도로 감정적으로 마비시킨다. 첫 번째 뇌는 우울한 기분에 어두운 생각의 모자를 씌워준다. 그러므로 정동장애는 공통적으로 기분 저하, 비관적이고 어두운 생각, 고통스러운 각성 상태, 염세주의, 죄책감, 수치스러움, 낮지 않을 거라는 생각, 절망감, 종종 자살로 이어지는 침울한 망상 등 세 개의 뇌가 모두 관여하는 증상을 보인다. 하지만 내인성 정동장애의 경우 십중팔구 두번째 뇌, 특히 신경전달물질(도파민, 노아드레날린, 세로토닌)의 유전적 이상에서 원인을 찾을 수 있다.

기분을 조절하는 신경핵과 시상하부의 신경전달물질에 이상이 있을 때, 조증 상태에서는 정신 활동이 점차적으로 가속화한다. 의기양양해진 환자는 뛰어난 생산성을 보이며, 그것이 환자 자신이나 주위 사람들에게 축복으로 여겨지기도 한다. 환자는 기분이 들뜨고, 세상에 무서울 것이 없다고 생각한다. 심각하지 않은 경조증hypomania 상태에서는 대담한 프로젝트에 착수하고, 환자의 그런 열정에 감동한 사람들이 환자 주위로 몰려든다. 넘쳐나는 에너지와 잠도 필요 없는 집중력 덕분에 그는 대단한 성공을 거두기도 한다. 하지만 증상이 심해지면 자신감은 과대망상으로, 열정은 자신이 전지전능하다는 망상으로, 도취감은 초조감과 주위 사람들에 대한 공격성으로 변한다. 자신과 같은 속도를 내지 못하는 사람들에게 경멸과 분노를 표출하기도 한다.

조증과 우울증의 경우 세 번째 뇌의 자아 간 관계는 두 번째 뇌에서 출발한 생리적 회오리바람으로 인해 변화가 생기고, 첫 번째 뇌가 제공한 지적·경제적·정치적·윤리적·종교적 정당성으로 치장한다.

두 번째 뇌에 그 원인이 있는 내인성 정동장애에 반해 '외인성' 정동장애는 세 번째 뇌에서 기인하고 자아 간 관계의 문제로 인해 생긴다. 예를 들어 시합이나 싸움에서 지면 두 번째 뇌는 우울해지고, 첫 번째 뇌는 비관적이 된다. 반면 승리하면 두 번째 뇌는 행복감에 젖고 첫 번째 뇌는 낙관적이 된다.

그러므로 직장에서의 해고, 이별, 죽음, 사고, 실패, 장애 등 인생의 많은 사건들이 '반응성' 우울증을 야기한다. 그런데 이 상태는 임상에서 내인성 우울증과 구분하기가 쉽지 않아, 기왕력anamnesis(병력)이 외인성 정동장애를 진단하는 유일한 기준이라 할 수 있다. 감지되는 외부 요인이 있는지, 유사한 병력이 있는지를 바탕으로 진단을 내리게 된다. 같은 맥락에서 행복한 연애, 허니문, 사업 성공, 시험 합격, 콩쿠르 입상 등의 사건이 일어나면 두 번째 뇌에서는 기쁨과 행복으로 반응하고, 첫 번째 뇌에서는 자아의 능력에 대해 만족스러운 평가를 내린다. 행복의 감정이 과도해질 수 있지만 내인성 장애에서는 그런 현상이 극히 드물게 나타난다.

임상 사례를 살펴보자. 35세 여성 L은 알코올 의존 문제로 치료를 받고 있었다. 그녀는 흔히 보기 힘든 형태의 알코올의존증을 앓고 있었다. L은 회의가 있거나 사람들 앞에서 이야기해야 할 경우, 특히 상사가 그 자리에 참석할 경우 화장실에 가서 몰래 술을 마셨다. 그녀는 12년 동안 정신분석 치료를 받았지만 만족할 만한 성과를 얻지 못했다.[1] 그녀의 병력을 살펴보니 '조울증'처럼 기분이 상승과 저하를 반복한 것을 알 수 있었다. 얼마 지나지 않아 나는 그녀 안에 억압된 폭력성이 내재해 있고, 특히 남성에 대해 공격적인 태도가 있음을 발견했다. 몇 차례 상담을 진행한 후 L은 자신이 아버지에게 강간을 당했고 그 일 때문에 부모가 이혼했다고 고백했다. 부모가 이혼한 후 L은 아버지와 살면서 아버지를 돌봐야 했다. 예전에 받았던 정신분석 치료에서 오이디푸스 환상에 대해 많은 이야기를 들었지만 죄책감만 더욱 커졌다고 했다.

아버지에게 강간당한 후 L은 두 가지 극단적인 태도를 보였다. 하나는 폭력, 증오심, 아버지에 대한 복수심, 흥분, 불안, 과도한 활동성, 공격성과 같은 임상적 '조증' 상태였고, 다른 하나는 아버지에게 느끼는 강렬한 공격성과 증오심으로 인한 죄책감, 즉 임상적 '우울증' 상태였다. L은 이 간극을 술로 채우려 한 것이었다. 두 감정이 서로 연결되어 있다는 사실을 깨닫고 나서 L은 보다 안정되었고, 다른 남자들과의 관계에서도 두 가지 극단적 감정이 표출되어 결혼을 할 수 없었다는 것을 알게 되었다. 자신이 술로 상황을 극복하려 했고, 특히 아버지 위치에 있는 상사와 대면할 때면 더욱 술을 필요로 했다는 것도 깨달았다. L은 진전을 보였지만 회복하지는 못했다. 그녀는 계속 치료를 받았지만 채워지지 않은 복수 욕구 때문에 지쳤고, 아버지의 사망으로 복수의 대상이 사라지자 회복은 영원히 불가능해졌다.

유사한 증상을 진단(감별 진단)할 때 정신과 의사들은 주의를 기울일 필요가 있다. 환자를 보지도 않은 채로 환자가 말하는 증상을 컴퓨터에 입력한 후 DSM-IV 진단 체계가 증상을 종합해서 답을 모니터에 띄워주기만을 기다려서는 안 된다는 말이다. 나는 정신의학이 이런 방향으로 흘러가면 의학은 인간과 점점 더 멀어지고 수천 년 동안 쌓아온 의사와 환자의 관계가 무너져 내릴 위험이 있다고 생각한다.

반응성 우울증과 내인성 우울증을 구별할 때 내가 항상 하는 질문이 있다.

"당신이 자살하려는 것은 삶을 끝내려는 목적 때문인가, 아니면 죽으려는 목적 때문인가?"

최근에 어느 환자에게 이 질문을 했더니, 환자가 나에게 화를 내며 질문의 의도가 뭐냐고 물었다. 나는 환자에게 지금 당신이 진료실에 갇혀 있고 진료실에 있는 의료진의 존재를 견딜 수 없다고 상상해보라고 했다. 그 경우 창문으로 뛰어내리는 것을 포함해 모든 수단과 방법을 가리지 않고 탈출하고 싶은지, 아니면 창문 너머에 보이는 아스팔트 바닥에 이끌려 그냥 거기 처박히고 싶은지 물었다. 환자는 아스팔트 바닥에 이끌리다니 그런 정신 나간 소리가 어디 있느냐며, 그러잖아도 의사들에게 짜증이 나서 나가달라고 말할 참이었다고 거만하게 대답했

2장 ____ 모방은 정신에 어떻게 작용할까

다. 나는 같이 있던 젊은 의사들의 의견을 종합해 환자의 우울증은 반응성이고, 환자가 보이는 자신감과 공격성으로 볼 때 조증으로 가려는 상태라고 진단을 내렸다.

사람들은 종종 신진대사나 생리적·유전적 요인에 따른 내인성 정동장애와, 타인과의 경쟁 혹은 모델의 반대로 인해 생기는 외인성 정동장애의 비율이 각각 어느 정도인지 나에게 묻는다. 하지만 이 질문에 답하는 것은 불가능하다. 정신과 의사들이 모두 같은 방식으로 증상을 분석하지 않으므로, 통계 자료를 제대로 활용할 수 없기 때문이다.

화학작용, 의약품, 독성 물질 등의 외인성 요인에 의해 촉발되는 정동장애도 빠뜨려서는 안 된다. 예를 들어, 술을 마시면 슬퍼지는 사람이 있고 기분이 좋아지는 사람도 있다는 통설과는 달리 술은 사람의 기분을 악화시킨다. 우울한 사람은 더 우울해지고, 기분 좋은 사람은 더 흥분이 된다. 이런 점에서 술은 기분이 양극단으로 치닫는 것을 막아주는 리튬이나 기분 조절제와는 정반대되는 역할을 한다고 볼 수 있다. 마찬가지로 코카인도 사람을 흥분시키고 활력을 주지만, 종국에는 조증과 같은 과도한 흥분 상태와 편집증적 망상을 낳는다. 코카인에 중독되면 반대로 우울 상태에 빠지게 된다. 대마초는 십자군 전쟁 당시 이슬람교의 일파였던 암살단파가 기독교인과 싸울 때 전의를 높이기 위해 사용되었지만, 반대로 1967년 여름 약 10만 명의 히피들이 샌프란시스코에 모이는 '서머 오브 러브Summer of Love' 행사에서는 평화와 사랑의 약이었다. 그러므로 의약품을 포함해 환자가 어떤 약물을 복용하고 있는지 주의해야 한다. 우울증을 일으키는 성분이 들어 있거나 코티손처럼 흥분제가 들어간 의약품도 있기 때문이다.

모방적 정신병리학에 근거한 정동장애

내가 제안하는 새로운 정신의학 개념은 어느 뇌에서 문제가 시작되는지 찾는 것을 목표로 한다. 정동장애의 경우 두 번째 뇌, 시상하부의 특정 신경핵에 문제가 생겨서 발생한다는 것이 이미 밝혀졌고, 그 문제를 일으키는 신경전달물질과 화학적 메커니즘이 무엇인지도 알려졌다.

정동장애는 앞에서 살펴보았듯이, 양극성 조울증 혹은 단극성 조울증을 일으키는 유전적·선천적 요인, 그리고 가까운 사람의 죽음, 이별, 소중한 물건의 분실처럼 깊은 상처를 주는 사건으로 인해 생긴다. 내인성 정동장애의 경우 감정의 회오리바람은 두 번째 뇌에서 시작되어 첫 번째 뇌로 가서 합리화된다(나는 죄인이다, 나는 벌을 받아야 한다, 나는 더이상 살 가치가 없다, 고통을 끝내야 한다 등). 그리고 세 번째 뇌에서는 타인에 대한 인식이 변화한다. 타인이 위협적이고 적대적인 존재로 생각되고, 감정이 점차적으로 마비되고, 자아 간 관계와 욕망이 서서히 사라진다. 새로운 정신의학은 적절한 수단을 통해 문제를 뿌리부터 공격하는 데 집중한다. 정동장애의 경우에는 약물 치료가 기본적인 수단이다.

반대로 문제가 첫 번째 뇌에서 시작될 수도 있다. 첫 번째 뇌가 다른 사상가의 생각에 반대되는 주장을 하게 되어 다른 사상가가 경쟁자가 되고 자아 간 관계도 바뀌는 것이다(니체의 첫 번째 뇌는 바그너의 우월성을 견디기 힘들었을 것이다).

물론 병리 증상이 어디서 어떻게 시작되는지 분명하게 규정하기는 쉽지 않다. 예를 들어 히스테리의 경우 욕망의 경쟁 구조는 감정과 감성의 폭풍을 일으키고 그것이 몸으로 나타난다. 그런데 심한 공황 발작

2장 _____ 모방은 정신에 어떻게 작용할까

이나 불안 발작처럼 극단적으로 연극화된 증상에서는 경쟁 메커니즘을 파악하기가 쉽지 않다. 그뿐 아니라 경쟁 메커니즘이 폭풍의 근원인지 아니면 결과인지 판단하기도 힘들다. 새로운 정신의학은 세 가지 뇌의 상호작용을 항상 염두에 두고 어떤 뇌를 치료할 것인지, 약물 치료를 할 것인지 심리 치료를 할 것인지 판단하고자 한다. 여기에 덧붙여 환자와 어떤 자아 간 관계를 맺어야 할지 생각해야 치료 효과를 높일 수 있다.

내인성 정동장애는 두 번째 뇌에서 폭풍이 일어나 회오리바람이 되고 결국에는 쓰나미로 변해 첫 번째 뇌의 이성과 세 번째 뇌의 공감 능력, 타인과의 관계가 무너져 세 뇌의 조화가 깨진 결과이다.

이 상황을 잘 보여주는 임상 사례가 있다. 매우 심한 조울증을 앓고 있는 환자가 있었다. 문학 교수인 그는 박사 학위를 받은 지성인이었다. 심한 교통사고로 여러 번 수술을 받고 2년 동안 정형외과에 입원해 있다 정신과로 옮긴 상태였다. 머리를 다쳤지만 기적적으로 인지능력에는 이상이 없었고, 지능이나 기억력에도 아무런 문제가 없었다. 그는 2차선 도로에서 시속 200킬로미터로 달리다 대형 화물차와 정면충돌했고, 진료 기록에는 '우울증 발현 시 자살 시도 위험'이라고 적혀 있었다.

상담을 하면서 나는 그와 정치, 문학, 철학 등 다양한 주제에 대해 이야기를 나눴고, 그러는 동안 우리 사이에는 우정과 신뢰가 싹텄다. 어느 날 나는 교통사고에 대해 이야기할 준비가 되었다고 판단하고 그에게 질문을 했다.

"우울증이 심하셨더군요. 이유가 뭔가요?"

"다른 의사 선생님들은 그런 건 묻지도 않았어요. 큰 교통사고가 났으니 우울한 건 당연하다고 생각하는 것 같더군요."

"그 의사들의 의견에 동의하지 않으시는 것 같군요."

"네. 사고가 나기 몇 주 전부터 저는 날아갈 것처럼 기분이 좋았어요. 자신감이 넘쳤죠. 생각도 그 어느 때보다도 빠르고 명확하게 했고, 글도 너무 쉽게 쓸 수 있었어요. 특히 밤에 더 잘 쓰여서 잠도 거의 자지 않았죠. 못 할 것이 없었어요. 대형 화물차를 향해 시속 200킬로미터로 달려들면서도 나는 전지전능하니까 기적적으로 살아날 거라고 생각했어요."

이 상담을 통해 그에 대한 진단은 완전히 바뀌었다. 그의 병은 우울증으로 인한 자살 시도가 아니라 중증 망상성 조증이었다. 자신이 신처럼 전지전능하다는 망상이 생겨 첫 번째 뇌의 이성적 사고와 두 번째 뇌의 감정적·정서적 능력이 파괴되고, 세 번째 뇌의 타인을 생각하는 공감 능력이 사라진 것이었다. 그는 부모, 아내, 아들을 생각하지 않고 SF 영화에서처럼 화물차 밑을 통과할 수 있다고 믿었다. 내가 증상을 설명하자 그는 완벽하게 이해했고, 기분조절제 복용이 절대적으로 필요하다는 처방도 받아들였다. 그렇게 20년 동안 나는 환자의 상태에 따라 항우울제와 신경이완제를 함께 사용하며 그를 치료했다.

그러던 어느 날 그에게서 다시 심각한 망상성 조증이 나타나 쓰나미처럼 모든 것을 쓸어버렸다. 그는 자신이 세상에서 가장 강한 사람이기 때문에 치료는 필요 없다고 선언했다. 치료를 멈추자 극도의 환희와 흥분 상태가 계속되었고, 사기 사건에 연루되어 사기꾼들에게 전 재산을 잃기도 했다. 한번은 그가 내 진료실에서 처방전을 훔쳐 내가 아파트 임대 보증인이라는 가짜 증명서를 만드는 바람에 경찰서에 가서 그 증명서가 가짜라는 것을 확인해줘야 하는 일도 있었다. 하지만 나는 그를 고소하는 대신, 그가 심각하게 아프며 그가 저지른 일들이 병리 증상의 결과라는 증명서를 발행해주었다. 그 덕분에 그는 풀려났고, 다시 치료를 받겠다고 내게 약속했다. 하지만 그는 가짜 관보를 가지고 나를 찾아왔다(능력이 정말 대단한 사람이다!). 거기에는 그가 '대통령 자문 위원'으로 임명되었다는 기사가 실려 있었다. 나는 다시 치료를 받아야 한다고 진심으로 그에게 설명했지만, "대통령이 곧 내게 전화해서 자신이 대통령 자문 위원으로 임명된 것을 확인해줄 것이다."라는 대답밖에 들을 수 없었다.

그러고는 몇 달 동안 그를 보지 못했다. 그리고 어느 날 경찰서에서 연락이 왔다. 그가 자택에서 목을 매 자살했다는 것이었다. 그가 엘리제궁으로부터 지시를 받아 진행했다고 주장한 사기 사건 때문에 경찰이 그를 체포하러 집으로 들이닥치자 극단적인 선택을 한 것이었다! 나는 가슴이 아팠다.

그는 마지막 순간까지 망상과 조증의 희생자였고, 그래서 현실과 충돌했다. 자신이 신이 아니라는 것을 믿는 대신 죽음을 택했다. 뒤르켐 Emile Durkheim이라면 '아노미적 자살'(현실과 타협하지 못한 사람의 자살—옮긴이)이라고 말했을 것이다. 그는 심각한 우울 증상으로 갑자기 기분이 저하되어 자살 충동을 느낀 것일 수도 있고, 아니면 삶과 죽음을 뛰어넘는 자신의 절대적 우월성을 증명하려고 마지막 제스처를 보인 것일 수도 있다.

6

욕망의
병

지금까지 검토한 심각한 정신병리 증상 말고도 다양한 행동장애들이 있다. 이들 중 '도착성' 행동장애는 욕망이 욕구와 본능에 대해 독립과 우월성을 주장하면서 나타나는 장애이다. 지금까지 욕망과 욕구는 구별하기 어려울 정도로 함께 붙어 있었다. 그런데 욕망이 완전히 독립하면 욕구와 본능은 뒤로 처지고, 욕망에 제대로 저항하지 못한 채 전복되고, 왜곡되고, 나아가 파괴되기까지 한다.

나는 욕망의 병은 거의 세 번째 뇌에 생긴 문제에서 기인한다고 본다. 행동장애는 모델과의 관계라는 특수한 병리 증상과 관련되어 있기 때문에, 자아 간 관계와 모방의 뇌인 세 번째 뇌에서 시작되고 진행된다. 첫 번째 뇌와 두 번째 뇌는 이 과정에 거의 관여하지 않으므로 행동장애의 신경증적·정신병적 구조를 논할 수 없다.

사도마조히즘

히스테리가 일종의 원맨쇼라면, 가학자sadist는 피가학자masochist를 필요로 한다. 그 반대도 마찬가지다. 사도마조히즘에는 두 사람이 필요하다. 사디스트는 학대하는 사람이고 마조히스트는 학대받는 사람이다. 마조히스트는 자신의 장애물인 모델에 복종함으로써 장애물 뒤에 숨은 존재에 다가가고, 나아가 신에게 가까이 간다고 상상한다. 사디스트는 마조히스트의 복종에서 타인의 욕망보다 자신의 욕망이 선행하고 우월하다는 것을 확인받는다.

사도마조히즘은 종종 성적이고 연극적이지만, 전적으로 지적이고 관계적일 수도 있다.

성과 권력은 분리해서 생각할 수 없는 '시소' 같은 관계이다.[1] 남자 환자는 발기와 삽입으로 자신의 힘을 확인하고, 여자 환자는 타인을 흡수하면서 자신의 힘을 확인한다. 사정은 굴복을 의미하고, 조루는 무기를 들기도 전에 항복하는 것이다. 어떤 의미에서는 자신의 역할을 거부하기 위해 전투를 거부한다고도 할 수 있다. 상대방을 과대평가해서 아예 처음부터 무릎을 꿇는 것이다.

마조히스트는 더 멀리 간다. 그는 복종함으로써 기쁨을 얻으며, 이때 복종은 상대방, 폭력적인 모델에 대한 완전한 항복을 의미한다. 그러므로 확실히 모델에게 폭력은 우월성을 상징한다. 사디스트의 측면에서 보자면, 그는 폭력을 행사하고 자신의 힘을 상대방에게 과시하면서 기쁨을 느낀다. 그는 상대방에게 성적·육체적 고통을 가함으로써 흥분을 느낀다. 상대방의 고통은 자신이 우월하고 승리자임을 증명하고, 자신이 욕망을 소유하고 있으며, 그 욕망이 상대방의 욕망에 선행하고 우선한다는 증거이기 때문이다.

광고는 팔아야 할 물건을 홍보하기 위해 소비자의 욕망에 암시를 보낸다. 그런데 상냥하고 섹시하고 착한 여성이 아니라 깡마르고 까칠한 여성이 오만한 눈길로 우리를 쳐다보면서 우리에게 욕망을 암시한다. 마치 갈망하는 우리의 눈을 곁눈질하면서 그 물건은 우리의 것이 아니고 자기만의 것이라고 말하는 듯하다. 광고는 소비자와 사도마조히스트적 관계를 맺으며 발전했다. 오늘날 모델-장애물은 모델-모델보다 더 매력적이다. 왜냐하면 금지된 것이 허락된 것보다 더 매력적이기 때문이다. 창세기에 나오는 오래된 이야기를 떠올려보라.

여기서 흥미로운 것은 자아 간 관계의 구조와 세 번째 뇌가 타인을 인식하는 방식(모델, 경쟁자, 장애물)이 개인의 사적이고 주관적인 경향과 일치한다는 것이다. 그래서 거울신경은 대개 '정상적인' 포르노 영화를 보면서 성적 욕망을 강력하게 반사하지만, 몇몇 사람들의 경우에는 사도마조히스트적 영화에 모방적으로 반응하면서 즐거움을 얻는다.

남색sodomy에서 복종은 더욱 완전해진다. 그런 이유에서 르네 지라르는 동성애의 성적 욕망을 힘의 지배-피지배 관계, 다시 말해 넓은 의미에서의 사도마조히즘으로 설명했다. "욕망은 (…) 오로지 소유할 수 없는 것만 욕망할 가치가 있다고 결정한다. 극복할 수 없고 물리칠 수 없는 경쟁자라고 여겨져야만 욕망의 대상이 될 자격이 있다. (…) 모방 욕망은 모델을 장애물로 변모시킨 다음 결국 장애물을 모델로 변모시킨다. (…) 이때부터 욕망은 상처를 입기 위해 가장 강력한 장애물, 난공불락의 장애물을 찾아헤맨다. 이보다 더 마조히스트적인 것이 있을까? (…) 모욕을 당하면 당할수록, 무시를 당하면 당할수록 그는 그것을 모델이 절대적으로 우월하다는 신호로 읽는다."[2]

르네 지라르의 설명은 여기서 끝나지 않는다. "마조히스트적 에로티

시즘이 본질적으로 연극적 성격을 지니고 있다는 것은 잘 알려져 있다. (…) 환자가 원하는 것은 자신이 모방하고 있는 모델에게 열등감을 느끼고, 모욕받고 박해받는 관계를 유지하고 있다고 믿거나 실제로 그러한 관계를 유지하는 것이다. (…) 모방자가 찾는 것은 고통이나 예속이 아니라 신성에 가까운 절대적 힘이며, 모델이 지닌 잔인성은 그런 힘에 근접해 있음을 암시한다. (…) 성적 쾌락은 대상과 분리된다. (…) 모델-경쟁자가 모방자에게 하는 가혹 행위에 집중하기 위해서다."[3] 이는 욕망이 본능과 욕구 사이의 점점 커져가는 간극으로 인해 생기는 욕망의 병을 보여준다. 또한 사도마조히스트 관계에서 마조히스트가 보는 모델은 때로는 경쟁자이고 때로는 장애물이라는 것 역시 눈여겨볼 필요가 있다. 사디스트 입장에서 보면, 마조히스트인 상대방이 투사하는 이미지는 항상 복종적인 경쟁자의 이미지다.

나는 가학증과 피학증에 대한 임상 경험이 많지 않다. 그런 증상을 가진 사람들은 스스로 개인의 취향이라고 여기고 전혀 불만을 느끼지 않기 때문이다. 그런데 어느 부부의 집에 방문해 그들이 가지고 있는 가죽 제품, 부츠, 수갑, 금속 허리띠, 채찍 등 다양한 물품을 구경할 기회가 있었다. 부인은 '분장을 한 채' 남편이 자신에게 채찍질을 하도록 놔둘 수밖에 없다고 말했다. 다른 방식으로는 남편이 '작동'하지 않았기 때문이다. 얼마 후 남편의 모방 상태는 더욱 '악화'되었다. 남편은 자신의 욕망을 불러일으키려고 아내로 하여금 다른 남자와 관계를 갖게 했다. 완전한 모방 삼각형의 재현이었고, 프로이트라면 말할 것도 없이 원초적 장면primal scene(부모의 성교 장면에 대한 아동기의 회상이나 환상—옮긴이)의 재현으로 해석했을 것이다. 여기서 얻을 수 있는 교훈은 이중 관계라는 현실이다. 아내는 남편이 소개해준 남자 한 명과 가까워져 그와 함께 떠나버렸다. 그 남자에 대한 욕망의 근원은 물론 그녀 자신의 것이 된 남편의 욕망이었다. 그녀는 남편의 욕망에 너무 완벽하게 융합되어, 모델을 버리고 욕망하던 대상과 떠나기로 결정한 것이었다.

또다른 예는 늙은 군인과 매우 젊고 아름다운 아내의 경우이다. 이들 부부는 한 젊은 남자에게 접근했다. 늙은 군인은 그 젊은 남자를 집으로 데려가 자기 아내에게 옷을 벗으라고 한 뒤 젊은 남자에게 그녀와 성관계를 가지라고 했다. 몇 분 후 늙은 군인이 소리를 질렀다.

"제대로 할 줄 모르잖아! 비켜봐! 어떻게 하는지 보여줄게!"

그러고는 특정 체위를 어떻게 제대로 공략하고 정복하는지 군사훈련을 시켜주었다.

메살리나와 돈 후안

옛날에 늙은 농부가 있었다. 이 농부에게는 개 한 마리가 있었고, 개를 훈련시켜 밭과 양배추를 지키게 했다. 어느 날 이 농부가 죽었다. 하지만 충성스러운 개는 계속 양배추를 지키고 밭에 들어오려는 사람을 향해 짖어댔다. 개는 양배추를 먹을 수 없었지만 다른 할 일도 없었다. 2,000편이 넘는 희곡을 쓴 스페인의 천재적인 작가 로페 데 베가Lope de Vega의 유명한 우화 『농부의 개』다. 이 이야기에서 한 귀족 여성은 자신의 젊은 비서를 사랑했지만 그와 결혼하지 않았고, 그가 다른 여자와 결혼하지도 못하게 했다. 몰리에르는 『엘리드의 공주』에 이렇게 썼다. "부인, 그는 부인을 사랑하지만 부인은 그를 원하지 않습니다. 그러면서도 그가 다른 여자의 것이 되는 건 원치 않으시는군요."4 바로 농부의 개처럼 말이다.

모방 욕망의 가장 사악한 형태는 욕망의 대상을 소유할 수 없을 경우 차라리 모델에게서 그 대상을 빼앗으려 하는 것이다. 메살리나와 돈후안에게서 이런 유형의 행동을 볼 수 있다. 대상은 있지만 경쟁자는 물리적으로 존재하지 않는다. 하지만 돈 후안과 메살리나는 경쟁자의 존재나 앞으로 경쟁자가 출현할 가능성에 대해 강박증을 가지고 있다 (메살리나는 로마 클라우디우스 황제의 아내로 색을 밝혔다. 이후 메살리나의 이름은 '여러 사람과 성관계를 가지는 여자'와 동의어가 되었다). 제2차세계대전 중 프랑스 농부들은 포도주를 다 마시고 빈 병을 버리면서 이렇게 말했다. "독일 놈들이 마실 와인 한 병을 또 처치했군!" 이것이 바로 돈후안과 메살리나의 논리다. 이들은 정복한 애인에게서 말 그대로 단물을 다 빤 다음 텅 빈 상태로 버려서 경쟁자들을 만족시키지 못하게 했다. 라클로Choderlos de Laclos가 쓴 『위험한 관계』에 나오는 발몽의 경우도 그렇다. 발몽과의 관계가 끊긴 뒤 투르벨 부인은 더이상 다른 남자에게 관심을 갖지 않았다. 더구나 그녀는 죽었기 때문에 아무에게도 속하지 않게 되었다. 오늘날의 메살리나들 역시 애인을 지옥과 천국, 온탕과 냉탕을 오가게 한 후 가차없이 버린다. 버림받은 애인은 무기력해지고, 거세되고, 쓸모없어진 것 같은 기분이 되어 다른 여자와 사랑에 빠질 수 없게 된다. 돈 후안주의와 메살리나주의는 특정 경쟁자가 아니라 미래의 모든 경쟁자에게서 욕망하는 대상을 소유하는 기쁨을 빼앗기 위해 대상을 고갈시키고 파괴하려는 욕망이다. 이때 경쟁자는 단수가 아니라 불특정 다수이자 미래의 사람들이다.

발몽이 돈 후안보다 더 사악하고 과격한 이유는 잠재적 경쟁자들에 대한 자신의 경쟁 모방 욕망뿐만 아니라, 메르퇴유 후작 부인에 대한

오늘날의 메살리나들 역시 애인을 지옥과 천국, 온탕과 냉탕을 오가게 한 후
가차없이 버린다. 버림받은 애인은 무기력해지고, 거세되고,
쓸모없어진 것 같은 기분이 되어 다른 여자와 사랑에 빠질 수 없게 된다.

모델 모방 욕망에도 따라 움직였기 때문이다. 이 예는 욕망-경쟁자가 어떻게 욕망-모델에 의해 통합되고 강화되는지 보여준다는 점에서 매우 중요하다. 돈 후안은 욕망-경쟁자로만 움직였고, 몰리에르가 보여준 것처럼 젊은 농부 부부의 행복에 질투를 느꼈다. "결혼을 앞둔 젊은 여인이 있다네. 세상에서 가장 친절한 여인이지. 결혼하기 위해 이곳에 왔는데 3, 4일 후면 결혼식을 올릴 거야. 나는 그들처럼 서로를 만족스러워하고 사랑하는 사람들을 본 적이 없다네. 두 사람의 열정에 감동받을 정도야. 그야말로 큰 충격이었지. **내 사랑은 질투에서 시작되었어.** 그래! 처음에는 두 사람이 같이 있는 모습이 너무 좋아 보여서 고통스러웠는데, 그 고통이 내 욕망에 불을 질렀다네. 그들의 사랑이 내 연약한 마음을 갈기갈기 찢어놓았어. 그들의 사랑을 깨버릴 수 있다면 그보다 더 기쁜 일은 없을 것 같아."[5]

돈 후안은 젊은 여자가 매력적이어서가 아니라 모델을 경쟁자로 이해하는 메커니즘 때문에 그녀를 유혹해서 남편으로부터 빼앗으려 한 것이 틀림없다. 돈 후안의 관심은 경쟁자에게 가 있고, 그는 경쟁자의 행복을 질투했다. 그 질투심을 해소할 수 있는 유일한 방법은 경쟁자에게서 욕망의 대상(그의 아내)을 제거하는 것이다. 여기서 돈 후안에게는 눈에 보이는 경쟁자가 있지만, 일반적인 돈 후안들은 욕망의 대상을 소진시켜버려 앞으로 나타날 어떤 경쟁자도 욕망하지 못하게 만든다.

돈 후안이나 메살리나가 부딪힐 수 있는 위험은 유혹할 수 없는 대상과 사랑에 빠지는 것이다. 그러면 금지된 대상에 욕망이 광적으로 고정될 위험이 있다. 왜냐하면 대상이 훌륭한 모델에 의해 금지되었고, 그 모델은 넘지 못할 장애물이고, 그러므로 그 대상이야말로 금지되었다는 이유로 가장 탐나는 대상을 지정할 수 있는 자격을 갖춘 유일한 존재라는 확신이 굳어지기 때문이다. 하지만 내 임상 경험에 비추어볼 때 현실에서 꼭 그렇게 되는 것은 아니다. 내가 만난 돈 후안과 메살리나는 자신의 유혹을 거부하는 대상을 비난하면서 포기하거나 혹은 라퐁텐의 우화에 나오는 여우 같은 반응을 보였다. "저 포도는 너무 시어서 맛이 없을 거야. 그러니 바보들이나 먹으라지."

이 모든 것은 운명이 절대적이지 않다는 것을 말해준다. 욕망은 이 책 95쪽에서 제시한 표의 모든 칸에 적용될 수 있고, 특정 상황에 대해 '정상', '신경증', '정신병' 혹은 '도착증'의 태도를 취할 수 있다. 하지만 아주 사소한 일로도 해당하는 칸이 바뀔 수 있다.

돈 후안주의와 메살리나주의에서 두 번째 뇌는 욕망-경쟁자를 파괴하는 작업에 애정과 사랑이라는 옷을 제공한다. 그렇기 때문에 메살리나는 어느 누구와도 사랑에 빠질 수 있다. 사랑해서가 아니라 진정한 애정을 보여주지 않으면 대상을 유혹할 수 없기 때문이다. 사랑의 힘으로 대상을 높여줘야 하고 대상의 감정을 끓어오르게 해야 한다. 그래야 첫 번째 뇌가 연인이 완전히 지쳤다는 신호를 보낼 때 자신에게 완전히 빠져버린 불행한 연인에게 첫 번째 뇌가 제공하는, 자신이 떠나야만 하는 논리적 이유를 설명할 수 있다.

메살리나의 경우에도 두 번째 뇌가 제공한 감정의 옷을 벗고 첫 번째 뇌가 갑자기 씌워준 가혹한 모자를 쓴 것이 애인을 파괴하는 데 큰 몫을 하는 것이 분명하다. 실제로 그 애인은 절망과 그리움이라는 감정에 더해 이해할 수 없는 잔인한 상황과 싸워야 한다. 그녀의 변심을 예상하게 할 만한 일이 전혀 없었고, 그녀의 설명은 겉으로는 논리적이고 이성적으로 들리지만 사실 터무니없다. 어제만 해도 그녀는 자신을 열정적으로 사랑했는데, 오늘은 국에 빠진 파리처럼 보고 있지 않은가!

돈 후안도 마찬가지다. 그는 불행한 여인을 완전히 진이 빠지게 한 뒤 "내 잘못이 아니라오"라는 마지막 말을 남기고 떠난다. 돈 후안의 변명은 버림받은 여인의 얼마 남지 않은 힘마저 짓밟아버린다. 사샤 기트리Sacha Guitry(1885~1957, 프랑스의 배우, 희곡 작가, 시나리오 작가—옮긴이)의 유명한 말로 메살리나주의와 돈 후안주의를 요약할 수 있을 듯하다. "당신을 영원히 사랑하오, 오늘 밤만!" 내일은 달라질 거라는 뜻이다. 하지만 사랑에 눈먼 연인은 그 말을 끝까지 듣지 못한다. 누구에게나 그렇듯 약속은 말을 끝까지 듣는 사람에게만 지켜진다…….

나는 메살리나 같은 여성을 한 명 알고 있다. 그녀는 나에게 '유혹의 시간'이라고 불리는 '작업 초반'에 모든 것을 다 줘야 하고 남자에게 온전히 집중해야 한다고 말했다. 한번은 그녀가 유혹하려 시도하던 남자가 발목에 금이 가 수술을 받아야 했다. 하지만 그녀는 그녀의 표현대로 남자를 '꼼짝 못하게' 하기 위해 수술이 다음 날로 예정되었는데도 남자와 성관계를 가졌다. 관계를 갖는 동안 남자는 극심한 고통을 느꼈지만 '포로'를 놓치지 않기 위해 얼굴을 한 번도 찡그리지 않았다. 그녀는 매우 역설적인 또다른 이야기도 들려주었다. 한 남자를 한창 유혹하고 있는데, 그 남자가 전 애인을 계속 만나는 것 같다는 생각이 들었다. 그런 의심을 하는 순간 남자에 대한 미친 듯한 사랑의 감정과 함께 통제할 수 없을 만큼 질투를 느꼈다. 남자가 선물해준 값비싼 반지를 던져버릴 정도였다. 하지만 그녀는 자신이 질투의 감정을 느꼈다는 사실 자체에 놀랐고, 그에게 복수할 생각으로 다른 '대상'과 관계를 가졌다. '머리를 식히고', 통제할 수 없는 상황, 즉 정말로 사랑에 '빠지게' 될지도 모를 나쁜 사람으로부터 멀어지기 위해서였다.

이 이야기를 들으니 한 어부의 이야기가 생각났다. 어부는 큰 물고기한 마리를 물에서 건져내다 요동치는 물고기의 꼬리에 맞았다. 화가 난 어부는 물고기를 적으로 생각하고 망치로 머리를 내리쳤다. 실재하는 모델이든 허구의 모델이든, 현재의 모델이든 미래의 모델이든, 모델을 거역하는 욕망-경쟁자와 메살리나를 화나게 해서 죽임을 당하는 연인-물고기의 몸부림은 구분해야 한다.

돈 후안과 메살리나는 귀족 계급에 속했고, 동일한 연애 기술을 가졌고, 동일한 모방 메커니즘으로 상대방을 농락했으며, 두 사람 모두 자기 욕망-경쟁자의 노리개였다. 하지만 오늘날의 사회는 민주화되었다. 마리 프랑스 이리구아앵은 자신의 책 『권력 남용』에서 오늘날의 돈 후안과 메살리나들은 일반 대중이며 평범한 자기도취적 도착증 환자라고 말했다. 이 책에서 그녀는 조종자와 희생자 사이의 '권력 투쟁'[6]을 다루는데, 자기도취적 도착증 환자라고 일컫는 조종자의 전략은 돈 후안이나 메살리나의 전략과 유사하다. "누군가를 조종하려면 먼저 유혹해서 호감을 얻고 신뢰에 기반한 '친근한' 관계를 만들어야 한다."[7] 반면 자기도취적 도착증 환자의 희생자들은 '강렬한 순간'[8]에 이끌린다. 강렬함이 그들을 일상의 단조로움과 권태에서 깨워주고 탈출시켜준다. 육체적·정신적으로 큰 대가를 치른다 해도 말이다.

성불능, 조루, 불감증

『욕망이라는 이름의 모방』에서 나는 자아 간 관계의 양극단에 있는 죽음과 오르가슴 사이의 유사성을 강조한 바 있다. 다시 말해 성적 욕망에는 원하든 원하지 않든 폭력성과 경쟁이 들어 있다. 프로이트도 『성애론』에서 정신적 무능력은 욕망의 두 요소인 폭력성과 경쟁의 해리가 특징이라고 했다. "애정관계에서 정신적 무능력은 애정 흐름과 성적 흐름의 불일치라 할 수 있다."[9] 모방 심리학적 시각에서 보면 욕망은 언제나 경쟁을 동반한다. 경쟁은 '욕망 이라는 동전'의 뒷면이고, 동전의 앞면은 모델이다. 동전의 앞면은 프로이트가 말한 '애정 흐름'이고 뒷면은 '성적 흐름'이다. 관능과 열정에 에너지를 주기 위해서는 경쟁이라는 연료가 필요하다. 그것은 제삼자와의 경쟁일 수도 있고 애인과의 경쟁일 수도 있다. 제삼자와의 경쟁은 실재하는 경쟁자든 가상의 경쟁자든 질투로 나타나고, 애인과의 경쟁은 우월성과 권력을 위한 싸움으로 나타난다. 연인 사이의 싸움은 성교로 해결된다. 그리고 성교의 폭력성은 육체적 폭발인 오르가슴으로 배출되면서 경쟁도 진정된다.

"정신적으로 마비되었다고 판단되는 남성, 즉 행동에 옮길 수는 있지만 특별한 쾌락을 느끼지 못하는 남성"에 대해 말하면서, 프로이트는 "정신적 마비를 겪는 남성과 불감증을 겪는 여성 사이에는 쉽게 입증되는 연관성이 존재한다"고 했다. 그리고 "애정 흐름과 성적 흐름이 적절하게 통합되는 경우는 소수의 교양인에게서만 찾아볼 수 있다"[10]고 결론지었다. 모방이라는 관점에서 보면, 폭력을 조절하고 죽음과 친숙하게 해주는 입문 과정이 없는 현대 서구 문화에는 과도한 경쟁 상태(프로이트에게는 '성적 흐름'이 너무 강해서 사랑이 불가능한 상태), 혹은 정상적이고 필요한 경쟁 관계조차 제어할 능력이 없는 상태('애정 흐름'이 너무 강해서 성 불능이 되는 상태)만이 존재한다.

「애정 관계에서 가장 일반적인 성 문제에 관하여」라는 제목이 붙은 소책자에서 프로이트는 '정신적 성 불능'에 관한 문제를 제기했다. "환자 자신이 자신의 상태를 설명하기 위해 증상을 설명했다. 이런 종류의

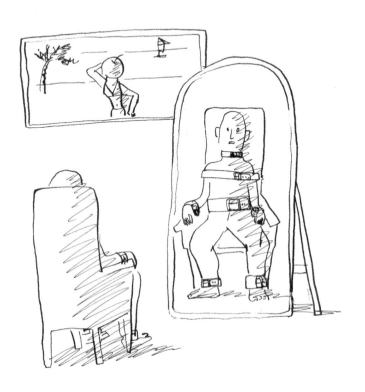

프로이트는
"정신적 마비를 겪는 남성과 불감증을 겪는 여성 사이에는
쉽게 입증되는 연관성이 존재한다"고 했다.

실패는 특정한 사람과 시도할 때 나타나며, 다른 사람과 관계할 때는 아무런 문제가 없다고 했다."[11] 프로이트에게 "성 불능 증상들의 공통점은 확실하게 극복하지 못한 어머니와 여자 형제에 대한 근친상간 개념의 고착이다".[12] 앞에서 살펴봤듯 프로이트는 인간의 리비도를 '애정 흐름'과 '성적 흐름' 두 가지로 구분했다. 그리고 "남자는 사랑하면 성욕을 느끼지 않고 성욕을 느끼면 사랑하지 않는다"는, 놀랍고 흥미로운 결론을 내렸다. 이 글은 뇌뷔르제가 쓴 서문에도 인용되었다. "프로이트는 남자가 성적 충동을 실현하기 위해서는 필수적으로 상대방의 가치를 떨어뜨려야 한다고 결론 내렸다. 하지만 그는 가치가 떨어진 여인에 대해 말하면서 부정한 여자, 정부, 창녀를 예로 들었다."[13] 달리 말하면 경쟁자가 있어야 한다. 실재든 허구든 환상이든 상상 속 인물이든 아니면 망상이 만들어낸 존재이든(오셀로의 경우) 경쟁자가 있어야 욕망과 탈취 욕망이 일어난다. 즉 탈취 욕망은 경쟁자가 우리에게서 진정한 대상을 빼앗아가는 것이다. 프로이트 이전에는 크레비용 주니어가 『르 소파』 (1742년)에서 "애인이 다정할수록 사랑 표현이 덜하고 (…) 사랑이 깊을수록 욕망이 덜하다"[14]고 쓴 바 있다. 내 환자들도 이와 유사한 이야기를 많이 했다. 과도한 경쟁은 르네 지라르가 『전쟁론』을 쓴 클라우제비츠에 대해 다룬 책에서 명명한 '극단으로 치달음'과 분노와 폭력으로 이어지고, 상대방에게 침투하기 위해 칼날을 사용하기에 이른다. 그런데 성교를 칼에 찔리는 것 같은 경험이라고 불평하는 여성들은 자신을 폭력의 희생자로 위치시키고, 내 환자 중 한 여성이 말한 것처럼 "의기양양한 남편의 창에 찔렸다"고 묘사한다. 성교를 이런 식으로 보는 여성이 사랑하는 사람에게 오르가슴을 선물할 리 없다. 마조히스트라면 몰라도 말이다.

폭력이 제어할 수 없이 확대되는 상황과는 반대로, 억제된(완전하든 부분적이든) 상황 역시 존재한다. 부분적 억제의 대표적인 증상은 조루증으로, 전투 초반에 무기를 버리고 '적'에게 항복하는 것이다. 완전 억제는 '애정 흐름'에 압도된 나머지 여성에 대한 존중이 절대적이 되어, 성행위는 "여성을 더럽히고 불결하게 만드는 수치스러운 짓이라고 생각하는 것이다. 이는 반드시 육체적인 면에만 해당되는 것은 아니다."[15] 손조차 대지 못할 정도로 여성을 신성시하는 사람들인 것이다.

조루증과 반대로 여성의 불감증은 절대 무기를 버리지 않는 것이다. 나는 여성의 오르가슴이 사랑하는 남성에게 주는 선물이라고 생각한다. 사랑에 빠진 남성은 일시적으로나마 여성과 경쟁하기를 포기하기로 한 남자이다. 연인이나 부부가 말다툼을 한 뒤 이불 속에서 화해하는 것이 이를 증명한다. 반대로 하룻밤 사랑으로 오르가슴에 도달하는 여성들이 있다. 이 여성들은 상대방을 노리개나 섹스토이 취급하며 철저히 무시한다.

빌헬름 스테켈Wilhelm Stekel은 기념비적인 저서 『불감증』에서 일종의 모방적 접근을 시도했다. 그는 "여성과 남성 사이의 끊임없는 투쟁을 이해하지 못하면 불감증에 걸린 여성의 문제를 결코 이해하지 못한다"고 썼다. 그는 불감증의 문제는 남성과 여성 사이의 경쟁적 자아 간 관계에서 생긴다고 했다. 나는 불감증을 '냉전'이라 부르고자 한다.

어떤 여성들은 남성뿐 아니라 성적인 모든 것과 냉전을 치른다. 이들은 성과 관련된 이야기는 들으려고도 하지 않고 철벽을 세운다. 이 여성들에게 불감증은 문제가 아니라 해결책이다. 반대로 불감증을 문제로 여기고 병원을 찾는 여성들도 있다. 혹은 철벽이 영영 자리잡고 만 여성들도 있다. 빌헬름 스테켈은 같은 책에서 한 여성에 대해 이야기하는데, 그 여성은 평생 두 번밖에 절정을 느끼지 못했고 그 후로도 결코 못 느꼈다고 한다. 마치 "진정한 사랑은 그녀를 남자에게 복종시킬 것이기 때문에 스스로 '마비'되기로 결정한 것처럼 말이다." 냉전 상태이지만 주기적으로 지역 갈등이 일어나기도 한다. 남편이나 애인을 만족시키기 위해 성교통, 질경련증, 회음부 염증, 발열, 방광통 등을 견디는 것이다.

빌헬름 스테켈은 경고를 잊지 않았다. "많은 여성에게 무감각은 표면적인 증상일 뿐이다. **실제로 불감증인 여성은 없다.** 남성의 경험 부족과 미숙함이 여성 불감증의 주원인이다." 불감증을 가진 여성의 자아 간 관계는 상대방의 경험 부족과 미숙함 때문에 '기술적으로 파괴된다'. 그러므로 상대가 바뀌면 '기적적으로' 회복될 수도 있다.

동료인 비뇨기과 의사의 요청을 받아 회음부 통증, 발열, 참을 수 없는 가려움으로 입원한 환자와 상담을 한 적이 있다. 동료 의사는 이 증상들의 생리적 원인을 찾아내지 못해 내게 도움을 청했다. 그 35세 여성 환자는 완전히 지쳐 있었고, 불행했으며, 통증과 발열로 고생하고 있으며, 눈물로 자신의 "인생이 썩어버렸다"고 말했다. 환자의 남편은 아내가 괴로워서 어쩔 수 없이 성관계를 포기한 대단한 사람이었다. 아내는 불쌍한 남편이 더이상 참을 수 없어할 때 '어쩔 수 없이' 성관계를 가졌지만 아무런 쾌락도 느끼지 못했다. 이 부부의 냉전은 심각한 갈등으로 이어지기도 했다. 나는 그녀가 겪고 있는 장애는 심리적인 것이라고 설명해주었지만, 그녀는 신경증 환자들이 대개 그렇듯 내 말을 들으려 하지 않았고, 신체적 증상이나 자신이 받고 있는 고통을 믿지 못하겠으면 비뇨기과 의사에게 물어보라고 했다. 나는 그녀의 첫 번째 뇌가 아무것도 보지 않으려 하고 세 번째 뇌는 갈등을 인정하지 않으려 한다고 생각했다. 그래서 환자의 긴장감을 풀어주기 위해 그날 신문에 난 기사를 인용하기로 했다. 영국이 아르헨티나의 포클랜드 제도에 해군을 파병한 날이었다. 나는 환자의 병실에 들어가 이렇게 인사를 건넸다.

"오늘 아침 포클랜드 상황은 어떤가요?"

"무슨 말씀이죠?"

"그 지역에 문제가 있다고 하셨잖아요. 그래서 그 지역을 '포클랜드'라고 부르기로 했습니다. 아무도 원하지 않는 곳인데 전쟁이 일어나지 않았습니까!"

환자는 웃음을 터뜨렸다.

"선생님이 생각해내신 건가요?"

벽이 무너졌다. 환자는 자신의 성적 장애에 대해 좀더 자유롭게 이야기할 수 있게 되었고, 두 번째 뇌의 감정적, 발진성 반응을 안정시키기 위해 안정제를 복용하자는 내 제안을 거부하지 않았다. 며칠 후 통증을 비롯해 여러 증상이 사라졌고, 환자는 퇴원하기로 했다. 하지만 나는 환자의 남편에게 이제부터 성관계를 전혀 하지 말라는 조건을 걸었다. 남편은 동의했고, 나는 한동안 그녀를 보지 못했다.

석 달 후 환자가 나를 다시 찾아와 남편이 더이상 참지 못하고 이혼을 요구했다고 말했다.

"이상했어요. 나는 남편을 사랑하는데 남편이 이혼하자고 하니 오히려 안심이 되더군요!"

나는 아무 말도 하지 않고 그녀에게 계속 약을 복용하며 직장 일에 집중하라고 위로해주었다. 6개월 후 환자가 다시 내 진료실을 찾아왔다. 그런데 그녀는 완전히 다른 사람이 되어 있었다. 얼굴에서 빛이 났고, 머리를 치장하고 화장을 한, 우아하고 '섹시한' 여성으로 변신해 있었다. 처음에 나는 그녀를 알아보지 못했다.

"제게 무슨 일이 일어났는지 아세요?" 그녀가 먼저 말을 꺼냈다. "새로운 남자를 만났어요. 그 남자를 만난 뒤 모든 것이 바뀌었어요. 우리는 기회만 있으면 관계를 갖는답니다. 이런 세상이 있는 줄 몰랐어요. 행복해요."

"축하드립니다! 그럼 포클랜드에 평화가 온 겁니까?"

내 질문에 그녀는 웃음을 터뜨렸다.

"심지어 매력적인 휴양지가 되었어요!"

다른 경우 모방적 냉전은 색정광의 모습을 한다. 스테켈은 어떤 남자도 로마 황제 클라우디우스의 아내 메살리나를 만족시킬 수 없을 거라고 말한다. 메살리나의 별명은 패배를 모른다는 뜻의 '인빅타Invicta'였다. 스테켈은 메살리나 같은 여성들에 대해 "지배 욕망이 쾌락보다 더 강하고, 자신이 성관계의 강렬함보다 우위에 있다고 생각한다"고 적고 있다.

내 환자 중에 남자들을 절정에 오르게 하고 욕망에 복종시키면서 자신은 아무것도 느끼지 않는 것을 자랑스러워하는 여성이 있었다. 정복의 기쁨, 승리의 기쁨, 남자들이 자신에게 무릎 꿇고 복종하는 것만이 그녀에게 쾌락을 주었다. 그러던 그녀가 무너졌다.

"문제가 생겼어요. 재앙이에요. 세상에, 내가 사랑에 빠진 것 같아요!"

"축하합니다. 좋으시겠어요."

"무슨 말씀이세요? 그 사람이 나에게 오르가슴을 느끼게 했어요. 삽입으로 오르가슴을 느낄 수 있으리라고는 한 번도 생각해본 적이 없는 데 말이에요. 화가 나요!"

"왜죠?"

"난 그 남자에게 의지하고 싶지 않고 예속되기도 싫어요. 그래서 그 남자와 헤어지고 많은 남자들과 관계를 가졌어요. 오르가슴을 느꼈지만 내가 터득한 테크닉으로 남자를 이용해 얻은 거죠."

불감증 역시 발기부전처럼 욕망이 광적인 경쟁자가 되고 고집스러운 장애물이 되는 욕망의 병인 것이다.

거식증

거식증(신경성 식욕부진증)과 폭식증 역시 욕망 때문에 생기는 병이다. 욕구가 욕망에서 완전히 분리되어 나타나는 병리 증상으로, 격화된 경쟁이 신체와 심리에 영향을 미쳐 식욕이라는 기본적이고 근본적인 욕구가 완전히 사라지는 것이다.

거식증은 독립적으로 분류된 질병으로, 프랑스어로 3A(식욕부진 Anorexie, 체중 저하Amaigrissement, 무월경Aménorrhée)가 특징이다. 대부분 젊은 여자들에게 발병하며, 거식증에 걸리면 생리가 중단된다. 하지만 젊은 남자 환자의 수도 점점 늘어가는 추세다. 어린 거식증 환자 안의 잔인한 욕망은 욕구와 본능과 신체 균형을 완전히 무너뜨린다. 3A는 신체적 증상에 불과하다.

거식증은 무엇을 모방하는가? 무엇보다도 오늘날의 문화와 광고가 제안하는 아름다운 여성을 모델로 모방한다. 수많은 젊은 여성들이 패션모델을 모델로 삼는다. "1차적 모방 분석을 통해 현재 사춘기 여자아이들 사이에서 아무것도 먹지 않고 가냘픈 몸매의 모델을 모방하는 거

2장 ___ 모방은 정신에 어떻게 작용할까

식증이 전염병처럼 퍼지고 있다는 것을 알 수 있다. 아이들은 여신들을 닮기 위해 날씬해지고 싶다는 욕망에 사로잡혀 있다. 이는 현재 영화, 텔레비전 방송, 패션 잡지에서 원하는 것이기도 하다."[16]

르네 지라르는 거식증을 다룬 책에서 경쟁 관계를 강조했다. 그는 사춘기 소녀들이 밥을 먹지 않는 이유는 패션모델을 닮기 위해서이지 남자아이들의 마음에 들기 위해서가 아니라고 했다(여성의 경우보다 훨씬 적긴 하지만, 남성 거식증 환자들도 여성의 마음에 들기 위해 굶는 것은 아니다). 해골처럼 야윈 여자에게 매력을 느끼는 남자는 없다. 여성 거식증 환자들은 남자들에게 신경쓰지 않는다. 그들은 멋진 남자를 만나려는 것이 아니라 경쟁자인 패션모델을 몸무게로 이기려 한다. 르네 지라르는 이렇게 썼다. "거식증에 걸린 여성은 남자에게 전혀 관심이 없다. 남자들처럼 여자들도 자기들끼리 경쟁한다. 중요한 것은 경쟁 자체이다."[17] 이런 점에서 거식증은 욕망-경쟁자의 힘을 놀라울 정도로 잘 표현하는 증상이다. 구체적으로 어떤 이득을 얻느냐와 관계없이 날씬해지는 것 자체가 목적이 된다.

거식증은 모방적 경쟁 관계의 확장이다. 환자는 특정 모델보다 더 마르고 더 아름다워지고 싶어한다. 일종의 '죽음을 각오한 전투'에서 목적은 사라지고 중요하지도 않다. 배고픔, 본능, 욕구, 음식, 성性, 남자는 더 이상 존재하지 않는다. 음식은 모델을 이기지 못하게 하는 장애물이므로 혐오스러운 것이고 제거되어야 한다.

두 번째 뇌와 세 번째 뇌에 이어 **신체**soma가 뒤를 잇는다. 신체 이미지에 대한 인식은 환각, 거의 망상적이 된다. 그래서 뼈밖에 남지 않았는데도 자신이 뚱뚱하다고 주장한다! 육체는 눈을 빼앗기고 경쟁이라는 제단의 희생자가 된다. 생리가 멈추고, 뼈만 앙상하게 남고, 종국에

신체 이미지에 대한 인식은 환각, 거의 망상적이 된다.
그래서 뼈밖에 남지 않았는데도 자신이 뚱뚱하다고 주장한다!

는 2차 성징이 사라진다. 부모, 친구, 의사가 음식을 먹으라고 울다시피 애원하지만 그들을 거부하고, 거칠게 몰아붙이며 적으로 취급한다. 그들의 사랑, 관심, 애원, 눈물은 욕망-경쟁자가 최종적으로 승리를 거두는 데 장애물이 되기 때문이다.

거식증은 가족에 대한 주도권을 잡으려는 시도로 보이기도 한다. 환자의 가족들은 포로가 되어 환자를 감시해야 하고, 환자가 섭취하거나 섭취하지 않는 칼로리를 환자와 함께 계산해야 한다. 그리하여 거식증 환자는 온 가족의 관심의 중심에 서게 되고, 내가 다른 글에도 쓴 바와 같이 "환자의 접시는 일종의 로마 원형경기장이 된다. 환자가 먹기를 원하는 가족의 욕망-경쟁과 환자 자신의 욕망, 즉 거부가 일전을 벌인다. 가족은 조마조마한 심정으로 매일 전쟁을 치르다 포기하고 '의술의 힘'을 요청하게 된다. 이는 부모의 패배와 포기를 의미하고, 마침내 환자는 자신에게 걸맞은 적을 갖게 된다."[18] 하지만 불행히도 이 적 역시 환자의 맞수가 되지 못할 때가 종종 있다.

거식증은 타인들에 맞서는 무기로 사용된다는 점에서 뒤에서 다룰 테러리즘과의 명확한 연관성을 확인할 수 있다. 거식증 환자는 모든 사람이 자신의 의지 앞에 무릎 꿇게 하기 위해 자신을 인질로 삼는다.

폭식증

폭식증(신경성 대식증) 환자에는 두 부류가 있다. 첫 번째 부류는 살을 빼고 싶어한다는 점에서 거식증 환자이지만, 욕망-경쟁이 절대적이지 않고 매우 약하다. 그래서 타협을 해 폭식을 하고 토해낸다. 그런 다음에는 죄책감을 느끼며 불행해하고,

방향을 잃고 우울해진다. 폭식증 환자는 두 번째 뇌와 세 번째 뇌가 저항하고, 세 뇌 사이에 심각한 부조화가 일어난다. 이러한 내적 갈등이 세 뇌를 지치게 하고, 두 번째 뇌를 울적하게 만든다. 의사와 심리 치료사가 첫 번째 뇌의 주장을 강화시키고 두 번째 뇌의 힘과 기분을 진정시켜 방향을 바꿔주면 치료 가능성이 있다. 물론 세 번째 뇌의 경쟁 관계도 제거해야 한다.

또다른 부류는 비만 폭식증 환자로, 공허함을 채우고 불안을 진정시키기 위해 폭식을 하는 사람들이다. 이들의 욕망은 욕구를 과장하고, 정상적인 포만감의 본능을 없애버린다. 이들이 지속적으로 느끼는 허기는 욕망의 대체품으로 약물 중독과 유사하다. 하지만 체중 증가는 편집적으로 물건 모으는 사람을 연상시키는 측면이 있다. 이들에게 모델은 지속적으로 싸워야 하는 장애물이다. 이런 폭식증과 비만의 문제는 몇몇 문화의 쇠퇴와 맥을 함께하는 듯하다. 미국에서 비만은 심각한 문제가 되었고, 유럽에서도 소아비만이 늘어나기 시작했다. 이들의 세 번째 뇌는 결코 만족할 수 없는 욕망 때문에 첫 번째 뇌의 도움을 받아 지속적으로 음식을 섭취하고, 음식 섭취가 중단되면 두 번째 뇌가 불안에 빠진다.

약물중독

오늘날 우리가 살아가는 세상과 문화에서 금지는 더이상 존재하지 않는다. 그러므로 오늘날의 젊은이들에게서는 욕망을 찾아보기 힘든 것 같다. 그들은 모든 것이 허락된 세계에서 살고 있으며, 그 세계에는 금지 사항이 전무하다. 그 결과 그들은 욕망이라는 인간의 근본적인 본성을 빼앗기고 말았다. 1973년에 내가 "오늘날의 마약중독"[19]이라고 불렀던 현상이 지속적으로 늘어나고 있는 것은 놀랍지도 않다. 많은 젊은이들이 마약에서 욕망의 대체품을 찾는다. 이들은 쾌락이나 인공 낙원에 탐닉하는 것이 아니라 자아를 만들어낼 수 있는 경험을 절망적으로 찾고 있다. 금지와 권위의 부재, 부모의 방임으로 인해 빼앗긴 욕망을 만들어주는 경험을 찾는 것이다.

오늘날의 약물중독은 금지 없는 세상과 급격한 사회 변화로 인해 세대 간 단절이 심화된 세상의 결과물이다. 어른과 아이가 서로 이해하지 못하며, 어른은 아이처럼 행동하고, 아이는 경제적으로나 성생활에서 거의 어른과 동등한 자유를 누리고 있다. 1960년대부터 젊은이들은 자신들을 기다리는 삶이 부모 세대의 삶과는 매우 다를 거라는 사실을 깨달았다. 그러므로 새로운 삶을 준비하고 자신의 길을 찾기 위해서는 부모의 시각이 아닌 자신의 시각으로 세계를 봐야 했다. 완전히 독창적인 삶의 철학과 정치를 만들어야 했다. 그리고 그들의 머리에 떠오른 첫 번째 독창적인 생각은, 기존 가치와는 정반대되는 태도를 취하는 것이었다.[20]

독창적이고 싶은 마음은 사실이었겠지만 정말로 창의적인 삶은 드물었다. 부모 세대가 만든 모델을 부정할수록 진정으로 독립적인 길을 개척하는 것이 더 힘들다. 세대 간 균열은 세대 사이에 존재하는 유사성을 보지 못하게 하고, 어른들의 회피와 권위 부재는 아이들에게 인생의 방향을 제시할 수 있는 유일한 원천을 사라지게 한다. 장 마리 쉬테 Jean-Marie Sutter는 권위의 부재가 낳은 증상을 다음과 같이 설명했다.[21]

—의지가 박약하고 중심축과 지구력 없이 취약하고 일관적인 성

격으로 상황과 기분에 따라 쉽게 변한다. 도덕성이 결여되고 무
정부적 성향을 보인다.

—감정적으로 고립되어 있고, 오랜 시간 깊이 몰두하거나 집중하
지 못한다.

—불안정하고 불안하며, 일상에서 조금만 어려운 상황이 닥쳐도
쉽게 자살 충동을 느낀다.

하지만 이런 증상들로 진단을 내리기에는 너무 막연하고, 질병 분류
가 유효한지 확인할 수조차 없다. '정신적 불균형'이라는 진단만으로는
약물중독이 어떻게 작동하는지 알 수 없다. 약물중독을 이해하기 위해
서는 현대사회에서 더이상 통용되지 않는 고대 입문 의식과 약물중독
을 연관시켜보는 것도 흥미로울 듯하다. 현대 젊은이들의 고립에는 "서
구 사회와 문화가 더이상 만족시켜줄 수 없는, 입문에 대한 목마름이
숨어 있다."[22] 예를 들어 성과 관련해서는 성 혁명으로 인해 입문 의식
이 사라졌다. "오늘날의 젊은이들은 어떠한 어려움이나 구속, 금기 없이
성을 발견한다. 그래서 성을 발견하는 데는 더이상 입문 의식의 가치가
없고, 성에 관한 한 어떠한 규율 위반 가능성도 존재하지 않는다."[23]

나는 1970년대에 약물중독에 관한 책을 썼다. 당시 스페인, 이탈리
아, 그리스, 특히 터키에서 성은 금기 그 자체여서 젊은이들에게는 짜릿
한 호기심의 대상이기도 했다. 이들 나라의 사춘기 청소년들은 금기와
장애물을 극복하는 일인 성 입문에 많은 에너지를 쏟아부었다. 비밀스
럽고, 그래서 더욱 갈망하게 하는 금기와 장애물을 극복함으로써 입문
에 대한 목마름이 해소되고 욕망이 자극되었다.

하지만 그 이후로 많은 것이 변했다. 제2차세계대전 이후, 특히

1960년대에 서구 사회를 강타한 충격은 전 세계의 풍속을 변화시켰다. 금기가 무너지고 약물중독이 증가했다. 다시 말하지만 약물중독은 입문 의식의 대체물이다. 젊은이들에게 **결핍**의 형태로 욕망을 경험하게 하고, 최고의 황홀감과 깊은 육체적·정신적 절망감을 느끼게 한다는 의미에서 그렇다. "우리 문명에는 젊은이들에게 제안할 입문 의식이 없기 때문에 젊은이들은 혼자 공포에 맞서야 한다. 원시인들의 경우 끔찍한 공포를 경험하는 것은 남자로 다시 태어나기 위한 필수 조건이었다. 모든 입문 의식에는 임종, 죽음, 부활의 의식이 있었다. 우리 시대의 젊은이들도 먼 옛날부터 전해 내려오는 욕구, 모든 남자들의 근본 욕구를 가지고 있다. 그래서 그들은 입문하고 변신하기 위해 집과 사회를 떠나 자연 속에 혼자 고립되어 새로운 입문 의식을 찾아내야 했고, 마약은 그 방법을 제시해주었다."²⁴

오늘날의 약물중독은 욕망의 결핍(성장의 부재)에서 출발한다. 결핍은 한 번도 경험하지 못한 욕망이 어떤 것인지 알게 해주는 대체품이며, 자아를 창조하고자 하는 절망적 시도이기도 하다. 욕망은 자아를 만들고, 욕망이 없으면 자아도 없다. 그래서 정신과 의사와 심리학자들은 약물중독자들에게서 부재하거나 사라져가는 자아의 특징을 찾아 진단하는 데 어려움을 겪는다.

앞에서 살펴본 것처럼 욕망은 움직이는 에너지다. 욕망의 궁극적 목표, 즉 대상을 선택하는 일은 모델과 부모의 금지에 의해 이루어진다. 부모의 금지는 욕망의 근육을 발달시키고, 그 근육은 저항에 부딪히면서 강해진다. 그런데 우리 문명은 젊은이들에게 아무것도 금지하지 않고, 책임을 방임하고 회피함으로써 젊은이들이 욕망의 근육을 기르고 그것을 의지로 변화시키는 것을 막아왔다. 욕망의 자아에 바탕을 둔 우리의 사회인류학에서 욕망의 결핍은 튼튼한 자아를 만들지 못하고, 부실한 욕망은 허약한 자아를 낳는다. 그리고 이 지점에서 약물 사용이 합리화된다.

무중력 공간에서 욕망은 결핍으로 나타난다. 하지만 장애물을 극복하고 어려움과 끈질기게 싸운 욕망은 근육을 키워 단단해지고 의지로 변모한다. 의지는 실현될 때까지 힘차게 유지되는 욕망이다. 의지로 단단하게 변모한 욕망은 상황과 모델에 따라 나비처럼 이리저리 팔랑대는 모방 욕망과는 다르다. 단단한 욕망은 절대적이고, 어떤 장애물에도 굴하지 않으며, 실현될 때까지 모든 장애물을 극복한다. 예를 들어 대통령이 되고자 했던 니콜라 사르코지의 욕망과 프랑수아 올랑드의 욕망은 오랜 세월 고난과 장애를 극복하며 살아남았고, 정치를 하는 동안 경험한 모든 충격을 흡수하는 능력을 보여주었다. 어려운 시기에 두 번째 뇌가 혼란스러워하기도 했지만, 세 번째 뇌와 첫 번째 뇌가 협력해 세월이 흐르는 동안 욕망을 흔들리지 않는 의지로 변모시켰기 때문이다.

우리는 지금 욕망의 병과 관계의 병이라는 새로운 현상의 출현을 목격하고 있다. 이 현상은 자연스러운 것이 아니며, 현대 서구 사회와 관련 있는, 전적으로 문화적인 병이다. 거식증과 폭식증은 제3세계 빈곤국에는 존재하지 않고, 물질적으로 풍요로운 서구에만 존재한다. 1973년부터 나는 인류의 역사만큼이나 오래된 약물이 오늘날에는 독창적이고 문화적인 방식으로 새롭게 사용되고 있다고 말해왔다. 약물 중독과 관련한 범죄는 문화적·사회적 지역에 따라 가변적이다.

단단한 욕망은 절대적이고, 어떤 장애물에도 굴하지 않으며,
실현될 때까지 모든 장애물을 극복한다.

총기 난사 사건과 '묻지 마' 범죄

여기서 잠시 요점을 정리하고 논의를 확대해 테러리즘과 '묻지 마' 범죄에 대해 살펴보기로 하자.

끈질기고 튼튼한 욕망은 앞에서 살펴본 것처럼 시간을 두고 고난과 희생을 감수하고 계획을 실천하면서 의지로 변모하는 반면, 경쟁 관계로 인해 커지는 광적인 모방 욕망은 열정으로 변모한다. 열정 중에서 가장 위험하고 극렬한 것은 **경쟁적 열정**이다.

나는 경쟁적 열정이 모하메드 메라(2012년 프랑스 툴루즈의 유대인 학교에서 총기 난사 사건을 일으킨 사람―옮긴이) 사건이나 안데르스 브레이빅(2011년 노르웨이에서 폭탄 테러와 총기 난사로 77명을 살해한 사람―옮긴이) 사건, 그리고 최근 미국 뉴타운 초등학교에서 발생한 무차별 총기 난사 사건과 같은 이해할 수 없는 학살을 설명해줄 열쇠라고 생각한다. 이슬람 세계에서 점점 번져가는 테러 역시 이를 통해 설명할 수 있다. 온건한 이슬람주의자들은 테러리즘을 '자살의 철학'이라고 부른다. 이 살인자들은 서로 열정적인 경쟁 관계에 있다. 그들은 서로를 모델로 삼고 즉시 경쟁 관계에 들어간다. 세 번째 뇌에서 열정적인 경쟁 관계가 형성되고, 첫 번째 뇌는 세 번째 뇌의 열정에 휩쓸려 병들고 미쳐 저항할 수 없는 상태에서 그런 광기에 정치적·종교적 정당성을 제공한다.

모델과의 열정적인 경쟁 관계에서는 대상은 사라지고 중요하지도 않다. 현실감각도 사라진다. 인간, 아이들, 타인의 삶…… 모든 것이 대상화되고 도구화된다. 그들은 눈을 감고도 모델―경쟁자와 죽음을 각오한 전투를 벌인다.

2장 ___ 모방은 정신에 어떻게 작용할까

세 개의 뇌와
삼단논법

1 　　 모방 메커니즘

_____

앞서 언급했듯 이 책에서는 '왜'라는 질문에 답하지 않으려 한다. 그런 질문은 심리학과 정신병리학을 함정에 빠뜨리고, 특정 뇌와 그 기능에서 원인을 찾는 것 또한 불필요한 일이기 때문이다. 심지어 위험하기까지 하다. 그러려면 생리학자, 화학자, 신경과학자뿐 아니라 철학자와 종교인까지 개입해야 한다. 그러므로 나의 목표는 임상적이고 현상학적인 관찰을 하는 것이다. 다시 말해 나는 '어떻게'라는 질문에 대한 답을 찾으려 노력하고자 한다.

나는 '왜'라는 질문은 아이들이나 하는, 성숙하지 못한 질문이라고 생각한다. 우리는 '왜'라는 질문을 멈추고 겸손하게 '어떻게'라는 질문을 던지며 어른이 되어야 한다. 현상이 어떻게 일어나는지, 현상들이 어떻게 연관되어 있는지, 혼란은 어떻게 시작되는지, 모방 메커니즘이 어떻게 경쟁자와 장애물로 발전해서 신경증, 정신병, 도착증 혹은 신체적 충격으로 표출되는지, 그리고 인간의 문제에 대해 임상적으로 어떻게 반응하고 행동해야 하는지 연구하는 것이 더 바람직하다.

그러기 위해서는 지금까지 살펴본 개념을 모두 아우르는 새로운 형태의 정신 치료법을 활용해야 한다. 물론 의약품도 큰 도움이 된다. 이미 앞에서 첫 번째 뇌(신경이완제)와 두 번째 뇌(진정제, 항우울제, 기분조절제)를 대상으로 한 의약품을 살펴보았다. 이제는 세 번째 뇌를 대상으로 한 의약품 개발이 약리학 연구의 새로운 과제가 되어야 할 것이다. 하지만 의지로 강화된 튼튼한 욕망을 지닌 자아를 만드는 데 사랑과 권위, 그리고 균형 잡힌 교육이 제공하는 허락과 금지의 경험을 대체할 수 있는 의약품은 없다.

이제부터는 세 개의 뇌를 삼단논법으로 설명해보겠다.

한 남자가 술집에서 음료를 주문하려 한다. 그런데 무엇을 마셔야 할지 몰라 주저한다. 그때 옆에서 다른 남자가 큰 목소리로 맥주를 주문한다. 그러자 남자도 재빨리 거울신경세포를 작동시켜 바텐더에게 주문을 한다.

"같은 거요."

남자의 세 번째 뇌는 다른 남자를 모델로 취해 모방하고, 첫 번째 뇌는 선택을 수용하고, 두 번째 뇌는 마침내 주문을 했다는 사실과 곧 시원한 맥주를 마실 거라는 생각에 행복해한다.

이 경우 타인을 모델로 삼은 것은 긍정적이다. 손해를 보지 않았기 때문이다. 손쉬운 해결책이기도 했다. 우리가 사는 세계에서 열정적인 모방 욕망은 항상 용이성의 유혹을 받는다. 그래서 파뉘르주의 양떼(프랑수아 라블레의 소설에 등장하며 부화뇌동하는 무리를 일컫는다─옮긴이)처럼 어디로 가는지 모르는 채 앞에 있는 양을 따라간다. 모방의 뇌가 내린 명령에 따라 무작정 따라가는 이유는 그 편이 더 쉽기 때문이다.

반면 첫 번째 뇌가 시키는 대로 머리를 들어 어디로 가는지 확인하고, 이대로 가면 바다에 빠져 죽는다는 것을 깨달은 뒤 무리에서 벗어나기 위해 두 번째 뇌의 정서와 감정을 동원하는 것은 어려운 작업이다.

오늘날의 정치는 이 메커니즘을 잘 이해하고 있다. 옛날에는 '위'에서 정치를 했고, 왕이 후계자를 선택했다. 그러나 오늘날은 다르다. 오늘날의 정치는 민주주의와 보통선거를 통해 '아래'에서 시작된다. 그러므로 용이성이 욕망을 충족시켜줄 거라고 믿게 하면서 무슨 수를 써서라도 양떼를 계속 움직이게 해야 한다. 이런 점에서 프랑수아 올랑드 후보를 대통령으로 만들어준 "변화는 지금!"이라는 슬로건은 기막힌 것이었다. 많은 프랑스인들의 세 번째 뇌가 '변화'에 대한 모방 욕망에 끌렸다. '변화'라는 표현은 모든 개인의 욕망을 총괄할 정도로 모호하고, 즉각적인 실현에 대한 약속을 은연중에 내포하고 있다. 사실 여기서 변화란 실현된 욕망이다. "쥘리에트가 청혼을 수락하면 내 인생이 바뀔 거야." "승진하면 내 인생이 바뀔 거야." 이런 말을 들어보지 않은 사람은 없을 것이다. 밀턴 에릭슨은 최면을 걸 때 항상 일반적이고 모호한 용어와 개념을 사용해야 한다고 가르쳤고, 탈레랑(나폴레옹 시절 외무부 장관을 지낸 프랑스 정치가―옮긴이)은 모호함에서 벗어나면 항상 손해를 본다고 주장했다.

군중이 움직일 때 세 번째 뇌는 모방의 격류에 휩쓸리고 용이성에 이끌린다. 첫 번째 뇌는 잠시 휴식을 취하고, 두 번째 뇌는 환희에 찬다. 개인적 차원에서 세 번째 뇌는 타인을 모델로 취해 공감, 이해, 우정을 형성하고, 첫 번째 뇌를 작동시켜 모델이 가르쳐주는 것을 배우고 학습하게 하고, 두 번째 뇌에서는 기쁨, 열정, 사랑, 고마움, 좋은 기분을 느끼게 한다.

한 남자(혹은 여자)가 주차장에서 한참 동안 빈자리를 찾고 있다. 마침내 빈자리를 발견하고 그곳으로 가는데, 갑자기 다른 차가 나타나 그 자리에 주차를 한다. 세 번째 뇌는 자신의 자리를 차지한 침입자를 곧바로 경쟁자로 인식하고, 두 번째 뇌는 화가 나서 분노와 위협의 감정을 만들어낸다. 하지만 첫 번째 뇌는 상황을 진정시키고 다른 자리를 찾기로 결정한다.

하지만 이 경우처럼 항상 첫 번째 뇌가 최종 결정을 내리는 것은 아니다. 세 번째 뇌에 끌려 경쟁 관계를 정당화하고, 적을 비난하고 갈등의 책임을 물을 수도 있다. 그러면 두 번째 뇌는 그에 걸맞은 감정과 정서를 제공해 갈등의 결과에 따라 울적한 기분이나 우쭐한 기분을 일으킬 것이다.

격화된 경쟁이 클라우제비츠의 표현대로 '극단으로 치달음'에 봉착하면 첫 번째 뇌의 활동은 거의 정지되고, 두 번째 뇌에서는 질투, 증오, 폭력이라는 격렬한 감정이 폭발한다. 첫 번째 뇌와 두 번째 뇌의 영향을 받은 세 번째 뇌는 경쟁 위치에 고정되고, 두 번째 뇌는 첫 번째 뇌의 합리적 영향을 거부한다. 이렇게 격화된 경쟁은 경쟁자들을 서로에게 너무 집중시킨 나머지, 두 사람은 경쟁의 목적을 잊고 서로에게 매혹되어 통합되기도 한다. 최근 일어난 발레리 트리에르바일레르Valérie Trierweiler의 트위터 사건이 좋은 예다. 발레리 트리에르바일레르와 그녀의 경쟁자는 자신들이 경쟁하는 목적이 대통령에게 관심받고자 하는 것이었음을 잊어버렸다(발레리 트리에르바일레르는 언론인으로 전 프랑스 대통령 프랑수아 올랑드와 한때 연인 사이였다. 2012년 총선 당시 중도좌파당의 올리비에 팔로르니와, 사회당 중진이며 올랑드 전 대통령의 옛 동거녀로 그와의 사이에 네 아이를 둔 세골렌 루아얄이 같은 선거구에 출마했을 때 팔로르니를 지지하는 내용을 트위터에 올려 물의를 빚었다. 프랑스 언론은 이 사건을 '대통령의 여인들의 전쟁'이라고 불렀다―옮긴이).

모방 경쟁은 개인뿐 아니라 집단에서도 격화된다. 분노에 찬 두 여인이 솔로몬 왕 앞에 몸을 조아렸다. 그들은 소리를 지르고 욕을 하면서 한 아기를 두고 자신의 아기라고 싸웠다. 지혜로운 솔로몬 왕은 아기의 몸을 둘로 갈라 두 여인에게 나눠주라고 명했다. 그러자 아기를 진정으로 사랑한 한 여인이 모방 경쟁과 욕망을 포기하고, 아기가 살 수 있도록 경쟁자에게 아기를 주기로 했다. 그러자 왕은 그 여인이 아기의 진짜 어머니라고 판결을 내렸다. 프랑스 대중운동연합UMP의 전 대표인 코페Jean-François Copé와 같은 당 소속이었던 전 총리 피용François Fillon도 한 아이를 놓고 싸웠다. 하지만 솔로몬 왕이 없었기 때문에 아이는 둘로 나뉘었다(2012년 11월 UMP 당 대표 선거에 사무총장 코페와 전 총리 피용이 후보로 나서 코페가 근소한 차이로 승리했다. 피용 진영에서 부정선거 의혹을 제기했다가 결과를 수용하는 것으로 마무리되었지만, 이 사건은 UMP 내부에 심각한 분열을 초래했다―옮긴이).

자아 간 관계에서 모델의 역할이 얼마나 중요한지 다시 한번 강조하고 싶다. 나는 한 번도 라캉주의자인 적이 없었지만 객관적 증언을 위해 라캉의 도움을 또 한번 받아보겠다. 라캉은 우리가 '모델'이라고 부르는 것을 '원형prototype'이라고 불렀다. 그는 정신병 구조에서 모델이 경쟁자로 변하는 과정이 망상으로 표현되는 편집성 망상에 대해 이렇게 적고 있다. "망상을 분석하면서 이미 우리는 박해자가 이중, 삼중, 다중으로 이용되어 **실제 원형**을 상징하는 역할을 한다는 것을 강조한 바 있다."[1]

'박해자', 즉 경쟁자는 경쟁자나 나쁜 사람으로 인식되는 실제 모델과 '실제 원형'의 복제품이다. 라캉이 오랫동안 관찰했던 환자 '에메'의 경우에는, 모델이면서 경쟁자이고 원형이 의미하는 모든 것인, 환자가 사랑했던 여동생이 "반복 동일화"[2]를 통해 경쟁자이자 박해자가 되었다. 원형 혹은 모델이 판사라면 판사들은 모두 적이자 박해자가 되고, 원형 혹은 모델이 배우라면 남자 배우, 여자 배우, 연극배우, 영화배우 등 모든 배우들은 '반복 동일화'를 통해 박해자가 된다.

여기서 주목할 만한 것은 인생에서 일어나는 사건과 상황이 모델을 만들고, 모델을 경쟁자 혹은 장애물로 변화시킨다는 것이다. 거울신경세포가 자동으로 작동해 모방적 자아 간 관계가 구축되고, 상호 모방을 통해 모델을 경쟁자 혹은 장애물로 변화시킨다.

모델이 눈앞에서 장애물로 변하는 예를 살펴보자. 구 소련에서 유행했던 농담이다. 병사 포포프와 이반이 이야기를 나누고 있었다.

"이반, 나한테 무슨 일이 있었는지 넌 믿지 못할 거야!"

"대체 무슨 일인가, 포포프? 얼굴이 안 좋아 보이는데."

"그럴 일이 있어. 도마킨 장군님 있잖아. 우리가 존경하는……."

"그런데?"

"내가 어제 저녁 평소보다 이른 시간에 집에 돌아갔는데 침실에서 무슨 광경을 본 줄 알아?"

"무얼 봤는데?"

"장군님께서 내 아내와 정사를 하고 있었어."

"장군님께서? 모두가 존경하는 훌륭하신 그분께서? 네 아내와? 너와 여섯 달 전에 결혼한, 네가 사랑하는 아내와 말이야? 포포프, 그래서 어떻게 했지?"

"운이 좋았어. 장군님께서 나를 보시기 전에 조용히 나왔거든!"

"정말 운이 좋았군!"

두 병사에게 절대적 모델이었던 장군이 한순간에 절대적 장애물이되어 포포프와 그가 사랑하는 아내 사이에 뛰어넘을 수 없는 벽으로자리잡았다. 장군은 어떤 경우에도 포포프에게 경쟁자가 될 수 없는 존재이다. 포포프의 첫 번째 뇌는 그에게 장군이 경쟁자가 될 수 없는 상황을 이해시키고, '장애물' 위치에 있는 세 번째 뇌는 두 번째 뇌가 안도, 분함, 두려움, 슬픔이라는 모순된 감정을 느끼는 것을 막는다. 포포프는 감히 질투할 생각조차 하지 못한다. 질투는 세 번째 뇌가 '경쟁자'위치에 있을 때 두 번째 뇌가 제공하는 감정이기 때문이다.

어느 뇌에서 문제가 발생하는가

임상에서 의사에게 말하는 뇌는 언제나 두 번째 뇌다. 의사는 두 번째 뇌가 말한 감정, 정서, 고통을 관찰하고, 세 개의 뇌 사이에 어떤 문제가 있는지, 그리고 가능하다면 문제가 어느 뇌에서 시작했는지 진단한다. 내가 이 책에서 보여주려는 것처럼, 대부분의 경우 의사들은 세 번째 뇌에서 문제가 시작하는 경우가놀라울 정도로 많다는 것을 발견할 것이다.

의사는 모델의 존재를 확인하고, 그것이 모델인지 경쟁자인지 아니면 장애물인지 결정할 것이다. 그리고 나서 두 번째 뇌와 첫 번째 뇌의반응을 평가할 것이다. 다시 말해 전통적인 정신 진단과 모방적 정신병리 진단을 동시에 내리는 것이다. 마지막으로 세 개의 뇌 중 어떤 뇌를약물 치료의 대상으로 삼을 것인지, 그리고 가장 적절한 정신 치료 요법은 무엇인지 선택할 것이다.

물론 이는 쉽지 않고 간단하지도 않은 과정이다. 내 임상 경험 몇 가지를 소개하겠다.

축구공이 된 딸

29세인 비올레트는 좋은 집안 출신의 영리한 아가씨다. 그녀는 안정제 과다 복용으로 자살 기도를 한 후 사흘간 회복실에 있다 담당 의사의 소견서를 가지고 내 진료실을 찾아왔다.

그녀는 소견서를 읽고 놀라서 동그래진 내 눈을 보고는, 묻지도 않았는데 이야기를 시작했다.

"더이상 못 견디겠어요. 부모님이 몇 년 동안 이혼소송 중인데 매일 싸우고 있어요. 두 분은 저에게 자신의 비밀을 말하고 서로에 대해 욕도 해요. 저는 아버지를 좋아하고 존경해요. 아버지가 몸 상태도 좋지 않고 젊지도 않으신데 무슨 일이라도 일어날까 봐 걱정이에요. 그런데 저는 어머니 회사에서 일하고 있어요. 어머니는 훌륭한 분이긴 하지만 이해가 안 돼요. 저는 두 분 모두 사랑하는데 두 분은 왜 서로 미워하고 싸움에 저를 끌어들이는지 모르겠어요. 이제 지쳤어요. 두 분이 그만하셨으면 좋겠어요……."

"알겠습니다. 부모님이 경쟁 관계에 사로잡혀 딸의 감정과 기분을 헤아리지 못하고 있군요. 그리고 딸에게 매달리고 설득해 딸을 자기 쪽으로 끌어들이려 하고 있어요. 그 결과 비올레트 양이 부모님의 경쟁 관계에 매우 중요한 쟁점이 되어버렸습니다. 축구 경기와 한번 비교해보겠습니다. 양 팀이 축구 경기를 하고 있습니다. 중요한 것은 공입니다.

그런데 선수들은 공의 '안전'에 대해서는 관심이 없습니다. 공은 경기 내내 걷어차이고 가장 고통당하는 존재가 됩니다. 비올레트 양은 부모님이 싸우는 축구 경기의 공입니다!"

"그렇게 말씀하시니 이해가 되네요. 하지만 이제 공 역할을 하는 것도 피곤해요. 주심이 휘슬을 불었으면 좋겠어요. 도대체 소송이 끝나기는 할까요?"

"자살 기도는 실망, 혐오, 피로에 대한 감정적 반응이자 '상대편'을 각성시켜 그들의 싸움이 비올레트 양의 정신 건강에 피해를 준다는 것을 깨닫게 하고자 하는 지적 반응이었습니다. 소기의 목적은 달성했지만 부모님을 '회복'시키지는 못할 겁니다. 두 분은 다시 경쟁을 시작할 거예요."

"그럼 어떻게 해야 하죠?" 그녀가 물었다.

"나는 비올레트 양이 우울증에 걸렸다고 생각하지 않습니다. 그러니 항우울제는 소용이 없을 것 같습니다. 하지만 가벼운 안정제는 감정의 강도를 약화시키고 한발 물러서서 생각할 수 있게 해줄 겁니다. 그리고 무엇보다도 '종목'을 바꾸는 데 도움이 될 겁니다. 이제부터 부모님이 테니스 경기를 한다고 생각하세요. 그리고 비올레트 양은 관객이 되어 공의 움직임을 좇는 겁니다. 선수들의 움직임에 따라 치이고 흔들릴 필요가 없는 것이죠."

결과는 긍정적이었다. 그녀는 테니스 경기를 혼자 보는 것보다 둘이 보는 것이 더 재미있다는 것을 알게 되었다. 남자친구가 생긴 것이다. 이제 그녀에게도 자신의 기분을 챙겨주는 사람이 생겼다.

'용감한 자들'의 평화

영리하고 활력 넘치는 성공한 사업가 앙드레가 내 진료실에 들어오더니 재킷을 벗고 넥타이를 풀면서 이렇게 말했다.

"큰일났습니다!"

"무슨 일이죠?"

"예전에 전 비서 마틸드와 관계를 가졌는데, 아내가 며칠 전 제 휴대전화에서 문자메시지를 보고 그 사실을 알아버렸어요. 그 후 사는 게 정말 지옥 같습니다. 아내는 아침부터 저녁까지 끊임없이 저를 괴롭히고 아이들 앞에서도 나무랍니다. 이혼하겠다고 위협하고 있어요. 이제는 다 끝난 일이고 그 여자를 만난 건 벌써 몇 달 전이라고 해도 언제, 어디서, 어떻게, 몇 번이나 만났느냐고 물으며 저를 괴롭힙니다. 1분도 함께 있기 힘들 정도입니다. 제가 대답하지 않으면 자기 마음대로 상상하고, 대답을 하면 펄쩍 뛰면서 계속 물어요. 더이상 못 견디겠습니다……."

"정리를 해봅시다. 부인을 아직도 사랑하십니까? 그리고 부인도 선생을 아직 사랑한다고 생각하세요?"

"네, 그렇습니다. **하지만** 사실 저는 아직 마틸드를 사랑하고 있습니다. 마틸드는 지금 다른 회사에서 일하고 있는데 저를 여전히 사랑한다고 하더군요. 저를 이해한다며 기다리겠답니다. 하지만 막상 마틸드를 만나면 그녀는 아내가 무서워 이혼하지 못하는 비겁한 겁쟁이라고 저를 비난합니다. 몇 달 전부터 두 여자 모두 제게 화를 내고 성관계를 거부하고 있습니다. 어떻게 해야 할지 모르겠어요."

"순서대로 살펴봅시다. 일하고, 읽고, 집중하고, 먹고 자는 데 문제는 없습니까? 불안하다거나 갑자기 눈물이 쏟아지거나 하지는 않습니까?"

"네, 불안합니다. 아내가 계속 화를 내기 때문에 잠을 잘 못 자고 새벽 서너 시에 땀에 젖어 깨곤 합니다. 사무실에서 혼자 울 때도 있어요. 새로 온 비서만 알고 있습니다. 새 비서는 이해심이 많아 저를 많이 도와줍니다. 제가 자주 잊어버리기 때문에 약속이나 해야 할 일을 계속 상기시켜주고 있습니다."

환자의 세 번째 뇌가 아내와 마틸드의 '모델' 위치와 '경쟁자' 위치 사이에서 지속적으로 흔들리고 있는 것이 분명했다. 그는 두 여자를 사랑하는 만큼 미워하고 두려워하고 있었다. 두 번째 뇌에서는 모순적인 감정이 생기고 하루에도 수시로 기분이 변해서 절망적이 되었다. 감정, 정서 혹은 새로운 기분이 지속적으로 관심을 요구하고 마음을 빼앗으려 해서 첫 번째 뇌가 작동하는 것을 방해하고 있었다.

"정리해보겠습니다. 가장 급한 것은 신경을 안정시키는 것입니다. 제대로 사고하고 반응하고 결정할 수 있도록 말입니다. 그러니 가벼운 안정제와 항우울제를 처방해드리겠습니다. 불안감이 생기거나 눈물이 쏟아지는 일이 없어질 것이고 잠도 푹 잘 수 있을 겁니다. 그 대신 마틸드 양에게 당신이 치료를 받고 있으니 한동안 만나지 못하고 전화도 할 수 없다고 말하고, 부인에게도 잠시 생각할 시간을 가질 수 있도록 마틸드 일을 언급하지 말아달라고 부탁하세요. 부인에게도 생각하는 시간을 가져보라고 하시고요."

며칠 후 환자가 다시 나를 찾아왔다.

"많이 좋아졌습니다. 덜 불안하고, 식사도 잘하고, 잠도 잘 잡니다. 마틸드도 제 상황을 이해하고 있습니다. 그렇다고 문자 폭탄을 멈추지는 않지만요. 아내도 제 부탁을 받아들였고 화를 덜 내고 있습니다. 그런데 선생님을 만나러 오겠다고 하는군요. '진실', 그러니까 자신의 생각을 선생님께 말씀드리겠다고요. 선생님이 제 말만 듣고 제 편을 들까 봐 걱정하고 있습니다!"

나는 신경안정제가 환자의 불안을 완화해주었고, 두 번째 뇌도 안정되었다고 메모했다. 항우울제는 환자의 기분과 수면의 질을 개선시켰고, 두 번째 뇌는 첫 번째 뇌가 생각하고 제대로 작동하고 집중하도록 도와주었다. 완벽하지는 않아도 많이 개선되었다. 세 번째 뇌는 여전히 흔들리고 있었다. 하지만 두 번째 뇌의 차분한 피드백으로 인해 좋은 영향을 받고 있었다. 그러나 나는 환자에게 계속 치료를 받아야 하고, 기꺼이 부인을 만나볼 의향이 있지만 두 여자 중 한 명을 선택하지 않는 한 영원히 치료가 되지 않을 거라고 말했다. 그는 두 여자를 모두 가질 수 없는 상황을 한탄하고 안타까워했다! 나는 그에게 그런 욕망은 이해하지만, 두 여자가 모두 당신을 원하고 서로의 존재를 알고 상호 감시한다면 그 욕망은 실현되지 않는다고 말해주었다.

환자의 아내 실비가 나를 찾아왔다. 실비는 아름답고 우아하고 지적인 여성이었다. 하지만 경계하는 눈초리였다. 내가 먼저 말을 꺼냈다.

"문제가 있다고 들었는데, 이야기해보시죠."

"우리 부부가 처한 상황을 확실하게 말씀드리고 싶어요. 우리 부부는 결혼한 지 20년이 되었어요. 아이는 셋을 두었고요. 열여덟 살, 열다섯 살, 열 살이죠. 그 여자가 남편을 유혹한 건데 남편은 그걸 모르고 있어요. 그 여자가 남편을 좋아하니까 남편도 그 여자를 좋아한다고 생각하는 거라고요. 용서하기가 쉽지 않네요. 어떻게 저한테 그럴 수 있죠? 마음 같아서는 이혼하고 싶은데 결정을 내릴 수가 없어요."

"중요한 건 부인께서 남편을 아직 사랑하느냐 하는 겁니다."

"남편을 사랑해요. 하지만 동시에 증오하기도 해요. 그때그때 달라져요. 물론 남편을 사랑하죠. 하지만 그 여자가 생각날 때마다 화가 나서 남편을 때리기도 하고, 얼굴에 물컵을 던지기도 했어요."

"부인의 경쟁자는 마틸드입니다. 상대가 누구인지 혼동해서는 안 돼요. 남편과 헤어지기 싫으면 남편을 경쟁자로 생각하지 마세요. 적이나 범죄자로 생각해서도 안 되고, 남편을 욕하거나 모욕하고 괴롭혀도 안 됩니다. 그런 행동은 부인의 목표에 반하는 것입니다. 남편을 빼앗기지 않고 경쟁자를 이기려면 남편과 한편이 되어 경쟁자에 맞서야 합니다. 그러지 않고 남편을 계속 괴롭히면 남편이 도망갈 테고, 어쩌면 그 여자에게 갈지도 모릅니다……."

"무슨 말씀을 하시는지는 알겠는데, 선생님은 남자여서 그런지 그이를 옹호하시는군요. 남편이 그런 짓을 했는데 제가 그와 한편이 되어야 한다고요?"

"결정은 부인에게 달렸습니다. 그러니 안타깝지만 부인도 노력하셔야 해요. 남편은 아무것도 못 할 겁니다. 부인에게 용서를 구했고 후회하고 있어요. 다른 여자와 관계를 끊고 부인을 사랑하겠다고 맹세했습니다. 그러니 부인은 경쟁자를 상대로 승리할 것인지 남편을 상대로 승리할 것인지 결정하셔야 합니다. 각각 장단점이 있습니다. 제 생각에 남편에 대한 승리는 부부에게는 패배이고, 아이들에게는 재앙이고, 부인에게는 불행입니다. 저는 한쪽을 편드는 것이 아닙니다. 시간은 되돌릴 수 없습니다. 그러니 '부정적'으로 생각해서는 안 돼요. 부인에게 덜 고통스러운 방법이 무엇일까요? 남편을 괴롭히고 모욕하고 벌하기 위해 이혼하는 걸까요, 아니면 남편과 화해해서 경쟁자를 제거하고 자존심을 지켜 승리하는 걸까요?"

실비는 생각해보겠다고 대답했지만, 남자들은 모두 한통속이라고 생각하는 것 같았다.

"어쩌면 여자 정신과 의사와 상담을 해봐야 할지도 모르겠네요"라고 말하며 그녀는 자리를 떴다.

몇 주가 지난 뒤 남편이 나를 찾아와 이렇게 말했다.

"그동안 치료받은 덕분에 효과가 있었습니다. 감사합니다. 아내는 선생님과 상담하고 돌아와서 나에게 화를 냈어요. 그런 다음 이해할 수 없는 행동을 했습니다. 짜증 내고, 욕하고, 이혼하겠다고 소리를 지르더니, 몇 시간 뒤에는 제게 달려들어 한동안 듣지 못했던 다정한 목소리로 사랑을 속삭이더군요. 우리는 미친 사람들처럼 사랑을 나누었어요."

부인의 세 번째 뇌가 경쟁과 열정적인 사랑 사이에서 흔들리고 있다는 걸 알 수 있었다. 이 두 사람의 사랑에는 강도 높은 폭력성과 경쟁 관계가 존재하고 있었다. 실제로 부인은 경쟁이 표현되는 두 가지 형태인 투쟁/갈등과 소유/탈취(지배) 사이에서 흔들리고 있었다. 투쟁에서는 두 번째 뇌가 증오와 어두운 기분을 만들고, 첫 번째 뇌는 도덕, 사회, 가족을 위한 주장, 그리고 남편을 경멸하는 주장을 만들어낸다. 열정과 오르가슴에서는 두 번째 뇌가 승리의 쾌감과 환희를 제공하고, 첫 번째 뇌는 승리를 확신한다. 우리는 여기서 자아 간 관계가 히스테리 상태에 있음을 볼 수 있다. 부인은 때로는 투쟁을 모방하고 때로는 오르가슴을 모방하는 발작을 일으켰다. 세 번째 뇌는 번갈아가며 나타나는 두 태도 사이에서 균형을 잡고 있었다. 이런 상황이 계속되지 않게 하려면 조치를 취해야 했다.

나는 남편에게 물었다.

"결정을 내리셨습니까? 가족을 지키고 싶습니까, 아니면 여전히 마틸드에게 미련을 갖고 계십니까?"

"물론 가족을 지킬 겁니다. 나는 아내를 사랑합니다. 가끔씩 아내가 나를 열정적으로 대해주면 아내를 더욱 사랑하게 되지만, 아내가 화를 내면 견디기가 몹시 힘듭니다. 이해할 수가 없어요. 마틸드와 만나는 일은 피하고 있습니다. 그녀가 다른 남자를 만나면 좋겠어요. 자유로운 사람을 만나서 행복해지면 좋겠어요. 마틸드가 무섭습니다. 제게 욕하고 아내에게 전화할까 봐 두렵습니다. 혹시 자살하지는 않을까 두렵기도 하고요…… 모든 것이 두렵습니다!"

"부인께서는 여자 의사와 상담을 했나요?"

"아니요! 선생님을 다시 뵙고 싶다며 저에게 선생님과 약속을 잡아달라고 하더군요. 이유는 모르겠습니다."

며칠 뒤 부인이 나를 찾아와 말했다.

"선생님은 왜 남편 편을 드셨죠?"

"나는 누구의 편을 들지 않습니다. 이성의 편을 듭니다."

"그게 뭔데요?"

나는 지난번 상담 때 그녀의 세 번째 뇌에 호소한 것이 성공하지 못했음을 깨달았다. 어쨌든 완벽하게 성공하지는 못했다. 그녀가 남편과 때로는 경쟁자, 때로는 열정적 모델 사이를 왕복하는 자아 간 관계를 유지하고 있었으니 말이다. 그래서 이번에는 첫 번째 뇌에 호소하기로 했다.

"부인은 지적인 여성입니다. 현재 부인은 경쟁자와 싸우고 있고, 경쟁자보다 유리한 위치에 있습니다. 남편이 아직 부인 곁에 있고, 부인을 사랑하고, 부인의 마음을 돌리고 싶어 합니다. 부인의 문제는 남편과의 사이에 생긴 부차적이고 파생적인 경쟁 관계를 극복하는 것입니다. 부인은 남편의 완전한 복종, 조건 없는 항복을 기대하실 겁니다. 거의 그렇게 되었지만 그것만으로는 충분하지 않죠. 남편은 열등한 위치에 있고 죄책감에 휩싸여 있습니다. 그러니 부인께서 남편을 일으켜 세워 평화를 정착시켜야 합니다. 이상하게 들릴지 모르지만 드골 장군의 예를 들겠습니다. 드골 장군은 알제리와 평화협정을 맺기 위해 알제리 파르티잔, 범법자, 암살자들에게 호소하고, '용감한 자들의 평화'를 제안했습니다. 그들을 무시하고 처벌하는 대신 자신의 위치로 격상시켜준 거죠. 프랑스 군인과 똑같이 대한 겁니다. 그들을 반란군이라고 생각한 사람들에게는 큰 충격이었죠. 하지만 그 덕분에 평화가 정착되었습니다. 마찬가지로 부인께서도 남편을 존중하고 부인의 위치만큼 격상시켜주어야 합니다. 약점을 보듬어주고, 인생을 다시 시작하려는 그의 노력을 인정해주어야 합니다. 부인과 남편을 위해서도, 아이들을 위해서도 그것이 좋습니다. 그러기 위해서는 부인을 갉아먹고 자존심을 깎아내리는 복수심을 포기해야 합니다. 그러면 가정을 구할 수 있습니다. 지금 믿을 수 있는 것은 부인의 지성입니다. 오직 지성만이 지금의 상황을 해결해줄 수 있어요."

부인은 한참 동안 나를 쳐다보더니 아무 말 없이 일어서서 문을 향해 걸어갔다. 그리고 문을 열고 나가기 전에 뒤돌아서서 이렇게 말했다.

"저에게 너무 많은 것을 요구하시는군요."

"그렇습니다. 승리자는 패배자보다 더 많은 것을 요구받습니다."

나는 기본적으로 부인의 첫 번째 뇌에 호소했다. 하지만 마지막 순간에는 경쟁 관계와 갈등을 포기시키기 위해 세 번째 뇌의 가치를 높였다.

놀랍게도(나는 인간에 대해 무조건 낙관적이지는 않다) 이들 부부는 가정을 지키기로 했다.

3장 ___ 세 개의 뇌와 삼단논법

다 가진 남자와 아무것도 갖지 못한 남자

아메드는 50대 남자로, 수면제 과
다 복용으로 자살을 기도하고 회복실에서 치료받은 후 나에게 상담을
받으러 왔다. 아내와 함께 왔지만 아내는 대기실에서 기다리게 하고 진
료실에 혼자 들어왔다. 진료실에 들어온 그는 주위를 꼼꼼히 살피고는
나를 마주 보고 앉았다.

"혹시 상담 내용이 녹음되는 건 아니겠죠? 우리가 하는 이야기는 우
리만 알고 있어야 합니다."

나는 비밀 보장을 약속해 그를 안심시킨 뒤 왜 자살하려 했는지 물
었다.

"부끄러워서요. 하지만 죽으려고 한 건 아니에요. 잠을 자려고 했을
뿐입니다. 잊어버리려고요. 저는 아버지를 존경했습니다. 아버지는 대
기업을 세우고 큰 재산을 모은 훌륭한 분이죠. 아버지는 20년 전에 돌
아가셨습니다. 저는 친형인 오마르와 사이가 매우 좋았고, 그래서 형과
함께 아버지 회사를 운영하게 될 거라고 생각했죠. 그런데 몇 년이 지
나자 형이 모든 것을 차지해버렸습니다. 아버지의 유언장을 위조해 저
를 한낱 고용인으로 만들어버렸어요. 저는 이사직을 맡고 있었지만 형
은 사장이었고, 제가 받을 월급도 형이 정했죠. 그러다 형이 이사회에
서 저를 쫓아냈습니다. 4년 전부터 우리는 말도 하지 않고 보지도 않습
니다. 연락할 일이 있으면 이메일을 이용하죠. 저는 고등학교 때까지 프
랑스에서 공부했고, 대학은 미국에서 다녔습니다. MBA 과정도 마쳤습
니다. 아버지께서 제게 해주신 것처럼 저도 아들을 미국에 있는 대학
에 보내고 싶었습니다. 당연한 일이었고, 아들에게도 대학에 등록되었
다고 말했습니다. 그런데 어느 날 아들이 화를 내며 미국 대학에서 학

비가 입금되지 않아 등록 취소를 통보해왔다고 말했어요. 형에게 미국 대학에 송금을 해달라고 부탁했는데 하지 않은 것입니다. 놀라서 어떻게 된 일이냐고 물었더니, 형은 아들의 교육비를 대주지 않겠다고 하더군요. 형은 저를 모욕했습니다. 부끄러워서 아들에게 얼굴을 못 들 정도입니다. 아버지가 큰아버지에게 눈곱만도 못한 존재라는 사실을 어떻게 아들에게 말할 수 있겠습니까? 그때부터 잠도 못 자고 먹지도 못했습니다. 계속 화만 나더군요. 더이상 견딜 수가 없어서 잠을 자기 위해 수면제를 다 털어넣었습니다."

나는 한 시간 넘게 환자의 이야기를 들은 후 몇 가지를 물어보았다. 환자의 세 번째 뇌에는 형이라는 확실한 경쟁자가 있는 것이 분명했다. 또한 두 번째 뇌는 형의 성공으로 인해 원한, 모욕, 자신감 상실을 만들어냈다. 나는 그가 정확히 어떤 기분을 느끼는지 알고 싶었다.

"당신의 마음속 깊은 곳을 들여다보면 슬픔이 보입니까, 아니면 분노가 보입니까?"

"분노와 화가 보입니다."

"당신의 뇌와 생각을 들여다보면 전보다 더 빨리 움직입니까, 아니면 더 느리게 움직입니까? 전속력으로 달리다 느려지고 속도가 자주 변합니까? 멈추기도 하나요? 아니면 천천히 움직입니까?"

"빠른 속도로 움직입니다. 생각이 계속 떠오르고, 자주 변하고, 머리가 뱅뱅 돌 정도입니다. 생각이 멈추지 않아서 잠을 자려고 했던 겁니다."

두 번째 뇌가 조증 유형의 확장된 기분으로 반응했던 것이다. 그러나 과도한 흥분은 무익하고 비생산적이다. 문화, 사회, 가족, 종교의 전통, 한마디로 자신의 무능력이라는 현실에 부딪히기 때문이다. 우울성 조증 진단이 불가피했다. 우울성 조증은 우울증과 구별하기 어렵지만 구별하는 것이 매우 중요하다. 우울성 조증에 항우울제를 처방하면 불난 집에 기름을 붓는 격이 되기 때문이다.

그렇다면 그의 첫 번째 뇌는 무슨 생각을 하고 있을까? 그는 자신의 실패와 형의 성공을 음모의 증거로 해석하는 편집증 증세를 보였다. 형이 서류를 위조하고, 공증인, 판사, 법정 서기, 나아가 장관과 정치인들까지 매수했다고 확신했다.

환자가 복잡한 음모에 대해 설명하는 동안 나는 그를 믿고 싶었다. 왜냐하면 그의 상황이 눈앞에 보였기 때문이다! 형은 모든 것을 가졌고 그는 아무것도 갖지 못했다. 형이 준 것을 빼고 말이다. 하지만 그의 첫 번째 뇌가 그에게 자신의 무능력과 나쁜 결정을 합리화하는 모자를 씌운 것은 아닐까?

편집증의 발생과 전개와 관련해 라캉이 한 말 두 가지가 떠오른다. 먼저 라캉은 정신병의 '기본 증상'을 "인식의 일시적 장애"로 규정한다. "여기서 인식은 정상적인 해석과의 명백한 유사성 때문에 해석망상이라고 말하는 것이다."[3] 라캉이 한 다른 말은 내가 제시한 세 개의 뇌에 대한 분석과 자아 간 관계에서 경쟁자 역할의 중요성을 전적으로 확인해주는 것으로, 마치 우리 두 사람이 공모라도 한 것처럼 보일 정도다. 다시 말하지만 나는 라캉주의자가 아니다. 라캉은 이렇게 썼다. "우리는 정신병 현상에 대한 설명으로 **사회적 압력**이라는 동태적 개념을 인정했다. 사회적 압력의 균형 혹은 단절이 일반적으로 개인의 성격을 결정한다."[4]

라캉이 한 말을 깊이 생각해보기를 권하고 싶다. 나는 환자와의 상담을 계속 진행했다.

"쉽게 감정적이 되고 자주 눈물이 납니까? 잠을 못 자는 것 말고 다른 신체적인 변화는 없나요?"

"네, 감정적이 되었어요. 특히 나를 이해해주는 사람에게 내 이야기를 할 때면 쉽게 눈물이 납니다."

환자는 잠시 말을 멈추고는 눈물을 닦고 코를 풀었다.

"열과 오한이 나고 심장이 빨리 뜁니다. 손발이 따끔거리기도 하고요. 감정적이 되면 목이 메어 말을 못합니다."

나는 세 번째 뇌가 경험하고 있는 경쟁을 두 번째 뇌가 나름대로 해석하고 있다고 판단했다. 감정이 신체적으로 표현되는 것은 일종의 히스테리, 전환 신경증이다. 경쟁이 신경증으로 표현된 예를 우리는 이미 살펴본 바 있다.

이 환자는 질병분류학적으로 편집성 정신병(첫 번째 뇌), 전환 히스테리성 신체 증상(두 번째 뇌), 조증 형태의 정동장애(두 번째 뇌)라는 세 가지 병리 증상을 보이고 있었다. 여기에 추가적으로 신경안정제 벤조디아제핀(주로 불안 증세나 불면증 치료에 처방되는 약물)과 조증의 특징인 수면장애 때문에 복용한 수면제 중독 증상도 보였다. 이 모든 병리 증상은 극단적 경쟁이라는 형과의 자아 간 관계가 표현된 것이다. 상황이 자신에게 불리하게 진행되자 그는 두 번째 뇌가 만들어낸 감정, 정서, 전환[5], 과도한 흥분이라는 옷을 입고, 첫 번째 뇌가 생각해낸 해석과 합리화의 모자를 쓰게 되었다.

나는 환자에게 효력이 서로 다른 여러 가지 약을 처방해야 하고, 치료 방법이 복잡하니 입원하는 것이 좋겠다고 말했다. 그러자 그의 첫 번째 뇌가 회피하기 위해 새로운 핑계를 만들어냈다.

"메카로 순례를 떠나기로 했습니다. 나를 불행에서 구해달라고 알라께 기도할 작정입니다. 그래도 낫지 않으면 선생님을 뵈러 오겠습니다."

그러나 그 후 그는 다시 나를 찾아오지 않았다.

위험한 관계

알베르는 70대이지만 기운이 넘치는 사람이었다. 그는 내 진료실에 들어와 앉기도 전에 여자친구 문제로 조언이 필요하다고 말했다. 하지만 의사의 조언이 도움이 될지 모르겠다는 말도 덧붙였다! 나는 일단 앉으라고 의자를 가리킨 뒤 도움을 드릴 수 있을지 나도 잘 모르겠다고 말하고는 '순진한' 질문을 던졌다.

"그런데 여자친구라고요?"

"10년 동안 사귀었는데 1년 전에 헤어졌어요. 그녀는 서른다섯 살인데 아직 젊으니 결혼도 하고 아이도 가져야 하지 않겠어요?"

"그래서 헤어지신 건가요? 상대방을 위해서요?"

"유머감각이 뛰어나시군요. 그렇기도 하고 아니기도 하고……. 그 여자친구와 헤어진 이유는 내가 비서들 중 한 명과 사랑에 빠졌기 때문입니다. 스물여섯 살인데 더 어리고 더 예쁜 여자예요."

"축하드립니다! 그런데 문제가 뭡니까?"

"문제는 내가 미칠 것 같다는 거요. 그 비서의 이름은 엘로디인데, 처음에는 내 데이트 신청을 거부했지만 점심을 함께하고 옷, 핸드백, 보석 같은 선물은 받았어요. 석 달이 지나자 나는 엘로디에게 완전히 빠져버렸죠. 엘로디는 아름답고 우아하고 세련되고 영리하고 기지가 넘치는 여자예요. 나에게 너무 잘해줘서 날 사랑하는 줄 알았어요. 어느 날 주말에 베네치아로 여행을 가자고 제안했는데, 놀랍게도 받아들이더군요.

정말 아찔할 정도로 멋진 주말이었지요. 우리는 관계를 가졌고 정말 행복했어요. 베네치아에서 주말을 보낸 후부터 우리는 낭만적인 곳으로 자주 여행을 갔지요. 엘로디는 계속 내 비서로 일했고 서로의 상황을 잘 이해했어요. 나는 점점 더 그녀에게 빠져서 차도 선물하고 아파트도 사주었어요. 그 아파트에서 매일 밤 그녀를 만났지요. 낮 동안에는 오래 볼 수 없었지만 밤에는 사랑스럽고 부드럽게 나를 대해주었어요. 환상적이었지. 그런데 낮에 회사에서 그녀가 보이지 않을 때가 많아져서 이상한 생각이 들기 시작했어요. 그래서 갑자기 출장을 가게 되어 사흘 동안 자리를 비우게 되었다고 말한 뒤 그녀에게 사립 탐정을 붙였어요. 탐정은 키가 크고 젊고 잘생긴 남자가 그녀의 아파트에 들어가 다음 날 아침에야 떠났다고 말하더군요. 나는 엘로디를 격렬하게 비난하며 내가 없는 사이에 젊은 남자와 아파트에서 함께 지낸 것을 다 알고 있다고 말했어요. 처음에 그녀는 그 남자는 그냥 친구이고 하룻밤 재워준 것뿐이라고, 그 남자는 소파에서 잤다고 말했지만, 내가 믿지 못하겠다고 했더니 화를 내며 완전히 다른 사람이 되어버렸어요. '당신 꼴 좀 봐요! 나는 당신에게 젊음을 줬어요. 나는 자유로운 사람이고 누구도 내 자유를 뺏을 수 없어요. 나는 당신에게 빚진 것이 없어요'라고 말하더니, 마지막에 결정적인 말을 해버렸어요. 그래서 이렇게 선생을 찾아온 거요. 더이상 잠도 못 자고, 잠깐 잠이 들어도 악몽을 꾸고, 정말 어떻게 해야 할지 모르겠어요. 그녀는 이렇게 말하더군요. '대체 불만이 뭐죠? 나는 매일 당신을 만나고, 사랑하고, 당신에게 충실했어요. 하지만 내 자유는 절대 포기할 수 없어요. 당신은 나에게 독점권을 요구할 자격이 없다고요!' 엘로디는 자신이 나와 자주기 때문에 다른 애인을 가질 권리가 있다고 생각하는 것 같아요. 그녀 자신도 그렇다고 말했지요. 나는 너무 당황했고 완전히 좌절했어요. 아직도 엘로디를 사랑하고 있는데 어떻게 해야 할지 모르겠어요. 그녀를 못 믿겠고, 아무도 믿지 못하겠어요. 불안하고, 서글프고, 사는 것도 재미가 없어요. 이제는 술까지 마시기 시작했습니다. 어떻게 하면 좋을까요?"

엘로디가 알베르의 세 번째 뇌를 심각한 혼돈 속으로 밀어넣은 것이 분명했다. 알베르는 경쟁자가 있긴 하지만 누구인지 확실히 알지 못하는 반면, 엘로디는 자신이 알베르에게 충실하기 때문에 경쟁자가 없다고 설득하려 했다! 첫 번째 뇌가 상황을 정확히 이해하는 데 실패한 것 같았다. 의심할 여지 없이 엘로디도 사실을 인정했다. 첫 번째 뇌는 혼란에 빠져 방향을 잃어 어떤 합리화도 해주지 못했다. 할 수 있는 것이라고는 알베르에게 경종을 울려 도움을 받으라고 말하는 것뿐이었다. 두 번째 뇌는 질투, 불안, 모순적 감정에 휩싸여 불안정했다. 때로는 울적해져 죽고 싶어하고, 때로는 행복에 취해 엘로디의 작은 애교에도 낙관적이 되었다.

알베르는 상황을 이렇게 요약했다. "나는 방향을 잃었어요. 혼란스럽고 더이상 예전의 내가 아니에요. 이런 일은 한 번도 없었는데. 세상이 뒤죽박죽이고, 아무것도 이해가 안 됩니다. 정말 이상해요."

경쟁자의 존재로 사랑의 열정이 격화된 것이었다. 특히 경쟁자 문제가 해결되지 않자, 방향과 의미를 잃고 낯선 감정에 고통받는 급성 정신병 증세가 나타났다. 경쟁 관계를 재구성하고 세 번째 뇌를 안정시키는 것이 시급했다. 그러기 위해서는 첫 번째 뇌에 호소해 합리적으로 생각하게 하고, 가벼운 안정제를 처방해 두 번째 뇌의 불안감을 완화시켜야 했다. 모든 급성 정신병이 그렇듯 긴급하게 대처해야 했다. 급성 정신병은 젊은 사람들의 경우 세 번째 뇌로 하여금 사랑하는 사람에게 절대 도달할 수 없다고 여기게 하고 만성화될 위험이 있다. 그러나 나이 든 사람들의 경우는 알베르처럼 심각한 우울증과 자살 충동을 동반하고 두 번째 뇌의 붕괴를 일으킬 수 있어 더욱 위험하다.

경쟁 관계를 분명히 하고 문제를 해결하기 위해 나는 알베르에게 진지하게 말했다.

"지금 매우 위험한 상태입니다. 그러다 돌아가실 수도 있어요. 조치를 취하지 않으면 엘로디가 당신을 파괴하고 말 겁니다. 당신은 기업을 운영하는 사업가입니다. 그러니 사업을 할 때처럼 냉혹해져야 합니다. 최종 결정은 스스로 내리시겠지만, 경고를 하고 엘로디와 관계를 끊으라고 조언하는 것이 제 의무입니다. 엘로디가 당신을 죽일 수도 있는 적이라고 생각하셔야 합니다."

알베르는 의자에서 일어나 한참 동안 나를 바라보더니 천천히 고개를 끄덕였다. 그리고 이렇게 말했다.

"무슨 말인지 알겠어요. 생각해보겠습니다. 하지만 말씀하신 대로 하면 너무 고통스러울 것 같군요. 나를 도와줄 수 있습니까?"

"엘로디와의 관계를 청산하기로 결정하시면 도와드리겠습니다. 물론 힘드실 겁니다. 하지만 제가 옆에서 도와드리겠습니다. 안정되고, 긴장이 풀리고, 주무시는 데 도움이 되도록 약도 처방하겠습니다."

경쟁자가 누구인지 확실하게 밝혀지자 알베르의 세 번째 뇌는 호전되었고, 그에 따라 나는 그의 첫 번째 뇌에 필요한 조치를 취했다. 그리고 약물 치료를 통해 두 번째 뇌가 충격을 견디도록 도와주었다. 알베르의 용기와 의지는 존경받을 만했다.

좋은 '배신'

동일화는 치료의 과정이지만 심화되면 진정한 열정-모델로 변질되기도 한다. 마지막으로 쉬잔의 이야기를 해보겠다.

쉬잔은 63세 때 나를 찾아왔다. 쉬잔에게는 40년 전 직장에서 만나 우정을 이어온 사빈이라는 친한 친구가 있었다. 사빈은 회사에 연수 온 젊은 독일인 볼프강을 만나 결혼하여 뮌헨으로 이사를 갔다. 그리고 슬하에 아들 셋을 두었다. 쉬잔은 파리에서 계속 일했지만 자주 뮌헨에 가서 사빈을 만났다. 사빈도 파리에 자주 왔고, 쉬잔과 함께 휴가를 가기도 했다. 사빈의 아이들도 엄마의 친한 친구 쉬잔을 친엄마처럼 따랐다. 쉬잔은 결혼은 하지 않았지만 남자친구가 여럿 있었다. 하지만 몇 년 전부터는 계속 한 남자만 만났는데, 그는 유부남이어서 관계에 매이지 않아도 되니 좋다고 생각했다.

쉬잔은 우울증 때문에 나를 찾아와 치료를 받았다. 3년 전에 사빈이 암으로 세상을 떠났기 때문이다. 쉬잔은 임종 때까지 사빈의 곁을 지켰지만 그녀의 죽음을 받아들이지 못했다. 쉬잔이 사빈의 죽음을 거부한 이유는 사빈과 자신을 동일화했기 때문이다. 쉬잔은 시간만 나면 뮌헨에 가서, 지금은 성인이 된 사빈의 아들들에게 선물을 하고, 그 가족을 위해 장을 보고, 식사 준비를 하고, 설거지를 했다. 자연스럽게 쉬잔은 사빈의 남편 볼프강에게 애정을 느끼게 되었고, 그와 아이들과 함께 휴가를 가기도 했다. 사빈과 완벽하게 동일화하기 위해 쉬잔은 볼프강과의 결혼까지 고려하고 있었다. 그래서 내게 의견을 구하러 왔다!

의견을 말하는 것은 내 역할이 아니기 때문에 나는 원래 남자친구는 어떻게 되었느냐고 물었다. 그 남자는 러시아인이고 이름을 발음하기 어려워 쉬잔은 그를 '자그'라고 불렀다. 자그는 가볍고 까다롭지 않은 사람이고, 반대로 볼프강은 무겁고 신경질적이었다. 그녀가 말하지 않았기 때문에 볼프강은 자그의 존재를 몰랐지만, 자그는 볼프강의 존재를 알고 있었다. 사빈과 쉬잔이 자그 앞에서 볼프강에 대해 이야기했기 때문이다. 나는 아무 말도 하지 않았지만, 쉬잔이 자그를 버리고 동일화를 통해 사빈이 계속 살 수 있도록 볼프강과 결혼할 생각을 하고 있다는 것을 눈치챘다. 하지만 볼프강의 성격이 마음에 걸렸고, 또 그녀가 그를 사랑하지 않는다는 것도 문제였다.

쉬잔은 몇 달 후 다시 나를 찾아왔다. 그런데 완전히 달라진 모습이었다. 쉬잔이 자그에게 뮌헨에 갔던 일과 볼프강의 성격에 대해 이야기했더니, 그가 볼프강의 아들 중 한 명에게 말해서 볼프강이 정신과 상담을 받게 하라고 충고했다. 볼프강이 사빈의 죽음을 받아들이지 못해 성격이 그렇게 되었다고 생각한 것이다.

쉬잔은 다음번 뮌헨에 갔을 때 볼프강의 세 아들 중 가장 친한 오토에게 자그가 한 이야기를 했다. 그리고 정신과 상담을 받아보라는 것은 자그의 생각이지만 아버지에게는 그렇게 말하지 말고 자신의 생각인 것처럼 말해야 한다고 주의를 주었다. 그날 저녁 식사를 하면서 막내인 오토는 쉬잔이 아버지가 정신과 상담을 받아야 한다고 말했고 그것은 애초에 자그의 생각이었다고 말했다! 쉬잔은 오토의 '배신'에 놀라고 당황해 처음에는 아무 말도 못 하다 결국 자그와 나눈 이야기를 볼프강에게 자세히 말해주었다. 그리고 자신 역시 볼프강이 의사를 만나봐야 한다는 자그의 생각에 동의한다고 했다. 하지만 볼프강은 마음을 굳게 닫았고 쉬잔의 제안을 불편해했다.

사빈과 동일화하려는 쉬잔의 노력을 산산조각 낸 것은 막내 오토였

오토의 행동은, 쉬잔은 엄마가 아니고 절대 자신의 엄마가 될 수 없으며,
자신은 절대적으로 아버지 편이라는 사실을 그녀에게 알리는 분명한 신호였다.

다. 오토의 행동은, 쉬잔은 엄마가 아니고 절대 자신의 엄마가 될 수 없으며, 자신은 절대적으로 아버지 편이라는 사실을 그녀에게 알리는 분명한 신호였다. 그렇게 해서 가까웠던 자아 간 관계가 갑작스럽게 중단되자, 붕 떠 있던 쉬잔의 두 발이 땅으로 내려왔다.

그날 저녁 쉬잔은 마음이 편안해지며 해방감을 느꼈다. 볼프강에게 자그에 대해 이야기했고, 또 그의 성격에 대해 자신이 어떻게 생각하는지 말하게 되어 기분이 좋았다. 그리고 자신이 사빈의 빈자리를 채우려 했다는 것도 깨달았다. 약속을 깨고 아버지에게 자그에 대해 이야기한 오토 덕분이었다. 오토는 쉬잔을 가족으로 받아들이기를 거부하여 그녀를 자그와 함께하는 삶으로 되돌려보냈고, 뮌헨에 있는 그들 가족과 이별하게 해주었다. 쉬잔은 처음에는 충격을 받았지만, 자신에게 주어진 과제가 너무 힘들었다는 것, 그리고 마침내 그날에야 사빈과 진정한 작별을 할 수 있었다는 것을 깨달았다. 쉬잔은 '회복'되었다.

4장

세 번째 뇌를 더 깊이
이해하기 위하여

1

자아는 단독으로
존재하지 않는다

심리학과 사회인류학 이론이 탄생하는 것을 목격하고, 그 후 30년이 지나 신경과학 연구를 통해 그 이론이 과학적으로 증명되는 것을 한 생애 동안 목격한다는 것은 놀라운 일이 아닐 수 없다. 1961년 르네 지라르가 모방 욕망 이론을 발표했을 때 앤드루 멜조프의 실험은 아직 시작되지 않았고, 거울신경은 1990년대에 이르러서야 발견되었다.

'자아 간 심리학'이라는 용어는 1978년 출간된 『세상이 생겨날 때부터 숨겨져온 것들』에서 르네 지라르, 기 르포르, 그리고 내가 처음 사용했다. 이 용어는 자아는 단독으로 존재하지 않고 타인과의 관계 속에서 형성되기 때문에, 심리학은 개인의 심리학이 아니라 타인과의 관계 심리학, 즉 자아 간 심리학이 되어야 한다는 우리의 신념을 담고 있다. 우리는 서로 다른 인류학적·과학적 정보를 취합해 인류학과 심리학을 처음부터 다시 생각하기 시작했다. 나는 1982년에 『욕망이라는 이름의 모방』에서 새로운 심리학을 주장했지만 몇몇 미국 심리학자와 철학자로부터 환영받았을 뿐 많은 사람들의 관심을 끌어내지는 못했다. 최근 실험심리학과 신경과학 분야에서 일어난 새로운 발견들에 비추어 『욕망이라는 이름의 모방』을 다시 읽어보면 꽤 흥미로울 것이다.

유동체에서 미메시스까지

일상적이고 '정상적인' 상황에서는 모방 욕구가 잘 파악되지 않는다. 하지만 나는 최면, 빙의 의식, 퇴마 의식, 히스테리 같은 심리적이고 정신병리적인 현상을 서로 비교하면 모방 욕구를 확실하게 설명할 수 있을 거라 생각했다. 이런 현상들을 모방 시각에 비춰 설명하면 현상에 대한 이해가 분명해지리라고 보았다.

1981년부터 나는 아기가 왜 어른을 모방하는지에 대한 질문을 하기 시작했다. 앤드루 멜조프에 따르면 모방은 타인과 관계를 맺는 최초의 방식이고, 아기는 자라면서 모방을 통해 성장하고 학습한다. 그래서 나는 아기에게 어른의 행동을 모방하고 어른이 낸 소리를 흉내 내서 말을 배우게 하는, 확인되지 않은 기능이 존재한다고 생각했다. 나는 이 기능을 '미메시스(재현 또는 모방)'라고 부른다. 미메시스는 물론 공간에서의 모방, 다시 말해 외형과 몸짓의 모방이다. 하지만 시간이 지나면서 반복을 통해 언어만 습득하는 것이 아니라 점차적으로 다른 표상을 모방하게 되고, 그렇게 해서 점진적으로 기억이 구성된다. 나는 종족의 번식도 동일한 메커니즘으로 보장된다고 생각한다.

이를 근거로 내가 '보편적 미메시스'라고 부르는 힘, 즉 공간에서는 모방, 시간에서는 반복, 종족에서는 재생산인 힘이 사회과학에도 존재한다는 가정을 세웠다. 그리고 나의 가정을 18세기 빈 출신의 의사 프란츠 안톤 메스머Franz Anton Mesmer의 이론과 비교해봤다. 메스머는 환자들에게 최면술을 시행했고, 사람들 사이에는 끌어당기거나 밀어내는 힘이 있어서 이 힘을 통해 생각과 감정이 전달되고 전파되는 것을 임상에서 확인했다고 주장했다. 그런데 메스머에게는 문제가 있었다. 천체에서 온 만유 '유동체'가 사람들 몸에 흐르면서 사람들을 서로 연결하고 있다는 것을 입증하려 했고, 나아가 '동물자기'라는 유동체에 존재하는 자석 성분으로 병리 현상까지 설명하려 한 것이다. 그는 동물자기도 자석처럼 어떤 극과 접촉하느냐에 따라 서로 끌어당기거나 밀어낸다고 주장했다. 루이 16세의 과학 아카데미 회원인 프랭클린, 라부아지에, 바이는 메스머의 이론과 자기장 기법을 연구하여 만유 유동체는 존재하지 않는다는 것을 증명했으며, 암시 없이 자기磁氣만으로는 아무 일도 일어나지 않고, 자기가 없어도 암시만 있으면 효과를 발휘한다는 것 역시 밝혀냈다.

레온하르트 오일러Leonhard Euler는 1772년 독일 공주에게 쓴 편지에 메스머의 이론과 유사한 이야기를 적었다. "자연의 신비를 엿보기 위해서는 별들이 끌어당기고 밀어내면서 서로 어떻게 반응하는지를 알아야 합니다. 눈에 보이지 않는 어떤 섬세한 물질이 서로를 밀어내는지, 어떤 숨겨진 불가사의한 능력이 서로를 끌어당기는지 알아야 합니다."[1]

메스머는 천체와 인간에게 나타나는 끌림과 밀어냄 현상이 자기 유동체로 인해 일어난다고 주장했고, 오일러는 '섬세한 물질' 혹은 나아가 '숨겨져 있거나 불가사의한 능력' 때문이라고 주장했다. 하지만 이 두 학자가 물리학적 추론을 통해 찾으려 했던 것은, 실은 사람들 사이의 모방과 암시의 왕복운동을 통해 나타나는 모방적 자아 간 관계의 심리학적 현실이었다.

메스머는 환자들에게 최면술을 시행했고,
사람들 사이에는 끌어당기거나 밀어내는 힘이 있어서
이 힘을 통해 생각과 감정이 전달되고 전파되는 것을
임상에서 확인했다고 주장했다.

욕망은 움직인다

메스머의 유동체를 통해 나는 두 가지 생각을 하게 되었다.

첫 번째 생각은 천체와 점성술의 비교가 흥미롭다는 것에서 출발했다. 나는 유사한 메커니즘으로 뉴턴의 만유인력universal gravitation이 물리학을 지배하고 만유 미메시스universal mimesis가 사회과학을 지배한다면 우주에 대한 단일 형이상학적 개념이 가능할 거라고 생각했다. 우리는 만유인력으로 별들 사이의 당기는 힘인 인력引力을 설명할 수 있다. 그렇다면 별들이 서로 충돌하지 않는 것은 무엇 때문인가? 별들이 움직이기 때문이다. 달이 지구와 충돌하지 않은 이유는 달이 궤도를 벗어나지 않고 지구와 일정 거리를 유지하면서 지구 주위를 공전하기 때문이다. 심리학에서 만유 **미메시스**는 사람들을 '충돌'시키기도 하고 융합시키기도 한다. 하지만 움직임이 그것을 막는다. 움직임 덕분에 사람들은 서로 부딪치지 않고 가까워졌다 멀어지면서 서로의 주위를 돈다. 이 움직임을 심리학에서는 욕망이라고 부른다. 실제로 사물을 가리키는 어른의 손이 아기의 욕망과 움직임을 만들어내고, 아기는 어른의 몸에서 멀어져 구심 궤적을 그리기 시작한다. 이렇게 아기는 모방을 통해 엄마의 몸에서 떨어져 욕망의 대상을 갖게 되고, 엄마의 품과 엄마와의 통합적 관계에서 점차 멀어진다. 심리학에서 움직임은 욕망이고, 욕망은 움직임이다.

두 번째 생각은 루이 16세의 과학자들은 최면 현상으로, 메스머는 동물자기로 설명한, 생각과 감정의 전파 현상은 암시 때문이라고 주장한 점에 근거하고 있다. 주체라고 부르지 않기 위해 내가 '홀론holon(아서 쾨슬러Arthur Koestler가 그리스어 'holo(전체)'에 접미어 'on(부분)'을 조합해서 만든 용어)'이라고 명명한 두 심리적 주체 사이에는 두 개의 매개체가 존재한다. 하나는 A에서 B로 가는 암시 매개체이다. B는 A를 모방해야만 존재할 수 있다. 다른 하나는 반대 방향을 향하는, 방향은 반대이지만 경로는 동일한 모방 매개체이다. 모방과 암시는 자아 간 관계를 구성하고 두 사람 사이를 왕복한다는 것이 내가 내린 결론이다. 르네 지라르와 나는 『세상이 생겨날 때부터 숨겨져온 것들』을 쓰면서 '자아 간 관계'를 제시했다. 자아 간 관계에서 두 개인은 따로 떨어져 있는 것이 아니라 모방–암시 매개체가 두 사람 사이를 계속 왕복하면서 동영상처럼 움직인다고 본 것이다.

그러므로 최면 현상도 자아 간 관계를 통해 그런 식으로 설명할 수 있다. 최면이 시작되면 최면을 거는 사람에서 걸리는 사람에게로 가는 암시 매개체의 강한 힘 때문에 자아 간 관계는 멈추고, 최면에 걸린 사람에서 거는 사람에게로 가는 모방 매개체만 존재하게 된다. 이때 두 사람 사이의 자아 간 관계는 그 위치에 고정되고, 자아 간 관계의 고유한 성격인 왕복운동도 정지된다. 암시와 모방 매개체가 고정되면 최면에 걸린 사람은 최면을 건 사람의 욕망을 모방할 수 없어 졸음이 오고, 무기력해지고, 자아가 사라진다. 하지만 최면술사가 보낸 지속적인 암시로 인해 새로운 자아가 만들어진다. 이때 나타나는 새로운 자아는 최면술사의 욕망에 따라 새로 형성된 것으로, 새로운 의식, 새로운 기억, 새로운 정서, 새로운 감정을 가진 전혀 다른 자아이다.

여기서 나는 욕망이 자아의 욕망으로 남는 것이 아니라 자아가 욕망의 자아가 되는 새로운 초超심리학metapsychology을 수립할 필요가 있다고 생각한다. 욕망은 모방적 성격이 있기 때문에, 자아를 형성하는 욕망은 실제로는 타인의 욕망이 반사된 복제품일 뿐이다.

4장 ____ 세 번째 뇌를 더 깊이 이해하기 위하여

2

이슬람주의자들은 왜
자살 테러를 일으킬까?

굴절 지점인 N과 N'에서 무슨 일이 벌어지는지 상상할 수 있을까? 일반적이고 정상적인 상태에서 자신이 욕망의 주인이라고 확신하지 못하면 자아는 유지될 수 없다. 가장 간단한 해결책은 자신의 욕망을 만든 타인을 잊어버리고, 자신이 자기 욕망을 소유하고 있다고 진실로 믿는 것이다. 사실 이는 단순한 망각이 아니다. 우리가 뭔가를 잊은 경우에는 잊었다는 사실을 인식하기 때문이다. 그런데 여기서 말하는 망각은 적극적인 무지이지만 평화적이고 갈등이 없다. 이런 방식으로 광고는 사람들로 하여금 자신이 욕망하는 것을 스스로, 자유롭게 선택한다고 믿게 한다. 내가 욕망하는 차는 **나의** 차가 되고, 욕망하는 시계도 **나의** 시계가 된다. 소유자가 누구냐에 따라 대상의 정체성이 달라진다. 즉 시계가 나의 것이라는 사실은 시계가 나의 욕망의 결과임을 의미한다. 지금 우리가 살고 있는 세계는 갈수록 모방의 성격이 강해지고, 어떤 욕망도 쉽게 소유할 수 있고, 당황스러울 정도로 선택의 가능성이 많다. 이런 분위기에서 광고는 가능한 모든 암

지금 우리가 살고 있는 세계는 갈수록 모방의 성격이 강해지고,
어떤 욕망도 쉽게 소유할 수 있고, 당황스러울 정도로 선택의 가능성이 많다.

시를 동원해 선택을 유도하면서 그 규모가 점점 더 커지고 있다.

대상이 물질인 경우 모방에 대해 이해하기 쉽지만, 모방을 통해 전파되고 전염되는 것이 사상이나 믿음인 경우에는 좀 복잡해진다. 집단 전체에 반향을 일으키는 믿음은, 믿음의 욕망이 서로를 모방하면서 한없이 강화되어 구성원 전체가 바보가 되는, 집단 최면과 유사한 상태를 만들어낼 수도 있다. 믿음이나 사상이 모방을 통해 폭발적으로 확장된 상태에서는, 구성원 각자는 정상이지만 집단은 극도로 위험한 트랜스 상태(최면에 걸린 듯한 몽환 상태)에 휩싸이기 쉽다. 집단 최면을 촉발시킨 사람은 치료 같은 선한 목적을 가진 것이 아니라 권력을 노리기 때문이다.

이렇게 해서 살인으로까지 이어지는 믿음이 탄생한다. 예를 들어, 급진적인 이슬람주의자들은 집단 최면에서 깨어나 빠져나오기보다는 폭탄 테러를 하는 것이 더 쉽다고 생각한다. 자아의 각성과 자아에 대한 통제를 회복하기 위해서는 실제로 나를 움직이는 것이 욕망의 타자성이라는 사실을 인식해야 한다. 자신을 움직이는 믿음과 죽음에 대한 욕망이 자신에게서 나온 것이 아님을 알게 되면, 그리고 자신이 욕망을 소유하고 있음을 부정하면, 극단주의자들의 자아는 현실을 인식하게 되고 자유로워진다. 하지만 이런 노력은 쉽지 않을뿐더러 매우 드물다. 최면 상태에 들어간 주체가 최면술사의 암시를 거부하는 것만큼이나 어렵다.

내 욕망은 누가 만든 것일까?

물리적 시간에서 자아는 직선 벡터

를 따라 과거에서 미래로 가면서 형성된다. 욕망 D는 모방을 통해 욕망 d를 탄생시키고, 욕망 d는 자아 m을 생성한다. 이것이 과거에서 미래로 가는 물리적 시간의 실제 사건 배열이다. 하지만 물리적 시간은 주체들이 모르는 상태에서 진행되기 때문에 심리적 차원에서는 아무런 의미가 없다. 자아 m이 경험하는 시간은 물리적 시간과는 반대로 흐르는 심리적 시간이다. 여기서 자아 m은 N에서 욕망 d가 자신의 욕망이라고 선언하고, 욕망 d는 같은 대상을 욕망하는 자신과 똑같은 욕망 D를 발견하고 충격을 받는다. N′에서 욕망 d는 욕망 D에 대해 선행성을 주장한다. 자아 m은 실제로 욕망 d의 자아임에도 불구하고 욕망 d와 D를 모두 소유하고 있다고 강력하게 주장한다.

이 모든 심리적 배열은 새로운 시간인 심리적 시간, 기억의 시간을 이룬다. 이 시간만이 인간의 주체성을 말할 때 의미가 있으며, 주체에게 유일한 사실이고 현실이다.

물리적 시간, 즉 실제 현실에서 사건은 다음과 같은 방식으로 진행된다.

$$\text{욕망 D} \xrightarrow{\ N'\ } \text{욕망 d} \xrightarrow{\ N\ } \text{자아 m}$$

$$\text{과거} \xrightarrow{\hspace{4cm}} \text{미래}$$

그러나 여기에 표현된 물리적 시간은 심리적 측면에서는 전혀 현실적이지 않다. 경험적 측면에서 유일하게 의미 있는 **심리적 시간**은 기억의 시간이고, 이 시간은 물리적 시간을 '거슬러 올라간다'.

4장 ___ 세 번째 뇌를 더 깊이 이해하기 위하여

$$\text{욕망 D} \longrightarrow \text{(N')} \longleftarrow \text{욕망 d(N)} \longleftarrow \text{자아 m}$$

$$\text{과거} \longleftarrow\joinrel\longrightarrow \text{미래}$$

N에서는, 언제 어디서나 신경증 환자를 포함해 거의 모든 인간들의 자아가 자신이 자기 욕망을 소유하고 있다고 주장한다.

N'에서 욕망 d는 욕망 D에 대해 선행성을 주장한다. 그런데 사실 욕망 d는 욕망 D를 모방하고 영감을 받아 만들어졌기 때문에 욕망 D가 욕망 d를 만든 것이다.

여기서 나는 이해를 돕기 위해 N과 N'를 구분했지만, 현실에서는 두 점이 공존한다. N 없이 N'는 존재하지 않고, N' 없이 N은 존재하지 않는다.

여기서 내릴 수 있는 결론은, 심리학에서 물리적 시간은 아무런 의미가 없고 미래는 존재하지 않는다는 것이다. 오로지 기억이 들려주는 과거만이 실재한다. 과거, 즉 심리적 시간은 물리적 시간과 반대 방향으로 흐르고, 실제 일어난 사실과도 반대된다. 위대한 입문자들은, 기억이 들려주는 것은 실제로 일어난 것과 정확하게 반대된다는 것을 깨닫는 데서부터 심리적 입문과 지혜의 추구를 시작한다.

이 사실을 깨달으면, 다시 말해 내 욕망의 타자성을 **인식**하면 평안과 지혜를 얻을 수 있다. 반대로 타자성을 깨닫지 못하면, 다시 말해 N에서 '자기' 욕망의 소유권을 주장하고 N'에서 타인의 욕망에 대해 선행성을 주장하면 정신병리적 증상이 나타난다. 신경증 환자나 정신병 환자는 다양한 전략을 동원해, 내가 느끼는 욕망은 나의 것이고 타인의 욕망(복사품)보다 앞선다는 이중 주장(N-N')을 관철하려고 노력한다.

그러므로 유일하게 의미가 있는 심리적 시간에서는 인식 혹은 무지

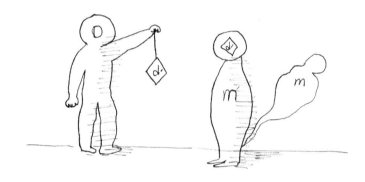

최면을 거는 사람의 욕망 D가 욕망 d'를 만들면 욕망 d'는
모든 속성을 그대로 가지고 있는 자아 m'를 만든다.
그러면 자아 m은 소멸되고 사라진다.

가 중요한 역할을 한다. 여기서 우리는 '잃어버린 시간을 찾아서'와 '되찾은 시간'이라는 말에 나타난 프루스트의 직관을 확인할 수 있다. 심리적 측면에서 미래는 과거의 투사와 추억의 상상적 반복 말고는 아무것도 의미하지 않는다.

모두들 기억은 추억을 저장하는 기계, 회상 기계라고 생각한다. 그러나 자아 m이 자신의 존재를 유지하기 위해서는 N과 N'가 제기한 문제를 망각해야 한다. 다시 말해, 기억에는 욕망과 자아의 근원을 망각하는 근본적인 기능이 있기에, 자아는 자신의 모든 속성을 그대로 유지하면서 존재할 수 있다. 최면 상태가 그 증거다. 최면을 거는 사람의 욕망 D가 욕망 d'를 만들면 욕망 d'는 모든 속성을 그대로 가지고 있는 자아 m'를 만든다. 그러면 자아 m은 소멸되고 사라진다.

모방의 네 가지 형태

앞에서 나는 미메시스의 형태를 외형, 소유, 존재, 욕망, 네 가지로 구분했다.

—**외형**의 모방은 아리스토텔레스적이다. 이는 형태를 모방하는 것으로, 모든 타자를 잠재적으로 내포하고 있는 형태를 '관념'이라고 한다. 그러므로 책상에 대한 관념은 만들어질 수 있는 모든 책상을 잠재적으로 내포하고, 한 개의 특정한 탁자는 그림, 사진 등이 만들어낸 모든 표상을 잠재적으로 내포한다.

하지만 아리스토텔레스가 간과한 근본적인 개념이 하나 있다. 모방은 모방하는 모델에 정보를 추가할 수도 있고 삭제할 수도 있다는 것이다. 레오나르도 다빈치가 〈모나리자〉를 그릴 때 그녀의 체취, 목소리, 눈물, 웃음소리 등 모나리자에 대한 엄청난 양의 정보는 삭제되었다. 하지만 동시에 그는 자신 앞에 있는 실제 여인에게 많은 정보를 추가해 수세기 동안 살아남게 했다. 연예인을 성대모사 하거나 캐리커처를 그리는 사람도 마찬가지다. 이들은 모델을 관찰해서 특징을 강화하고 정보를 추가하는데, 이 과정에서 많은 정보를 버리기도 한다.

파뉘르주 이야기에 나오는 양떼는 멈춰서서 무리가 어디로 가는지 생각하는 것보다 무리를 쫓아가는 것이 훨씬 더 편하다. 매우 위험하기 짝이 없는 이데올로기나 그보다 완화된 형태인 순응주의나 정치적 올바름 같은 원칙이 생겨나는 것은 바로 그 때문이다. 실제로 몽유병 환자처럼 무리를 따르고 다른 사람들이 하는 대로 따라 하는 것이, 각성해서 개별화하려고 노력하고 모방 상태에서 자기 자신을 세우는 것보다 훨씬 쉽고 덜 피곤하다.

—**소유** 모방의 경우 모방한 몸짓은 탈취 혹은 소유하고자 하는 몸짓이다. 타인이 소유한 것을 뺏고 싶어하면 당연히 갈등과 폭력이 뒤따른다. 세자레오 반데라Cesareo Bandera는 이것을 '갈등적 모방mimesis conflictiva'[1]이라 불렀고, 르네 지라르는 '탈취 미메시스'라고 불렀다. 둘 다 바로 폭력으로 이어진다.

—탈취 미메시스가 폭력을 만들어내는 데 반해 **존재**를 모방하는 것은 모델과 동일화하고 평화를 낳고 갈등을 피하는 메커니즘이다. 아이가 아버지와의 자신을 동일시할 경우 상징적 의미에서가 아니라면 아버지를 살해할 필요가 없고, 아버지와의 갈등이나 폭력 사태를 벌어지지도 않는다. 존재에 대한 모방은 종종 모델에 대한 치

유나 위로의 형태로 나타나기도 한다. 모델을 소유하는 것이 정당한 소유로 여겨지기 때문이다.

—마지막은 타인의 **욕망**을 모방하는 것이다. '제자'에게 동일한 욕망을 갖게 하는 것 말이다. 욕망의 모방이 갈등으로 확장되느냐, 그렇지 않느냐는 모델과의 거리에 달려 있다(앞서 살펴보았듯이, 르네 지라르는 '외적 중개자'와 '내적 중개자'를 구분했다). 그뿐 아니라 욕망하는 대상의 성격에 따라서도 달라진다. 예를 들어 욕망의 대상이 문학적 완성이라면 모델과 제자는 모두 훌륭한 작품을 만들어낼 것이다. 하지만 여기서도 모방 욕망이 정신병리 증상으로 발전해 상황이 잘못될 수 있다.

여기까지 우리가 살펴본 것은, 첫 심리적 움직임은 나중에 어떻게 복잡하게 변할지는 모르지만 처음에는 언제나 타인, 그리고 타인과의 관계에서 출발한다는 것이다.

나와 타인

여기서 타자, 타인의 개념을 다시 한번 강조하고 싶다. 자아를 구성하는 욕망은 이미 살펴보았듯이 타인의 욕망이다. 우리를 형성하고 구성하는 타자성은 인간의 조건이지만 받아들이기 쉽지 않다. 자아가 존재하고 유지되는 데에는 기본적으로 타자성에 대한 무지가 필요하다. 타자성을 인식하기란 쉽지 않고 입문적 성격이 있어 곳곳에 어려움이 숨어 있다. 하지만 그것은 정신 건강, 행복, 지혜에 도달하는 열쇠이기도 하다. 타자성에 무지하면 '망각' 상태에서는 평화가, N 상태에서는 신경증과 광란이, N' 상태에서는 망상과 정신이상이 나타난다.

여기서 잠깐 에덴동산 이야기로 다시 돌아가보자. 신은 흙에 자신의 욕망을 불어넣어 인간을 창조했다. 즉 인간은 완전히 신의 타자성으로 빚어졌다. 성서에는 인간이 '하느님의 형상에 따라' 만들어졌다고 적혀 있다. 신은 인간을 창조하는 순간 만유 미메시스의 우주적 의미를 인간에게 부여했다. 물론 앞에서 살펴본 것처럼 복제품은 모델에 비해 엄청난 정보 손실을 피할 수 없었다. 그리고 신은 아담의 갈비뼈로 여자를 만들었다. 결국 여자도 완벽하게 타자성으로 태어났다.

나는 인간 조건의 불행은 자신의 타자성을 받아들이지 못하는 데서 출발하는 것이 아닐까 생각한다. 자아는 '타인'이며 타인이 시기적으로 자기 자신보다 먼저 존재했다는 것을 인간은 쉽게 받아들이지 못한다. 인간의 비극은 자신이 무無에서(혹은 흙에서) 신의 욕망 혹은 신의 입김으로 빚어졌고, 평생 다른 사람의 욕망으로 계속 다시 빚어진다는 것을 부정하는 데서 시작된다. 인류의 역사, 그리고 우리 각자의 역사는 타자성을 인정하기를 거부하고 우리 욕망의 독창성을 주장하는 역사이자, 우리 욕망에 영감을 주고 우리 욕망을 촉발하고 야기하고 만들어낸 타인의 욕망에 대해 소유권과 선행성을 주장하는 역사이다. 달리 말해 인간의 역사는 사실을 부정하고 피하려는 길고 헛된 시도의 역사이기에 더욱 비극적이다. 한 가지 더 있다. 모방의 성질이 있는 욕망은 욕구, 본능 혹은 충동과는 근본적으로 다른 것으로, 욕구와 본능, 충동을 왜곡하고 전복하고, 나아가 제거할 수 있다.

타인의 욕망에 대한 모방, 즉 욕망 D를 모방해서 생긴 욕망 d는, 처음부터 그리고 당연히 자신의 선행성을 주장한다. 욕망 d가 만든 자아

m은 자신의 존재를 유지하기 위해, 태어난 순간부터 자신이 욕망을 소유했다고 주장한다. 사실 그 욕망은 결과물인데 말이다. 여기서 욕망 d는 자아 m과 마찬가지로 필연적으로 어느 정도의 주장, 즉 경쟁을 가지고 태어난다. 그러므로 욕망과 경쟁은 한 몸이라 할 수 있다. 경쟁 없는 욕망, 욕망 없는 경쟁은 존재할 수 없다.

학생이나 견습생이 가진 욕망에는 경쟁적인 성질이 거의 없다. 타자성에 대한 무지―처음에는 자아의 존재를 유지하기 위해 이것이 필요하다―는 평화로운 관계를 만들고 망각으로 표출된다. 스승은 가르치고 제자는 배운다. 제자가 스승을 넘어섰다고 생각하기 전까지는 모든 것이 순조롭게 진행된다. 하지만 제자와 스승 사이에 경쟁 관계가 형성될 경우 N 상태에서는 신경증적 광란이, N' 상태에서는 망상적 광란이 나타난다.

결론적으로 인간은 모방 메커니즘과 경쟁의 노리개이다. 이 모든 일은 내가 '세 번째 뇌'라는 이름으로 구분해야 한다고 제안한 자아 간 관계에서 일어난다. 파괴적이고, 요구하는 경향이 있고, 경쟁적인 모방 메커니즘은 타자성을 인정하기를 거부하고 감정의 뇌 혹은 두 번째 뇌의 옷장에서 분노, 냉정 등 다양한 감정을 찾아내 옷을 입은 뒤 첫 번째 뇌의 옷장으로 가서 정치적·종교적·철학적·윤리적 합리성과 정당성이라는 모자를 찾아 머리에 쓴다.

매우 기본적인 모방 메커니즘은 신화와 비유, 철학과 심리학 분야의 역작 속에 숨어 있다. 문화는 모든 수단을 동원해 우리가 사실과 타자성을 인정하지 못하도록 막는다. 문화는 우리의 공모자이며, 우리가 반항하고 저항하더라도 언제나 용서한다. 그리스 신화가 인간의 싸움을 신들의 전쟁으로 변모시킨 것처럼, 정신분석 신화도 기초적이고 사소하고 추하고 반복적인, 그리고 우리를 조종하는 메커니즘을 가리고, 변장시키고, 미화한 것에 지나지 않는다. 그러므로 이 책에서 같은 이야기를 반복하는 것처럼 느꼈을지도 모른다. 하지만 그것은 당연하다. 내가 새로운 것을 만들어낸 것이 아니기 때문이다.

어렸을 때 나는 교실 뒤편에 앉았
는데, 칠판에 쓰인 글씨가 잘 보이지 않았다. 다른 아이들 눈에는 보이
는데 왜 내게는 보이지 않는지 궁금했다. 부모님은 내가 눈이 나빠서
그렇다는 것을 알고 안경을 맞춰주셨다. 그 후로는 다른 아이들처럼 칠
판의 글씨를 볼 수 있었다. 심리학과 정신의학을 공부할 때에도 같은
경험을 했다. 우리는 모두 심리 분석의 안경을 쓰고 있었다. 그런데 나
는 잘 보이지 않았다. 나중에는 인지주의라는 안경을 썼지만 그것도 큰
도움이 되지는 못했다. 하지만 르네 지라르가 제안한 모방 안경을 쓰니
증상과 현상이 더 또렷하게 보였다. 사람들의 행동에서 모방 욕망의 메
커니즘도 읽을 수 있었다. 이 책을 통해 내가 설명한 모방 욕망 메커니
즘은 무자비한 것이다. 그러므로 그것으로부터 벗어날 수 있는 유일한
방법은 모방 욕망을 직시하고 겸허하게 수용하는 것이라는 사실을 알
게 되면서 나는 좀더 겸손하게 정신 치료에 접근할 수 있었다.

신이 자신의 형상에 따라 흙을 빚어 인간을 창조한 것처럼, 인간도

르네 지라르가 제안한 모방 안경을 쓰니 증상과 현상이 더 또렷하게 보였다.
사람들의 행동에서 모방 욕망의 메커니즘도 읽을 수 있었다.

유전적, 정신적으로 서로를 빚어 자아를 만든다. 자아는 평생 타인의 형상을 따라 계속 빚어지고, 여러 타인들이 통합되며 완성된다. 이 현실을 부정하는 것은 원죄처럼 N에서는 신경증, N'에서는 정신병으로 표현된다. 그러므로 정신 치료에서는 이 현실과 함께 우리가 '정신장애'라고 부르는, 실재에 대한 부정의 본질도 고려되어야 한다. 그리고 입문은 우리가 점진적으로 변모해 타자성을 지속적으로 인정하게 하고 지혜에 도달하도록 도와야 한다.

인간 조건의 핵심은 우리를 빚은 수많은 타인들을 '매니지먼트'하는 것이다. 라캉 역시 폴 발레리의 말을 빌려 이와 비슷한 생각을 표현했다. "우리에게는 (…) 서로 상반되는, 하지만 분리할 수 없는 두 개의 에너지가 있다. 하나는 끝없이 움직이는 큰 '긍정 전자電子'로, 심오한 한 문장을 계속 되풀이한다. **나밖에 없다. 나밖에 없다. 나, 나, 나……**. 다른 하나는 작은 **부정** 전자로, 큰 소리로 이렇게 부르짖는다. (…) **맞다, 하지만 다른 사람이 있다……. 맞다, 하지만 다른 사람이 있다. 다른 사람, 다른 사람, 다른 사람, 다른 사람. 다른 사람!**"[1]

인간은 모방 욕망이 만든 주관적인 눈으로 세계를 바라본다. 그리고 욕망은 대상의 성질 자체를 바꾼다. 우리는 창세기 3장을 통해 뱀이 이브에게 모방 욕망을 불어넣어 나무에 대한 인식을 변화시켰다는 것을 알고 있다. 르네 지라르와 나는 『세상이 생겨날 때부터 숨겨져온 것들』에서 우리가 '욕망의 망상'이라고 부른, 완전한 환영일 뿐인 욕망의 대상이 출현하는 것까지 목격했다. 이런 망상성 정신병은 존재하지 않는 대상을 보게 하기도 하고, 대상을 있는 그대로 보지 못하게 하기도 한다. 그래서 돈키호테는 오래된 여인숙 앞에서 두 창녀가 이야기 나누는 것을 보고, 성 앞에서 두 귀부인이 불멸에 대해 토론한다고 생각했던 것이다. 결국 현실을 있는 그대로 보기 위해서는 노력이 필요하고, 이 노력은 문제를 해결하고 환영에서 벗어나기 위한 필수조건이다.

나는 광기의 반대는 건강한 정신이 아니라고 강조해왔다. 광기의 반대는 지혜다. 지혜는 변화와 입문의 기나긴 과정이다. 이 과정을 거치면서 우리는 스스로 모방 경쟁의 노리개라는 사실을 점차 인식하고 포로처럼 붙잡혀 있는 모방적 경쟁 관계를 극복하게 된다. 그리하여 우리를 분노하고 경악하게 하는 모방 장애물을 피할 수 있고, 종국에는 평온하고 조화로운 세계, 내 마음의 평화와 나와 타인 사이의 평화를 가져다주는 세계로 향할 수 있는 것이다.

지혜에 도달하는 것은 소크라테스, 부처, 예수, 크리슈나무르티, 달라이 라마 같은 위대한 입문자들의 목표였다. 내 목표는 과학적 참조 틀을 구축하는 것이다. 입문으로 가는 기나긴 길에서 위치를 확인하게 하고, 치료자들에게는 지금 받고 있는 치료에 대한 자료를 지속적으로 제공해서 세 개의 뇌가 점차적으로 조화를 이루게 하는 것이다.

소크라테스와 크리슈나무르티의 가르침은 무엇보다도 첫 번째 뇌에 호소한다. 예수('서로 사랑하라'), 밀턴 에릭슨, 요하네스 하인리히 슐츠Johannes Heinrich Schulz(긍정적 사고와 정신 훈련으로 스트레스를 조절하는 훈련법인 자율 훈련법autogenic training의 창시자), 구르제프Georgei Ivanovitch Gurdjieff(1877?~1949, 20세기 초 신비 사상과 1960년대 히피 문화에 영향을 미친 아르메니아의 신비주의자—옮긴이), 부처의 가르침은 두 번째 뇌의 조절과 안정에 집중하고 있다. 그런데 나는 지혜에 도달하는 방법론으로서 모방 메커니즘, 즉 세 번째 뇌의 기능과 작용에 대한 지식이 잔인할 정도로 부족하다고 생각한다. 위대한 입문자들의 가르침은 기본적으로 첫 번째 뇌나 두 번째 뇌에 호소한다. 하지만 그들은 말로 표현하지는 않았어도 지혜에 도달하는 데 있어 세 번째 뇌가 첫 번째와 두 번째 뇌의 영향을 받을 것임을 알고 있었다.

안타깝게도 위대한 입문자들의 가르침을 충분히 이해하고 배울 수 있는, 선택받은 사람들은 많지 않다. 하지만 세 번째 뇌에 대한 과학적 발견과 세 뇌 사이의 상호작용에 대한 지속적인 연구에 힘입어 그런 선택받은 사람들의 수는 더욱 많아질 것이다. 하지만 지혜로운 스승들의 가르침에도 불구하고 지혜에 이르는 길은 쉽지 않다. 예수는 "청함을 받은 자는 많되 택함을 입은 자는 적으니라"라고 말했다. 이는 지혜에 이르는 길은 하나이지만 길을 잃고 헤매게 하는 수많은 샛길이 도사리고 있음을 의미한다. 그러므로 정신 작용이 어떻게 이루어지는지 알고 있는 치료자는 좋은 마음을 가지고 겸손하고 참을성 있는 태도로, 길을 잃은 상태에서 출구를 찾는 환자 한 명 한 명에게 자신이 아는 입문 과정을 통해 길을 알려주어야 한다. 또한 적절한 치료 목표를 세워 첫 번째 뇌, 두 번째 뇌 혹은 세 번째 뇌에 치료를 집중해야 한다.

약물 치료도 도움이 될 수 있다. 신경이완제는 첫 번째 뇌의 환각과 망상, 두 번째 뇌의 공격성과 폭력성에 작용한다. 신경안정제는 두 번째 뇌의 불안감 완화와 감정 조절에 쓰이고, 항우울제는 기본적으로 두 번째 뇌의 시상하부에 있는, 기분을 조절하는 신경핵에 작용한다. 기분을 안정시키고 조울증 증세를 조절하는 데 쓰이는 리튬 같은 물질도 기분 조절 핵에 작용한다. 세 번째 뇌에 작용해 거울신경세포에 영향을 미쳐 공감 능력을 높이고 모델을 모델로 취하게 하는 의약품은 아직 개발되지 않았다. 옥시토신이 효과가 있는 것으로 알려져 있지만 이 분야의 의약 연구는 아직 걸음마 단계이다.

자아 형성과 관련해서는 망각이 건강한 상태이다. 하지만 지혜는 인식하는 것이다. 환자가 망각 속에 있으면 그는 정상 상태이다. 하지만 정상 상태에 머무르지 못하는 사람들은 험난한 경쟁 관계를 거쳐야 한다. 이들에게 인식은 모든 심리학과 입문의 최고 목표이다.

오늘날 활동하고 있는 정신의학자들은 더 큰 어려움을 맞닥뜨리고 있다. 먼저 징후학과 질병분류학이 학파마다 너무 다르고, DSM-IV나 V, ICD-10(국제질병분류, International Classification of Disease)은 도식적이고 비인간적이다. '통계'에 근거한 이런 분류 체계로는 충분하지 않다. 정신분석은 모든 질문에 답을 제시하지 못하고, 환자들에게도 점점 더 호응을 얻지 못하고 있다. 공포증이나 강박증을 완화시켜주는 인지주의 역시 다른 병리 증세를 이해하는 데에는 효과적이지 않은 것으로 나타났다. 마지막으로 의약품 사용 역시 갈수록 조심스러워지는 추세. 나는 의약품 사용이 의사에게(환자가 아니라) 위험하다고까지 생각한다. 수많은 복용 규칙, 권고 사항, 부작용 등으로 약효를 보기도 전에 환자에게 의심을 사고 원망을 듣기 때문이다. 1960년대, 1970년대, 1980년대의 신약 개발 전성시대를 지나, 이제 우리는 의약품을 불신하는 시대에 다다랐다. 오늘날 환자와 대중은 병보다 치료를 더 꺼리고 있다. 치료를 두려워하게 되면서 인류의 오래된 생각이 다시 은밀하게 고개를 들고 있다. 정신질환을 부정하는 것 말이다.

그리하여 오늘날의 젊은 정신과 의사들은 전에 볼 수 없던 중대한 어려움에 맞닥뜨린다. 어려움에 대처하는 첫 번째 방법은 인간에 대한 지식을 넓히고 생물학과 생화학 지식을 심화하는 것이다. 그뿐 아니라 무엇보다 철학·심리학·인류학, 나아가 민족학 지식도 심화해야 한다. 민족학 지식은 문화적 배경이 다른 환자를 치료하는 데 도움이 되기 때문이다. 모방 메커니즘을 극복하기 위한 노력도 필요하다. 의사 자신이 지혜로 가는 길, 경쟁을 포기하는 길(가능한 한 타인을 경쟁자나 장애물로 보지 않고 모델로 보는 것)에서 환자보다 조금이라도 앞서 있어야 환자를 도울 수 있다. 그리고 의사 자신도 자신이 갖고 있지 않은 것보다 갖고 있는 것을 욕망하는 지혜, 내 것과 이웃의 것을 비교하기를 거부하는 지혜의 길을 걸어야 한다.

그러면 심리 치료는 환자의 증상을 진단하는 데 기법상 도움이 될 뿐 아니라 점차적으로 모방적 성격을 갖게 되어 치료자가 환자에게 모델이 될 수 있다. 그리하여 치료자가 환자와 경쟁과 스칸달론 skandalon('뜻하지 않은 장애물'이라는 뜻으로, 그리스도를 따라 르네 지라르가 사용한 용어) 없는 자아 간 관계를 맺을 수 있고, 환자는 이에 영향을 받아 타인과 관계 맺을 때 영감을 받을 수 있다.

지금까지 내가 말한 것은 모두 볼테르가 이미 말한 것이다. 그래서 『캉디드』의 몇 부분을 뽑아 음미해보고자 한다. 내 생각에는 위대한 소설가들이 학위를 받은 심리학자들보다 인간 심리에 더 정통한 것 같다. 이 책에서 내 임상 경험보다 위대한 작가들의 글을 다루는 데 더 큰 비중을 둔 것도 그런 이유에서다.

『캉디드』의 마지막 부분에서 볼테르는 모방 메커니즘을 확인할 수 있는 장면을 두 번이나 보여준다. 먼저 금지가 욕망을 강화하는 양상을 볼 수 있다. "캉디드는 퀴네공드 양과 결혼하고 싶은 마음이 없었다. 하지만 퀴네공드 양의 오빠인 남작이 결혼을 강력하게 반대해서 결혼하기로 결심한다." (퀴네공드 양의 오빠는 동생의 남편은 '제후'여야 한다며 동생과 캉디드의 결혼을 반대했다.)[2] 라캉의 환자 '에메'가 한 대답이 떠오른다. 그녀는 결혼을 반대하는 가족에게 이렇게 말했다. "내가 그 남자와 결혼하지 않으면 다른 여자가 그 남자를 차지할 거예요."[3]

그러고 나서 캉디드는 터키 노인을 만난다. 노인은 자신은 자기 밭에서 나는 과일과 채소를 팔아 먹고산다고 캉디드에게 말한다. "터키에 넓고 좋은 땅을 갖고 계신 모양입니다"라는 캉디드의 말에, 노인은 "손바닥만 한 땅이죠. 아들들과 함께 농사지으면서 권태, 방탕, 욕구라는 세 가지 악덕과 떨어져 산답니다"라고 대답한다. 소작지에 돌아온 캉디드는 터키 노인이 한 말을 깊이 생각한 뒤, 팡글로스 박사와 철학자 마르탱에게 "그 터키 노인이 우리가 함께 식사했던 여섯 명의 왕보다 더 좋은 운명을 타고난 것 같습니다"[4]라고 말한다.

앞에서 살펴보았듯이, 모방의 관점에서 보면 루소는 모방 경쟁의 위험을 예견하고 사물에 모방 경쟁의 책임을 물었다. 사유재산, 즉 개인의 소유물은 경쟁을 촉발하고, 경쟁은 사회 불안과 불행으로 이어진다는 것이다. 하지만 루소가 보지 못한 것이 있다. 사유재산이 경쟁을 촉발하는 것이 아니라 남의 소유물과 내 보잘것없는 소유물을 비교하는 것이 경쟁을 촉발한다는 사실이다.

반면 볼테르는 두 가지를 이해했다. 먼저 자신의 밭을 가꾼다는 것의 의미는 내 밭이 다른 사람의 밭보다 큰지 작은지 비교하는 것이 아니고, 둘째로 밭에서 일을 하면 슬픔, 부러움, 질투, 욕구가 치료된다는 것이다. 볼테르가 말한 것은 내가 『사이코폴리틱』에서 말한 것과 같다. 노인이 자신의 밭을 가꾸는 것은 '직업'이 아니다. 그는 일하는 시간을 계산하지 않는다. 밭일은 노인의 인생이다. 그는 주당 서른다섯 시간(프랑스의 주당 법정 근로시간—옮긴이)을 일하고 밭의 절반을 놀리는 것을 노동자의 권리로 생각하지 않을 것이다. 인간은 일—자신을 수양하는 일을 포함해서—을 인생의 본질로 생각하는 순간 일하는 시간을 재지 않게 된다. 이유는 간단하다. 일하지 않는 시간은 죽어 있는 시간이기 때문이다.

자신을 수양한다는 것은 자아 간 관계, 즉 타인과의 관계를 가꾸는 것이다. 앞에서 인용한 대니얼 골먼의 『EQ 감성지능』은 이 책과 닮은 점이 많지만, 내가 매우 중요하게 여기는 모방 안경은 포함되어 있지 않다.

임상에서는 우울증에 걸린 은퇴자들을 많이 볼 수 있다. 은퇴하기 전에는 은퇴하면 영화도 보고 연극도 보고 낚시도 가겠다고 꿈에 부풀어 있지만, 막상 은퇴하면 아무것도 하지 않는다. 시간은 많지만 세워둔 계획을 실행하고 싶은 마음과 욕망이 사라져버렸기 때문이다. 치매 환자도 많이 늘어난다. 치매에 걸리면 아무것도 하지 못할뿐더러 존재조차 하지 않게 된다.

터키 노인은 밭에서 일하고 밭에 욕망과 에너지를 투자함으로써 철학자 마르탱이 한탄했던 '걱정 충동'과 '권태로 인한 마비'라는 두 가지 불행으로부터 안전할 수 있었다. 일은 **내가 갖고 있지 않은 것**이 아니라 **내가 갖고 있는 것**에 집중하게 하고, 인간의 불행과 모방 경쟁이 쳐놓은 함정에서 빠져나오게 한다.

신은 인간을 에덴동산에서 살게 하면서 땅 가꾸는 일을 시키지 않았다. 신의 빛 속에서 신의 의지대로 살면서 영혼을 가꾸는 일만 하게 했다. 여기서 빛과 의지는 금지된 열매를 먹지 말라는 단 하나의 규칙을 지키는 것으로 상징된다. 그런데 모방 욕망의 우의적 상징인 뱀이 인간을 세상으로 밀어냈고, 세상에서는 땅을 가꿔야 했다. 에덴동산에서는 신의 빛 속에서 저절로 자랐던 과일과 채소를 인간이 스스로 생산해야 했다. 모방 욕망이 인간을 문제와 고통, 불행으로 인도한 것이다.

그러므로 인간은 모방 메커니즘을 이해하기 위해 자신을 수양할 때만 철학자 마르탱이 인간 조건이라 부르고 루소가 재앙이라고 묘사한 것에서 벗어날 수 있다. 볼테르가 묘사한 터키 노인은 자신의 밭을 가꾸고, 콘스탄티노플에서 일어나는 일에 신경쓰지 말고 일을 삶으로 만들고 삶을 일로 만들라는 치료법을 제시했다.

책 말미에서 볼테르는 제대로 작동하는 사회가 어떤 사회인지 보여준다. 그것은 구성원들이 모방 경쟁이 인간에게 부과한 모든 역경을 겪고, 모방 욕망이 속삭인 모든 환영을 경험하고, 경쟁 관계가 가져다준 모든 모욕과 환멸을 맛본 뒤 자신의 밭으로 돌아온 사회이다. 소박하지만 모방과 경쟁이 줄 수 없는 행복을 가져다주는 밭이다.

우리가 가꿔야 하는 것은 물건이 아니라 자기 자신이다. 모든 일이 그렇듯, 자신을 가꾸기 위해서는 잠에서 깨어나야 한다. 자면서 할 수 있는 일은 없다. 그러므로 잠에서 깨어나는 것은 자신을 가꾸는 첫째 조건, 행복으로 가는 첫 걸음이다.

루소와 볼테르는 모방 현실을 살짝 비켜가는 두 방식을 상징한다. 하나는 절망의 원천인 부정적 모방이고, 다른 하나는 행복의 원천인 긍정적 모방이다.

볼테르는 직접 언급하지는 않았지만 『캉디드』에서 모방 욕망에 대해 이야기했다. "사람들이 포코퀴랑테 의원은 불행을 전혀 모르는 사람이라고 말한다'고 캉디드가 이야기하자, 그 이야기를 들은 철학자 마르탱은 '그런 사람이 있다면 보고 싶군'이라고 대꾸했다."[5] 포코퀴랑테 의원의 호화로운 성과 아름다운 정원에 초대받은 캉디드와 마르탱은 의원이 자기 재산에 무관심한 것을 보고 놀란다. 그는 더이상 재산을 원하지 않는 것 같다. 포코퀴랑테에게는 경쟁자가 없고, 일단 대상을 소유하면 그 대상에 대한 욕망이 사라지는 법이다. 그래서 나는 『욕망의 기원』에서 최고의 지혜는 자신이 가진 것을 욕망하는 것이라고 말했다. 아우구스티누스도 "행복은 우리가 가지고 있는 것을 계속 욕망하는 것"이라고 말했다. 포코쿼랑테는 다 가지고 있기 때문에 더이상 욕망하지 않는다. 책 초반(57쪽)에 언급했던 작은 건포도 빵처럼, 갑자기 빼앗기지 않는 이상 욕망은 다시 생기지는 않을 것이다. 태풍이 불어 정원이 다 날아가거나 화재로 서가書架가 전소되어야 부족을 느끼고 욕망도 다시 생겨날 것이다.

그런데 포코쿼랑테가 캉디드와 마르탱이 자신의 소유물을 욕망하지 않도록, 그리고 질투나 경쟁심을 품고 '나쁜 눈'으로 자신의 재산을 보지 않도록 무관심한 척 연극을 한 것이라고 생각해볼 수도 있다. 다시 말해 캉디드와 마르탱이 자신의 부를 나쁜 눈으로 보지 못하도록 그들 앞에서 무관심과 경시라는 연극을 했다고 말이다. 하지만 이 해석은 포코쿼랑테가 자신이 소유한 것을 여전히 비밀리에 욕망하는 지혜를 가지고 있다는 것이 전제되어야 하기 때문에 매우 낙관적인 해석이라 할 수 있다.

우리는 누군가를 모델로 삼았다가 질투하고 경쟁자로 만들어버린 적이 있다고 어느 순간 인정하기도 한다. 그렇게 인정하는 것은 치유의 과정이기도 하다. 리오넬 뒤루아Lionel Duroy의 소설 『슬픔』을 예로 들어보자. "나는 오랜 시간을 두고 천천히 형에게 다가갔다. 형이 내 모델이 되었다고 쓸 참이었지만 내가 기억하는 한 형은 아주 어렸을 때부터 **언제나** 내 모델이었다. (…) 형에게 인정받을 수만 있다면 맨몸으로 창문에서 뛰어내릴 수도 있었다. (…) 또 내가 기억하는 한 아주 어렸을 때부터 형은 나의 군왕이었다. 즐겁고 행복한 삶을 살려면 형의 마음을 얻어야 했다. (…) 나는 형이 걸린 콜레라도 부러워했다. 병 때문에 유약하고 야윈 아이가 된 형을 어머니는 언제나 근심스러운 표정으로 바라보았다."[6] 뒤루아는 형에게 경쟁의 유혹을 느꼈다가 포기하고 다시 타인-모델 관계로 돌아온 상황을 이렇게 묘사한다. "형과 나는 여전히 가까운 사이지만, 나는 형이 성가신 존재가 될 수 있다고 생각했다. 그러나 형은 여전히 나의 모델이고, 나는 형에게 계속 인정과 사랑을 요구했다."[7]

형은 화자의 모델이고 영감을 주는 사람이다. 화자는 작가가 되고 싶다는 형의 말을 듣고 자신도 작가가 되고 싶어한다.[8] 화자는 여자친구 아네스와 말다툼을 하고 나서 자신이 아버지와 어머니의 행동을 따라하고 있다는 것을 갑자기 깨닫는다. "아네스와 화해해서 다행이다. 이제부터는 화를 낼 때 조심해야겠다고 생각했다. 나는 아버지가 아니고, 아네스는 어머니가 아니다. 아네스는 나를 모욕하거나 파괴하려 하지 않는다. (…) 나는 우리가 평생 이날을 잊지 않기를 바란다. 그날 우리의 어린 시절이 끝나고 부모님과는 다른 방식으로 사랑하기 시작했다고 기억하면 좋겠다."[9]

이는 치료 과정의 마지막에 나타나는 현상으로, '자각'이라 불린다. 자신의 행동에서 타인(부모, 형제, 스승)의 행동을 갑작스럽게 인식하는 것이다. 자각에 대한 반응으로 울적해지기도 하고, 르루아의 소설에서처럼 거부를 보이기도 한다. 모델이 경쟁자로 변하지는 않지만 반反 모델anti-model이 되어, 주체는 모델의 영향(암시)을 자각하고 거부한다. 그리하여 모델을 모방하기를 거부하고, 혐오하고 증오했던 행동을 하지 않기 위해 반대로 행동한다.

여기까지 오는 동안 독자와 나는 첫 번째 뇌, 인식의 뇌만 사용해 읽고 이해한다. 책에서 설명하는 내용에 공감하는 독자도 있을 것이고, 반대로 부정적인 반응을 보이는 독자도 있을 것이다. 이러한 세 번째 뇌의 반응은 두 번째 뇌에서 긍정적인 감정 혹은 적대적인 감정을 만든다.

세 뇌의 상호작용이 중요하다면, 치료에서도 세 뇌를 겨냥해야 한다. '인지 치료'를 필두로 첫 번째 뇌에 작용하는 다양한 정신 치료 요법을 이미 살펴본 바 있다. 자유연상과 꿈 해석으로 '억압된' 기억을 수면 위로 떠오르게 하는 정신분석 역시 첫 번째 뇌와 관련된다. 야노프Arthur Janov의 원초적 비명primal cry(계속 소리를 질러 카타르시스를 느끼게 하는 심리 치료법—옮긴이) 같은 치료법은 기본적으로 두 번째 뇌에서 작용한다.

반대로 세 번째 뇌에 호소하는 방법은 자신을 통한 방법밖에 없다. 상호성의 중요함은 거울신경세포의 발견으로 알려졌다. 웃음, 호의, 친절함은 거울 효과를 자아내 사회생활을 가능하게 하고, 나아가 기분을 유쾌하게 만들어준다. 웃음은 특이하고 흥미로운 형태의 자아 간 관계이다. 물론 냉소, 비웃음, 공격적 웃음은 상대방에게 모욕을 주고 증오심을 불러일으키지만, 웃음은 기본적으로 나눔이다. 친구들과 나눈 웃음은 우정을 공고히 하고, 치료하는 동안 내가 환자의 웃음을 끌어냈다면 그것은 치료에 진전이 있음을 의미한다.

세 번째 뇌에 직접적으로 작용하는 유일한 치료 형태는 최면이다. 최면에서 파생된 심리 치료는 슐츠의 자율훈련법, 백일몽 기법, EMDREye Movement Desensitization and Reprocessing(좌우 안구 운동을 통해 기억을 재처리하는 요법—옮긴이), 에릭슨 최면 등 다양하다.

최면은 통상적인 관계에서 끊임없이 왕복운동을 하며 움직이던 모방과 암시 매개체가 어느 순간 고정되는 매우 특별한 자아 간 관계이다. 최면을 거는 사람에서 환자로 가는 암시 위치, 그리고 환자에서 최면을 거는 사람으로 가는 모방 위치로 고정되는 것이다. 이렇게 두 매개체가 고정되면, 환자의 욕망 d는 최면술사의 욕망 D에 의해 지배받고 대체된다. 그리고 이때 환자의 욕망 d는 사라지고, 자아 역시 해체되어 사라진다. 무기력 상태가 되는 것이다. 자아 m의 해체는 일종의 '임종 의식'이다. 임종 의식은 자아를 만든 욕망이 사라지고 다른 자아로 대체될 때 자아의 탄생과 소멸을 보여준다는 점에서 입문적이라 할 수 있다. '평소의 자아'인 자아 m의 소멸은 '장례 의식'이다.

트랜스 상태에서 욕망 D, 즉 최면술사의 욕망은 환자에게 새로운 자아 m'를 생성시킨다. 새로운 자아 m'는 '깨어나는' 몽유 상태이다. 욕망 D가 만든 자아 m'는 고유의 의식, 기억, 새로운 '인격'을 갖는다. 새로 형성된 자아 m'는 평소의 자아인 m을 기억한다. 물리적 시간상으로 뒤에 형성되기 때문이다. 최면에서 깨어나 자아 m이 다시 돌아왔을 때 자아 m은 시간상으로 자기보다 뒤에 존재하는, 미래의 존재인 m'를 기억하지 못한다. 최소한 '추측'할 수는 있겠지만 그것도 불가능하다.

여기서 주목해야 할 것은 최면 과정에서 자아 m이 말 그대로 입문, 임종, 죽음, 부활의 과정을 경험한다는 것이다. N과 N'에서 자아 m은 욕망 D가 자신이 만든 욕망 d에 앞서는 물리적 시간을 산다. 즉 욕망이 만든 자아, 새로운 욕망을 가진 자아의 탄생을 실시간으로 경험하는 것이다. 나는 이것이 세 번째 뇌에 매우 중요한 입문적 경험이라고 생각한다. 세 번째 뇌의 기능과 욕망의 탄생, 자아의 탄생을 알려주기 때문이다. 그러므로 최면을 활용해 자아 간 관계의 진실과 현실에 입문할 수 있고, N과 N'에서 모델을 경쟁자 혹은 장애물로 삼아서 생기는 피해를 복구할 수도 있다. 입문적 경험에서는 모델이 모델 상태에 있기 때문이다.

그렇다면 우리가 정신 치료의 길을 다시 발견한 걸까? 그럴 수도 있고 아닐 수도 있다. 피에르 자네는 최면술사에 집착하는 환자의 '몽유 열정'을 조심하라고 경고한다. 환자는 최면술사를 놓아주지 않고, 자네가 '지시 욕구'라고 부르는 것으로 인해 고통받으며 영원히 최면 상태에 머물고 싶어한다. 지시 욕구는 환자가 치료자에 구속되는 것을 의미하고, 이는 정신의학과 정신 치료 요법이 지향하는, 환자를 독립시키고 자유를 찾게 해주는 목표와 반대된다.

이런 이유 때문에 정신 치료에서 용이성에 굴복하면 위험해지는 것이다. 정신 치료에는 언제나 전제적이고 신정神政적인 남용의 위험이 도사리고 있다. 슈테판 츠바이크는 이렇게 말했다. "끔찍할 정도로 산재한 문제들 앞에서, 복잡하고 힘든 삶 앞에서 대다수의 인간들은 기계화된 세상과 명확한 질서를 열망하며 (…) 생각하기를 멈춘다. 메시아에 대한 이러한 열망은 사회적·종교적 선지자들에게 길을 만들어주고 있다."[10] 종교, 정치, 혹은 군사 분야의 독재자로 변하는 선지자들처럼 몇몇 최면술사나 치료자들은 '지시 욕구'에 유혹을 느끼고 구루로 변해 권력을 남용하게 된다. 슈테판 츠바이크는 사회적·정치적 측면에서 이런 치료자들을 '구원자'라고 불렀다. "수백만 명의 사람들이 마법에 걸린 것처럼 빠져든다. (…) 구원자가 요구하면 요구할수록 더욱 그의 요구를 들어주고 싶어한다. 어제만 해도 자신들의 최대 행복이었던 자유를 구원자에 대한 사랑을 위해 포기하고, 구원자의 지시에 자신을 맡긴다."[11]

세 번째 뇌에 동일한 메커니즘이 작동하면 환자는 모델을 절대적이고 유일한 모델, 혹은 프로이트가 말한 '이상적 자아ichideal'로 인식하게 된다. 환자가 치료자에게 예속되고 몽유 열정의 노예가 되는 상황은 대중에게도 일어난다. 그래서 한 민족의 수천, 수만 개의 뇌가 정치 지도자, 군사 지도자, 종교 지도자에게 예속되는 것이다. 프로이트는 이 메커니즘을 일찍이 간파해 "최면은 두 명으로 구성된 군중"[12]이라고 말했다(독재 체제도 한 민족 전체가 몽유 상태에 빠지는 집단 최면이라고 할 수 있다). 개인의 경우든 군중의 경우든 기꺼이 자유를 포기하고 예속당하는 것은 지시 욕구 때문이다. 지시 욕구는 하나의 대상이 아니라 **모든 대상**을 유일하고 절대적인 모델로 선택하는 손쉬운 모방 욕망이다.

이는 모든 입문 의식이 그렇듯 우리가 심리적 현실을 엿보고, 자아 간 관계의 모방적 성격을 밝히고, 모델이 모델인 상태를 경험하기 위해 최면을 활용할 경우 긴 준비 과정이 필요하다는 것을 의미한다. 불법 최면이나 쇼를 위한 최면에는 목적이 없다. 의학 최면에서도 긴 준비 과정 없이 성급히 지시를 내리고 환자가 경험한 것을 초심리학적 측면에서 깊이 있게 분석하지 않을 경우 진정한 입문 과정이 될 수 없다.

최면을 입문 과정으로 활용하려면 최면 체험이 점차적으로 정신 치료의 성과로 이어져야 한다. 정신 치료 과정에서 지혜의 길로 한 발짝 더 다가가게 해주는 중요한 단계는 내려놓는 것이다. 수많은 위대한 입문자들이 현재에 집중하게 하는 명상의 중요성을 강조했다. **지금 이 순간을 사는 것**The power of now[13]은 매우 중요하다. 현재에 집중한다는 것은 일시적으로 내려놓는 것이고, 후회와 원망의 과거를 뒤로하고 기대와 희망, 미래의 불안을 잊고 지금까지 피하고 관심을 두지 않았던 현재를 강렬하게 사는 것이다. 나는 지금 여기에서 살고, 숨쉬고, 보고, 생각한다. 고로 존재한다!

최면은 현재를 내려놓는 경험을 하게 하고, 모델에게 몸을 맡김으로써 자아를 해체시켜 다른 형태로 재탄생하게 하는, 유익하고 입문적이며 효과가 뛰어난 치료법이다. 지혜에 입문하는, 현실에 대한 비전이 명확해지고 환영이 사라지는 순간을 체험하는 것이다.

인간은 살아가면서 퇴마 의식 같은 문화적 입문 의식 또는 위대한 스승과의 만남을 통한 입문 의식을 지속적으로 반복한다. 이를 통해 자신을 괴롭히는 죽음에 대한 공포에서 벗어나게 된다. 어제 죽어 오늘 새로 태어나고 오늘 죽어 내일 새로 태어난다는 생각은 우리를 안심시키고 더욱 발전시킨다. 입문 의식에서 우리가 배우는 것은, 죽음은 진일보하는 것이고 훌륭한 존재로 변화하는 과정이라는 것이다. 애벌레가 죽어 나비가 되고, 청년이 죽어 어른이 되듯이 말이다. 물론 청년이 아니라 청년기가 사라지는 것이다.

그런데 정신의학은 죽음을 두려워하지만 삶도 두려워하는 환자를 대하는 학문이다. N에서 욕망의 타자성에 대해 몹시 무지하고 N'에서 타인의 욕망보다 자신의 욕망이 앞선다고 주장하는 것은 현실과 삶을 적극적으로 부정하는 것이다. N과 N'에서 각각 신경증 혹은 정신병 형태로 나타나는 무지는 시간을 역행하고 변화의 현실을 거부하는 것으로, 입문 과정과는 반대로 전개된다. 그런데 '모방' 치료, '자아 간' 치료는 환자를 안심시켜 우선 현재에 집중하게 한 뒤 앞으로 나아가게 하는 것을 목표로 한다. 그러기 위해서는 환자가 흐름에 역행하는 데 에너지를 쓰는 대신 삶의 흐름에 합류하도록 삶에 대한 신뢰를 제공해야 한다.

그리하여 모방 현실을 인정하고 자기 욕망의 타자성을 인정하면 회복의 길에 한 발짝 더 다가갈 수 있고, 존재에 대한 불안과 삶에 대한 두려움을 덜어낼 수 있다. 모방 치료를 적용하고 싶은 치료자는 자신이 모델이나 선례가 되어 길을 제시해야 한다. 먼저 자기 욕망의 타자성과 자신을 만들고 존재하게 해준 욕망보다 타인의 욕망이 선행한다는 것을 인정해야 한다. 치료자의 이런 자질이 환자들에게 자신도 두려움 없이 살 수 있다는 것을 보여줄 수 있다. 프로이트는 정신분석가들 자신도 분석받을 것을 권했다. 지혜로운 조언이다. 길을 보여주기 위해서는 따라오는 사람보다 앞서 있어야 한다. 모방 정신 치료자도 환자를 안내하기 전에 입문 과정을 충분히 거쳐야 하고, 타자성을 인정하는 데 있어 충분히 앞서가면서 지혜를 향해 가는 길에 가능한 한 멀리 가 있어야 한다.

이 책은 그러한 입문 과정에 신경과학적 도움을 주어 먼저 치료자가, 그다음에는 환자가 입문 과정에 더 쉽게 접근하도록 이끈다.

주

———

들어가는 말

1 R. Girard, 『La Violence et le Sacré(폭력과 성스러움)』, Paris, Grasset, 1972.

2 R. Girard, 『Des choses cachées depuis la fondation du monde(세상이 생겨날 때부터 숨겨져온 것들)』, J. M. Oughourlian, G. Lefort와 공동 연구, Paris, Grasset, 1978.

3 J. M. Oughoulian, 『Un mime nommé désir(욕망이라는 이름의 모방)』, Paris, Grasset, 1982.

4 J. M. Oughourlian, 『Genèse du désir(욕망의 기원)』, Paris, Carnets Nord, 2007.

서론 인간의 뇌는 하나일까?

1 E. Webb, 『The Self Between. From Freud to the New Social Psychology of France(자아 간 관계. 프랑스 신사회심리학까지)』, Seattle, University of Washington Press, 1993, 137쪽.

2 A. Meltzoff, 『Out of the Mouths of Babes. Imitation, Gaze, and Intentions in Infant Reasearch—the 'Like Me' Framework(아이들의 언어. 모방, 시선, 그리고 유아 연구에서의 의도—'나처럼'의 체계)』, in S. Garrels, 『Mimesis and Science. Empirical Research on Imitation and the Mimetic Theory of Culture and Religion(모방과 과학. 모방과 문화와 종교의 모방 이론에 대한 실증적 연구)』, East Lansing, Michigan State University Press, 2011.

3 R. Girard, 『Mensonge romantique et vérité romanesque(낭만적 거짓과 소설적 진실)』, Paris, Grasset, 1961.

4 G. Rizzolatti, 〈Le Figaro(르 피가로)〉 (2005년 2월 5일)와의 인터뷰 중에서.

5 Aristote, 『Poétique(시학)』, 4장.

6 J. M. Oughoulian, 『Un mime nommé désir』.

1장. 모방하는 뇌

1. 세 개의 뇌

1 J. Rifkin 『Une nouvelle conscience pour un monde en crise(공감의 시대)』, Paris, Les Liens qui libèrent, 2011.

2 J. Rifkin, <Le Nouvel Observateur(르 누벨옵세르바퇴르)>(2011년 8월 12~18일)와의 인터뷰 중에서.

3 D. Goleman, 『Cultiver l'intelligence émotionnelle(감성 지능 함양하기)』, Paris, Robert Laffont, 2009, 8~9쪽.

4 A. Damasio, 『L'Erreur de Descartes. La raison des émotions(데카르트의 오류: 감정의 이성)』, Paris, Odile Jacob, 1995, 21쪽.

5 같은 책, 23쪽.

6 같은 책, 31쪽.

7 같은 책, 21쪽.

8 같은 책, 34쪽.

9 같은 책, 285쪽.

10 같은 책, 296쪽.

11 같은 책, 301쪽.

12 J. M. Oughourlian, 『Le Désir, énergie et finalité(욕망, 에너지, 목적성)』, Paris, L'Harmattan, 1999 참조.

13 내 친구 보리스 시륄니크(Boris Cyrulnik)가 이 개념을 창시해 환자와 치료자들에게 희망을 주었다.

14 J. Lacan, 『De la psychose paranoïaque dans ses rapports avec la personnalité(인격과 관련한 편집증적 정신병에 대하여)』, Paris, Le Seuil, 1975, 14쪽. 라캉은 전작 『Premiers écrits sur la paranoïa(편집증에 관한 초고)』에서도 이와 같은 주장을 언급했다.

2. 같아지고 싶은 욕망

1 R. Girard, 『Mensonge romantique et vérité romanesque』, 29쪽.

2 같은 책.

3 같은 책.

4 같은 책, 29쪽.

5 같은 책.

6 같은 책, 25쪽.

7 같은 책, 30쪽.

8 같은 책, 39쪽.

9 같은 책, 47쪽.

10 같은 책, 53쪽.

11 같은 책, 59쪽.

12 같은 책.

13 같은 책, 89쪽.

14 같은 책, 93쪽.

15 같은 책.

16 같은 책, 94쪽.

17 같은 책, 95쪽.

18 같은 책.

19 같은 책, 107쪽.

20 같은 책, 110쪽.

21 같은 책, 112쪽.

22 같은 책, 113쪽.

23 같은 책, 123쪽.

24 J. M. Oughourlian, 『Un mime nommé désir』.

3. 모방 이론의 선구자들

1 Robert Misrahi, 『Edition de l'Eclat』, Paris-Tel-aviv, 2005, 번역본.

2 강조는 저자.

3 S. Freud, 『Psychologie de la vie amoureuse(성애론)』, Paris, Payot & Rivage, 2010, 11~12쪽.

4 같은 책, 27쪽.

5 같은 책, 28쪽.

6 같은 책, 29쪽.

7 같은 책.

8 같은 책, 29~30쪽.

9 같은 책, 30쪽.

10 같은 책, 32쪽.

11 같은 책, 33쪽.

4. 모방과 거울신경

1 G. Rizzolatti, C. Sinigaglia, 『Les Neurones miroirs(거울신경세포)』, Paris, Odile Jacob, 2008, 10쪽.

2 같은 책, 11쪽.

3 Voir S. Garrels, 『Mimesis and Science(미메시스와 과학)』, East Lansing, Michigan State University Press, 2011, 5장.

4 같은 책.

5 같은 책, 97쪽. "우리는 실제로 뇌를 공유하고 있다."

6 Albin Michel, 『Votre cerveau n'a pas fini de vous étonner(여전히 경이로운 뇌)』, 2012

참조.

7 Voir S. Garrels, 『Mimesis and Science』, 87∼108쪽.
8 Aristote, 『Poétique』, 4장 2.

5. 자아 간 관계의 세 가지 형태

1 S. Freud, 『Psychologie de la vie amoureuse』, 8쪽.
2 J. M. Oughourlian, 『Psychopolitique(사이코폴리틱)』, Paris, F. X. de Guibert, 2010 참조.
3 S. de Keukelaere, 『Des découvertes révolutionnaires en sciences cognitives. Les paradoxes et dangers de l'imitation(인지과학에서의 혁명적 발견. 모방의 패러독스와 위험)』, Automates intelligents, n° 63, 2005.

2장. 모방은 정신에 어떻게 작용할까

1. 전통적 질병 분류

1 H. Ey, 『Manuel de psychiatrie(정신의학 매뉴얼)』, Paris, Masson et Cie, 1967, 469쪽.
2 내 친구인 트레버 메릴Trevor Merrill(로스앤젤레스의 칼텍 대학교 불문학 교수)은 특히 이 부분에 대해 주의를 요구했다.

2. 정상 상태에서의 타인

1 M. Leiris, 『La Possession et ses aspects théâtraux chez les Éthiopiens de Gondar(귀신 들림과 곤다르 에티오피아인들의 연극적인 양상)』, 『La croyance aux génies zâr en Éthiopie du Nord(에티오피아 북부의 자르 요정에 대한 신앙)』, Paris, Le Sycomore, 1980 참조.
2 G. Le Bon, 『Psychologie des foules(군중심리)』, Paris, PUF, 1963, 14쪽(강조는 저자).
3 P. de Felice, 『Poisons sacrés, ivresses divines(성스러운 독, 신성한 취기)』, Albin Michel, 1970.
4 같은 책, 23쪽.
5 J, M. Oughourlian, 『Un mime nommé désir』 5장 참조.
6 트레버 메릴은 내가 르네 지라르를 '경쟁자'로 여겼기 때문에 경쟁심이 나를 더 자극해 내가 한계를 뛰어넘을 수 있도록 도와주었다고 말한 적이 있다.
7 횔덜린과 실러의 관계에 대한 르네 지라르의 분석을 참고할 것.
8 Corneille, 『Le Cid』, I, 6.
9 J. Joyce, 「Les Morts(망자)」, 『Gens de Dublin(더블린 사람들)』, Paris, Pocket, 2003.
10 J. C. Rufin, 『Le Grand Coeur(위대한 쾨르)』, Gallimard. 2012.

3. 신경증 상태에서의 타인

1 J. Corraze, 『De l'hystérie aux pathomimies(가면적 질환의 히스테리에 대하여)』, Dunod, 1976.
2 『Un mime nommé désir』 3장 참조.
3 R. Musil, 『L'Homme sans qualités(특성 없는 남자)』, Paris, Points Seuil, 1995, 781~783쪽.

4. 정신병 상태에서의 타인

1 질병 분류 체계인 DSM-IV(현재는 DSM-V)와 CIM 10은 통계와 다양한 정신장애, 임상 자료에 바탕을 두고 있다.
2 L. Murat, 『L'homme qui se prenait pour Napoléon, Pour une histoire politique de la folie(자신을 나폴레옹으로 여긴 남자, 어떤 광기의 역사를 위하여)』, Paris, Gallimard, 2011, 18쪽.
3 J. Lacan, 『De la psychose paranoïaque dans ses rapports avec la personnalité』, 37쪽.
4 같은 책, 31쪽.
5 같은 책, 37쪽.
6 같은 책.
7 같은 책(강조는 저자).
8 같은 책, 39쪽.
9 같은 책, 109쪽.
10 같은 책, 116쪽.
11 같은 책, 117(강조는 저자).
12 J. Lacan, 『De la psychose paranoïaque dans ses rapports avec la personnalité』, 211~212쪽(강조는 라캉).
13 같은 책, 289쪽.
14 J. J. Rosseau, 『Les Rêveries du promeneur solitaire(고독한 산책자의 몽상)』, Le Livre de poche, 1978.
15 같은 책.
16 Molière, 『Le Misanthrope(인간 혐오자)』, 1막 1장.
17 같은 책.
18 같은 책, 2막 4장.
19 H. Ey, 『Manuel de psychiatrie』, 579쪽.
20 『Lettres choisies(니체 서간집)』, Paris, Gallimard, 2008, 8쪽.
21 같은 책, 124쪽. 1872년에 출간된 『비극의 탄생』을 뜻한다.
22 같은 책, 150쪽.
23 같은 책, 150~151쪽.

24 같은 책, 181쪽.

25 같은 책, 1878년 7월자 편지. 웹사이트 nietzschealalettre.pagesperso-orange.fr에 니체가 쓴 모든 편지의 프랑스어 번역문이 게재되어 있다.

26 같은 책.

27 같은 책.

28 같은 책.

29 같은 책, 1878년 9월 3일자 편지.

30 『Selected Letters of Friedrich Nietzsche(니체 서간집)』(영문판: Chicago, University of Chicago Press, 1969). "So you too, my dear doctor, are having a Wagner crisis! It seems we are the first……(선생께서도 바그너 위기를 겪고 계시는군요. 우리가 처음인 것 같습니다……)."

31 같은 책, 1882년 7월 25일자 편지.

32 같은 책, 1887년 1월자 편지.

33 같은 책. "I now regard my having been a Wagnerian as eccentric."

34 같은 책. "Now that I know it didn't ruin me, I also know what significance it had for me."

35 같은 책. "As much my kin as my antagonists."

36 자크 르 리데르의 『Nietzsche et Baudelaire(니체와 보들레르)』에 인용된 페터 가스트에게 보낸 편지, <Littérature(리테라튀르)>, vol. 86, 1992, 85~101쪽.

37 J. M. Oughourlian, 『Genèse du désir』 참조.

38 이 편지를 비롯해 다음에 인용되는 모든 편지는 http://fr.wikisource.org/wiki/Billets_de_la_Folie에서 확인할 수 있다.

5. 정동장애

1 F. Roustang, 『Elle ne le lâche plus(내려놓지 못하는 여자)』, Paris, Minuit, 1980.

6. 욕망의 병

1 J. M. Oughourlian, 『Genèse du désir』 참조.

2 R. Girard, 『Des choses cachées depuis la fondation du monde』, 351쪽.

3 같은 책, 353~354쪽.

4 Molière, 『La Princesse d'Élide(엘리드의 공주)』, Oeuvres de Molière, Ulan Press, 2012.

5 Molière, 『Don Juan(돈 후안)』, 1막 2장(강조는 저자).

6 M. F. Hirigoyen, 『Abus de faiblesse et autres manipulations(권력 남용)』, Paris, Jean-Claude Lattès, 2012, 12쪽.

7 같은 책, 54쪽.

8 같은 책, 172쪽.

9 S. Freud, 『Psychopathologie de la vie amoureuse』, 56쪽.

10 같은 책, 57쪽.

11 같은 책, 47쪽.

12 같은 책, 49쪽.

13 같은 책, 15쪽.

14 Crébillon fils, 『Le Sopha(르 소파)』, Paris, Flammarion, 1995, 135쪽.

15 S. Freud, 『Psychopathologie de la vie amoureuse』, 60쪽.

16 R. Girard, 『Anorexie et désir mimétique(거식증과 모방 욕망)』, J. M. Oughourlian 서문, Paris, L'Herne, 2008, 10쪽.

17 R. Girard, 『Anorexie et désir mimétique』, 71쪽.

18 같은 책, 11쪽.

19 J. M. Oughourlian, 『La Personne du toxicomane(약물 중독의 페르소나)』, Toulouse, Privat, 1973.

20 같은 책, 254쪽.

21 J. M. Sutter et H. Luccioni, 「Le syndrome de carence d'autorité(권위 회피 신드롬)」, <Revue de neuropsychiatrie infantile>(유아신경심리학 잡지), 1959년 3~4호, 1~15쪽.

22 J. M. Oughourlian, 『La Personne du toxicomane』, 260쪽.

23 같은 책.

24 같은 책, 262쪽.

3장. 세 개의 뇌와 삼단논법

1. 모방 메커니즘

1 J. Lacan, 『De la psychose paranoïaque dans ses rapports avec la personnalité』, 296쪽(강조는 저자).

2 같은 책.

3 같은 책, 392쪽.

4 같은 책(강조는 라캉).

5 132쪽 히스테리에 관한 내용을 볼 것.

4장. 세 번째 뇌를 더 깊이 이해하기 위하여

1. 자아는 단독으로 존재하지 않는다

1 A. Pérez-Reverte, 『Cadix, ou la diagonale du fou(카디스, 광기의 도시)』, Le Seuil, 2011.

2. 이슬람주의자들은 왜 자살 테러를 일으킬까?

1 C. Bandera, 『Mimesis conflictiva(갈등적 모방)』, Madrid, Gredos, 1975.

책을 마치며

1 J. Lacan, 『De la psychose paranoïaque dans ses rapports avec la personnalité』, 278쪽(강조는 폴 발레리).
2 Voltaire, 『Candide(캉디드)』, 136쪽.
3 J. Lacan, 『De la psychose paranoïaque dans ses rapports avec la personnalité』, 228쪽.
4 Voltaire, 『Candide』, 152~153쪽.
5 Voltaire, 『Candide』, 127쪽.
6 L. Duroy, 『Le Chagrin(슬픔)』, Paris, J'ai lu, 2011.
7 같은 책, 306쪽.
8 같은 책, 308쪽.
9 같은 책, 429쪽.
10 S. Zweig, 『Conscience contre violence(폭력에 대항한 양심)』 Paris, Le Livre de poche, 2010, 18~19쪽.
11 같은 책.
12 S. Frued, 『Psychologie des masses et analyse du moi(군중심리와 자아분석)』, PUF, 2010 참조.
13 E. Tolle, 『Le Pouvoir du moment présent(지금 이 순간을 살아라)』 Guide d'éveil spirituel, Paris, Ariane, 2000.

세 번째 뇌

1판 1쇄 인쇄 2020년 11월 11일
1판 1쇄 발행 2020년 11월 20일

지은이 장 미셸 우구를리앙
옮긴이 임명주
펴낸이 이선희

책임편집 이선희
편집 원예지, 김지연, 최정수
저작권 한문숙, 김지영, 이영은
모니터링 황도옥
디자인 이현정
마케팅 정민호 김도윤
홍보 김희숙 김상만 이가을 이소정 이미희 지문희 김현지
제작 강신은 김동욱 임현식
제작처 영신사

펴낸곳 (주)나무의마음
출판등록 2016년 8월 25일 제406-2016-000107호
주소 10881 경기도 파주시 회동길 210
문의전화 031-955-2696(마케팅) 031-955-2643(편집) 031-955-8855(팩스)
전자우편 sunny@munhak.com

ISBN 979-11-90457-11-8 03180